어린이의 스트레스 이해

- 교실에서의 스트레스 해소법 -

LITTLE KIDS BIG WORRIES

- Stress-busting tips for early childhood classrooms -

by Alice Sterling Honig, Ph.D.
Professor Emerita of Child Development
Syracuse University
Syracuse, New York

역: 박숙영, 백석대학교 사범학부 유아교육학과 교수

PAUL H. BROOKES PUBLISHING CO.

도서출판 구미서관

목차

저자에 관해서

Alice Sterling Honig 박사는 현재 뉴욕 주에 있는 Syracuse 대학교의 명예교수로 활동 중이다. Honig 박사는 Cornell 대학교에서 수강했고 Barnard 대학교에서 학사학위를 받았다. 또한 Columbia 대학교에서 실험 심리학으로 석사학위를 받았고 Syracuse 대학교에서 발달 심리학으로 박사학위를 받았다. 40년 이상 동안 Honig 박사는 아동발달, 부모교육, 아동과 가족에 대한 비교문화연구, 언어와 인지발달, 영아와 걸음마기 아이의 질적 양육, 아동발달 이론, 아동발달 연구 이슈와 문제, 아동 관찰과 측정방법, 친사회성과 도덕성 발달, Erikson 세미나, 시범적 아동 교육 프로그램의 과목들을 가르쳐왔다. Honig 박사는 매년 봄에 개최되는 National Quality Infant/Toddler Caregiving Workshop을 33년 동안 총괄해왔다. 그녀는 24권의 저서와 500편이 넘는 논문들과 책의 장을 단독 혹은 공동으로 저술하고 편집해왔다.

Honig 박사는 2004년에 시라큐스 유아교육협회로부터 특별한 Early Childhood Lifetime Achievement Award를 받았다. 뉴욕 주 유아교육협회는 2005년에 Honig 박사에게 Champion of Children Lifetime Achievement Award를 수여하였다. Honig 박사는 2008년에 "탁월한 평생 헌신과 봉사가 인정되어" 센트럴 뉴욕주 심리학협회의 올해의 상을 수상하였다. 10년 이상 동안, Honig 박사는 Onondaga County의 정신건강협회(The Onondaga County Mental Health Association)에서 자녀양육권 문제에 관심이 있는 부모들을 돕기 위해 워크샵을 공동으로 주최하였다. Honig 박사는 자격증을 지닌 뉴욕 주 심리학자로서, 부모들을 상담하고 아이들의 발달을 평가해왔다. 그녀는 Scholastic Parents and Child에 기고하는 칼럼니스트이고 영국논문집인 Early Child Development and Care의 북미 편집자이며, American Journal of Orthopsychiatry, Child Development 그리고 PsycCritiques를 포함한 많은 논문집의 편집위원을 역임했다.

역자 서문

현재 뉴욕 주에 위치한 시라큐스 대학교(Syracuse University)의 명예교수로 활동 중인 Alice Stering Honig 박사는 어린 아이들에 관한 뛰어난 연구와 활동으로 잘 알려져 있다. 본 역자도 오래 전 미국 유학시절부터 Honig 교수의 어린 아이들에 대한 활발한 연구에 관심을 갖게 되었다. 그 후, 본 역자가 시애틀에 위치한 워싱턴 대학교에 교환교수로 있으면서, Honig 교수의 책을 접하게 되었고, 그 내용이 이론뿐만 아니라 부모들과 현장의 전문가들에게 실질적으로 도움이 되는 방안으로 구성되어 있어서 번역을 결심하게 되었다.

성인으로서 우리는 유아기를 걱정 없고 아름답기만 했던 낭만적인 시절로 생각하고 싶어 한다. 그러나 어린 아이들도 자신들만의 스트레스가 있으며 그들의 관점에서는 커다란 고통일 수 있다. 한편 스트레스는 어린 아이 발달에 긍정적으로도 부정적으로도 영향을 미칠 수 있다. 중요한 것은 아이가 스트레스를 받을 때 그 곁에 아이의 스트레스를 이해하고 극복하도록 도와줄 수 있는, 지속적으로 돌보아주고 사랑해주는 부모와 교사들이 존재한다면, 아이들은 오히려 그 스트레스 극복을 통해 통제감과 유능감을 얻게 되고 더 나아가 세상에 적응할 수 있는 능력을 배우게 된다. 결국, 스트레스가 어떤 결과로 이어지는 가는 아이들의 스트레스를 이해하고 극복할 수 있도록 돕는 주변 어른들의 역할에 달려있다고 볼 수 있다.

이 책의 1장과 2장에서는 스트레스를 이해하고 원인과 징후를 다루고 있으며, 3장에서는 스트레스에 대한 교사의 통찰력을 다루고 있다. 그리고 4장에서 7장까지는 다양한 스트레스 해소 기법들을 다루고 있으며 마지막 8장과 9장은 아이들을 보육하는 성인들의 스트레스 해소법들을 제시해주고 있다.

이 책이 부모 그리고 교육과 보육이 이루어지고 있는 현장에서 아이와 함께 삶을 살아가고 있는 교사들에게 아이들의 스트레스를 이해하고 그 스트레스를 극복해내도록 지원해주는 데 조금이라도 도움이 될 수 있기를 소망한다.

항상 곁에서 큰 힘을 주고 격려해주는 사랑하는 남편과 어느 덧 멋진 벗으로 성장해서 바쁜 엄마를 이해해주고 도와주는 사랑하는 딸, 두 사람의 이해와 사랑을 통해 본 책의 번역을 완성할 수 있었다. 이 글을 통해 특별한 감사와 사랑을 전한다.

박 숙 영

CHAPTER 1

아이들의 삶에서 스트레스 이해하기

교사들은 어린 아이들도 정서 및 정신건강에 문제가 있을 수 있다는 것을 잘 인식하고 있다. 교사들은 강하게 분노를 폭발시키고 두려움과 공포를 나타내며 반항적으로 행동하는 아이들을 목격하곤 한다. 이런 행동은 아이들의 삶에도 스트레스를 받게 하는 요인들이 있다는 것을 보여주는 것이다. 급격한 기술의 발전으로 쫓기듯 살아가는 우리 사회에서 성인에게 발생하는 많은 스트레스들이 아이들에게도 존재한다. 어떤 아이들은 만성적인 천식이나 질병과 같은 오랫동안 지속되는 건강문제를 갖고 있다. 또 어떤 아이들은 학교에서 괴롭힘이나 학습문제로 어려움을 겪는 것과 같이 그 영향이 오랫동안 지속되는 문제들에 관하여 심각하게 걱정한다. 상실은 아이들의 삶에서 가장 견디기 힘든 스트레스의 원인이다. 현대 사회에서는 가족의 죽음으로 인한 스트레스는 드물게 발생할 수 있다. 그러나 사랑하는 가족구성원에게 버려짐으로써 받는 스트레스는 종종 발생한다. 예를 들어,

이혼 후 가족과의 만남을 유지하는 것이 너무 고통스러워서 더 이상 아이와 접촉을 하지 않으려고 하는 부모들도 있다. 조심성이 많은 아이는 갑자기 교사가 대체된 상황에서 매우 혼란스러워 한다. 이처럼 일상적인 스트레스에도 힘들어하는 아이들의 고통을 완화시켜줄 수 있는 방안도 모색되어야 한다.

최근에 아이들의 스트레스는 부모들과 스트레스를 상담해주는 웹사이트 제공자들에게 큰 관심사로 부각되고 있다. The Child Care Lounge (2006)라는 이메일 사이트는 스트레스 문제를 다루는 이유를 다음과 같이 게시했다:

> 우리는 어린 시절을 걱정 없고 천진난만한 시기로 상상하고 싶어 한다. 그러나 진실은 어린 아이들도 정신적 외상과 일상의 스트레스로부터 항상 자유로울 수는 없다는 것이다. 어떤 스트레스는 일상적인 것이지만 점점 더 많은 아이들이 그런 일상적인 스트레스에 의해 영향을 받는다(p. 1).

Marvin이라는 아이가 주인공으로 나오는 만화에서처럼 아이들의 만화에서도 걸음마기 아이들이 스트레스를 받을 수 있다는 것에 주목하고 있다. 아기 풀장에서 Marvin과 함께 앉아있던 어린 걸음마기 친구는 그가 이미 "엄청난 스트레스"를 느끼고 있다는 것을(만화에서 생각을 나타내는 말풍선을 통해!) 표현한다.

성인들은 가벼운 일상생활의 스트레스나 좀 더 심각한 스트레스에 대처할 수 있는 다양한 방법을 모색할 수 있다. 성인들은 미리 계획하는 인지기술을 사용하여 스트레스를 피할 수 있는 대안을 세운다. 출근할 때 이용하는 고속도로가 교통체증이 심하면 대부분의 성인들은 화를 내면서 그 꽉 막힌 고속도로만 고집하지 않는다. 그들은 정시에 출근하기 위하여 그 고속도로를 빠져나와 다른 길을 찾기 위한 방법을 모색한다. 아이에게 염려할 만한 스트레스가 있다는 것을 분별해내는 교사들은 아이를 주의 깊게 관찰하고 아이에 대한 생각을 많이 하는 교사들이다. 그들은 스트레스를 받고 있는 아이들을 적극적으로 지원해주기 위해서 행정관리자에게 알리고 학교 상담교사에게 자문을 받는 등 다양한 전략을 사용한다.

그에 반해서 어린 아이들은 갑작스러운 변화에 적응할 수 있도록 도움을 주는 사고 및 정서기술이 이제 막 발달하기 시작한다. 어린 아이들은 작은 변화에도 힘들어한다. 몇 개월마다 돌보아주는 사람이 바뀌는 경험을 해온 아기가 왜 아침마다 짜증을 내고 고집스러운 행동을 하는 지 부모들은 의아해할 수 있다. 그들은 몹시 화가 난다. 왜 아이는 가족이 결정할 수밖에 없었던 이런 변화들을 순순히 받아들이지 못하는가? 새로운 장소에 남겨질 때 난리를 치며 우는 아이는 자신의 내면의 스트레스를 알리는 것이고 동시에 이런 변화에 대처할 수 있는 능력이 부족하다는 것을 표현하고 있는 것이다. 아이는 자신이 스트레스를 받고 있다는 것을 알릴 수 있는 유일한 수단인 '울음'을 사용하고 있는 것이다. 아이들을 이해하고 사랑으로 보살펴주는 양육자들이 지속적으로 그들 곁에 있어주는 것은 어린 아이들이 세상에 대한 기본적인 신뢰감을 형성하는 데 결정적인 도움이 될 것이다(Erikson, 1950).

스트레스의 정의

스트레스란 무엇인가? 우리는 왜 아이들과 그들의 보육을 제공하는 사람들(child care providers)의 삶에 존재하는 스트레스 요인들에 대해 관심을 가질 필요가 있는가? **스트레스**는 인간이 힘든 문제로 분투하고 있고 극복해낼 수 없다고 느낄 때 인간관계에서의 갈등과 염려스러운 신체반응으로 나타난다(Honig, 1986a). 스트레스 연구의 아버지인 Selye(1982)는 **스트레스**를 우리 몸의 항상성 생리 시스템(homeostatic physiological systems)에 불균형을 일으킬 정도로 심각한 자극 사건으로 정의했다.

스트레스의 원인은 다양하다. 스트레스의 원인은 생물학적 혹은 의학적 위험(예를 들어, 미성숙, 뇌경색), 개인적 혹은 사회적 요인(예를 들어, 따뜻한 마음의 결핍, 반응적인 부모양육), 가족환경(예를 들어, 어머니의 우울증, 어머니를 위한 아버지의 지원 결핍), 사회 인구학적 요인(예를 들어, 서로 격하게 싸우는 위험한 이웃 곁에서 사는 것)에서 비롯된다(Honig, 1986b). 아이의 스트레스는 장기적으로 지속되는 부정적인 결과를 초래할 수도 있다. 5-12세 사이에 있는 아이들의 지속적인 또래 거부, 고립, 또래 괴롭힘과 같은 개인적인 상호작용에서 초래되는 스트레스는 심각하고 장기적인 스트레스와 발달장애의 원인이 될 수 있다(Ladd, 2006; Lines, 2008; Zins, Elias, & Maher, 2007).

Kauai 섬의 아기들 중 고위험군으로 분류된 아기들을 대상으로 수십 년 동안 진행된 연구들은(Werner & Smith, 1992) 생후 첫 해에 어머니와의 애정적인 관계를 경험하고 유아기에 어머니와 변함없는 친밀한 관계를 경험한 아기들이 이후 **회복 탄력성(resilience)**이 있는 성인으로 성장했다고 밝혔다. 사랑하는 친밀한 사람들과의 관계는 어린 아이의 스트레스 방지와 스트레스를 주는 위험 요인의 개선에 중요한 역할을 한다(Honig, 2010). 이 책은 아이들이 스트레스를 어떻게 표현하고 통찰력을 갖고 돌보는 교사들이 아이들의 스트레스를 어떻게 줄여줄 수 있는 지를 보여주는 많은 짧은 글과 개인적 예들을 제공한다.

삶의 스트레스를 나타내는 아이들의 행동

아이의 스트레스를 잘 분별해내기 위해서는 그들의 말을 경청하는 것은 물론 그들의 신체 언어(body language)도 관심을 가지고 지켜볼 필요가 있다. 신체 반응은 유용한 표지판이다. 우리에게 말로 자신의 생각을 표현할 수 없는 어린 아이는 신체 반응을 통해 자신의 취약한 정서와 내적 고통을 표현한다. 아이는 자신의 고통을 어떤 몸짓과 행동으로 나타내는가? 아이의 눈은 휘둥그레져 있고 얼굴은 찡그리고 있다. 평소에 활발한 아기의 팔다리가 축 늘어지거나 뻣뻣하게 경직되어있다. 아이가 어깨를 움츠리고 책상에 앉아서 자신의 머리카락 끝을 씹고 있다. 어린 아이의 눈이 멍하거나 화난 표정이다. 아이의 얼굴에 웃음기가 없다(Koplow, 1996). 낮잠 시간에 이를 갈면서 잔 아이가 잠에서 깨어난 후 턱이 아프다고 한다. 아무런 의학적 원인이 없는 잦은 변비나 설사는 스트레스로 인한 것일 수 있다. 만일 부모가 학교에 가지 말고 집에 있으라고 하면 기적처럼 사라지는 심한 복통을 호소하는 아이들도 있다. 어떤 아이들은 반항심이 든다거나 화가 난다는 말은 전혀 하지 않고 계속해서 눈을 마주치지 않고 그들에게 무엇을 하라고 요청하기만 하면 성인에게 시무룩한 표정을 짓는다. 아버지가 전쟁에 참여하기 위해 멀리 떠나버린 후 아이는 우울해하며 어머니 곁에 더 달라붙어 있으려는 행동을 할 수 있다. 표 1.1은 어린 아이들의 숨길 수 없는 스트레스 사인의 일부 목록을 제공한다(Honig, 1986b, p. 160).

표 1.1 아이의 스트레스: 행동과 신체 징후

당신이 돌보고 있는 어린 아이들은 정서적으로 잘 자라고 있는가? 아기와 걸음마기 아이의 행동에 대한 통찰력 있는 인식과 관찰은 아이의 정서적 문제를 예방할 수 있는 당신의 첫 번째 방어선이다. 다음과 같은 신체적 단서들은 특별히 같은 아이에게서 몇 번에 걸쳐 나타날 때 그 아이의 정신적 건강이 위험할 수도 있다는 것을 보여주는 것이다.

흐릿하고 광채가 없는 눈
자주 등이 구부러지고 몸이 경직되는 반응
눈 맞춤을 피함
양육자에게 몸을 편안하게 맡기지 못하고 밀쳐냄
축 늘어지고 무기력한 몸
상냥한 어른이 웃음을 유도해도 거의 웃지 않음
강박적인 몸 흔들기, 엄지손가락 빨기, 자기자극

슬픔을 가누지 못하는 긴 울음
양육자와의 친밀한 대화 중에 보이는 주의산만
냉담한 표정
감정 이입 능력의 결여 – 친구가 상처받거나 고통스러워 할 때 무감각하거나 화를 냄
따뜻한 성인이 접근해도 반응을 보이지 않음
길고 잦은 짜증
양육자의 애정표현에 두려워하며 뒤로 물러서거나 위축됨
몇 달 동안의 보육기관 생활 후에도 불안해하며 교사를 그림자처럼 따라다니거나 매달림
보육기관에 온 부모를 회피하거나 관심을 보이지 않음
이유 없이 남을 지속적으로 물거나 때림
친구나 다른 사람에 대해 거의 또는 전혀 관심이 없음
절망스럽게 찌푸린 얼굴
특정 양육자에게 특별한 애착을 보이지 않고 아무 성인들에게나 쉽게 다가감
아기 침대에 지속적으로 머리를 부딪침
안전기반인 양육자의 존재를 무시하고 달아나려는 경향
목적 없는 배회; 구성 놀이에 집중하지 못함
아이를 위태롭게 만드는 무모한 행동들; 신체의 한계에 대한 인식부족
성인에 대해 지나치게 걱정하거나 순응함
성인을 향한 과잉 배려 – 부모화

만일 당신이 한 아이를 관찰하는 동안 위에 기술된 행동 중의 일부가 아이에게서 나타난다면, 그 아이의 스트레스를 줄여주기 위해서 가족 구성원들과 함께 노력하라. 어떤 경우에는 정서적으로 고통을 받고 있는 아이를 지원하기 위해 그 가족을 지역사회의 자원과 연결해주는 도움을 제공해 줄 필요가 있다.

Honig, A.S. "Mental Health for Babies: What Do They and Research Teach Us?" *Young Children* 48(March 1993), 72. [A.S. Honig, *Secure Relationships: Nurturing Infant/Toddler Attachment in Early Care Settings*,(Washington, DC: NAEYC, 2002), 33.]의 허락을 받아 수정됨.

강도와 지속시간이 다양한 스트레스 사인

짧은 스트레스 반응도 있지만 오래 지속되는 스트레스 반응도 있다. 어떤 스트레스는 놀랍도록 극적인 행동으로 나타날 수도 있다. Evie는 자신의 머리카락을 한 움큼씩 뽑아서(발모벽) 그녀의 머리에는 머리카락이 없는 곳이 많이 있다. Barrie는 갑자기 무서울 정도로 짜증을 내며 성질을 부린다. 그는 슈퍼마켓 계산대 옆에 유혹하듯 진열되어있는 캔디를 살 수 없다는 이야기를 들었을 때 호흡곤란으로 얼굴이 파래졌다. Jeremy는 자신의 놀이 활동을 방해하고 있다고 생각되는 아이에게 무섭게 화를 내고 소리를 지른다.

Jamal은 커다란 플라스틱 블록으로 탑을 쌓고 있었다. 점점 높아지고 있는 탑을 곁에 앉아서 지켜보고 있던 Bettina는 Jamal이 탑의 아래 부분에 균형을 맞추지 못하고 불안정하게 얹어놓은 블록을 안정되게 놓아 주려고 했다. Jamal은 Bettina가 자신의 탑 쌓기 활동을 방해하고 심지어 빼앗아 가려고 한다고 생각하며 그녀의 도와주려는 손을 때리고 눈살을 찌푸리고 소리를 질렀다. 그녀는 도와주려고 내민 손을 거두어들이고 걱정스럽게 바라보았다. Jamal은 계속해서 그의 불안정한 탑을 쌓고 있었다.

모든 아이가 자신의 내면의 스트레스를 외현적 행동으로 분명하게 보여주는 것은 아니다. 어떤 아이는 성인이 자신의 삶을 지나치게 지배하거나 침해하고 있다는 것을 미묘한 방식으로 나타낸다. 거부증(Negativism)은 발달적으로 적합한 행동이기도 하지만 고통의 사인이기도 하다. 걸음마기 아이가 **아니야**라고 말하는 것은 자신에게 유능감과 독립심이 발달하기 시작했다는 것을 주장하고 있는 것이다. 그들은 발달적으로 적합한 행동을 하고 있는 것이다.

"Larry, 점심식사 시간이야"라고 Ali 선생님이 큰 소리로 불렀다. 반짝이는 눈으로 Larry는 "아니야, 아니야, 아니야"라고 외치며 그 방의 다른 쪽 끝으로 달려갔다. 그러고 나서 마치 Larry 자신이 독립적인 표현을 할 수 있게 된 기쁨을 선생님도 같이 기뻐해주어야 한다는 듯이 돌아서서 그녀에게 매력적인 미소를 지어보였다. Ali 선생님은 미소를 지으며 "음, 맛있는 고기, 맛있는 당근!" 이라고 말했고 걸음마기 아이는 행복하게 자신의 식탁 의자를 향해 달려갔다.

그러나 어떤 유아들과 학령기 아동들은 성인의 합리적이고 기분 좋은 제안에도 **싫어요**라는 말을 많이 한다. 이런 행동은 아이가 성인의 너무 많은 압박이나 지시로부터 자신을 방어해야 한다는 느낌을 표현하는 것일 수 있다. 성인들의 과도한 지시가 얼마나 아이들을 뒤흔드는 지를 알고 싶은 교사들은 공공장소에서 가족이 대화하는 것을 들어 볼 수 있다. 이런 가족의 대화는 성인들의 지나친 지시가 어떤 아이에게는 갈등의 원인이 될 수 있다는 것을 보여준다. 여기에 공공장소에서 우연히 듣게 되는 그런 종류의 대화를 소개한다.

식사를 마친 후 여섯살이 된 Donny는 재미있는 놀이기구가 있는 패스트푸드 음식점의 어린이 코너에서 놀 것을 기대하며 그의 신발을 벗었다. "이리 와보렴, 너의 셔츠가 구겨져 있구나," 그의 아빠가 불렀다. Donny는 얼굴을 찌푸리고 테이블로 다시 뛰어왔다. 아빠가 셔츠를 바로잡아준 후 Donny는 놀이공간을 향해 빠른 걸음으로 돌아갔다. "뛰지 마라," 그의 엄마가 말했다. "넘어질라!" "조심해서 올라가, 내 말 듣고 있니?" 아빠가 지시했다. "이리 와 보렴. 양말을 잘 신고 있는 지 확인해 보자," 엄마가 불렀다. Donny는 부모의 말을 잘 듣기 위해서 이리

저리 뛰어다녔다. 그의 눈살은 찌푸려졌고 얼굴은 속상해서 시무룩해졌다. 그는 자신이 조종하는 대로 움직이는 꼭두각시처럼 느껴졌다.

성인들이 아이의 스트레스를 다루는 방법

한 아이가 엄마와 아빠는 항상 나를 위해서 모든 것을 결정한다고 하지만 친척이나 다른 사람에게 나를 맡길 때 내가 원하는 것은 물어보지도 않고 결정한다고 속마음을 털어놓았다고 가정해보자. “나는 엄마와 아빠가 외출할 때 할아버지와 함께 지내고 싶지만 엄마와 아빠는 **나의** 생각을 한 번도 물어본 적이 없어요.” 그 아이는 공감해주는 교사에게 힘없는 목소리로 속마음을 이야기한다. 교사는 어떻게 반응해야 하는가? 어떤 교사는 조용히 들어줄 수도 있다. 또 어떤 교사는 “엄마와 아빠가 네가 원하는 것을 더 많이 물어봐주기를 원하는구나!”라고 그 아이가 원하는 것을 다시 한 번 말로 확인시켜줄 수도 있다. 그리고 어떤 교사는 그 아이의 부모를 초대해서 그 아이의 진정한 행복을 위한 가족들 간의 관계에 대해서 뿐만 아니라 센터에서도 얼마나 잘 지내고 있는 지에 대해서 이야기를 나눌 수도 있다.

성인의 과도한 압박으로부터 아이가 자신의 생각을 지키려고 할 때 성인은 그 아이가 고집이 세거나 비협조적이라고 말한다. 아기 Billy는 너무 빨리 혹은 너무 많은 음식을 입에 넣어 준다고 느낄 때 음식을 자신의 볼에 물고 입술을 꽉 오므린 채 숟가락이 입에 들어오는 것을 거부한다.

교사들은 걸음마기를 지난 아이가 교실에서 **싫어요**라고 말하는 것은 자신의 자율성을 지키기 위한 방법이라는 것을 깨닫게 된다. 통찰력이 있는 교사는 어린 아이가 너무도 강력하거나 독단적인 어른의 힘 앞에서 좌절되거나 무력해질 때 그에 대한 반응으로 고집스러운 행동을 할 수 도 있다는 것을 인지하고 아이의 자율성을 지켜주기 위한 방법을 찾는다.

부모의 양육태도에 따라 아이의 행동은 달라진다. 아이가 권위적인 부모로부터 너무 많은 압박을 받고 있다고 느낄 때 집에서는 말을 잘 듣고 순종적일 수도 있지만 교실에서는 공격적인 행동을 하고 말을 잘 듣지 않는다. Baumrind(1971)는 세 가지 유형의 주요 부모 양육태도를 주목했다. **권위적인 부모**(Authoritarian parents)는 따뜻하지 않다. 권위적인 부모는 통제와 규칙에 대한 무조건적인 순종을 중요하게 생각한다. 권위적인 부모는 규칙을 위반한 자녀를 단호하게 처벌한다. "나는 너의 부모니까 내가 말하는 대로 해"라는 식의 부모의 태도는 모든 권한은 부모에게 있고 모든 책임은 자녀에게 있다고 선언하는 것이다. 그런 부모의 자녀는 남을 더 신뢰하지 않는 경향이 있다. **허용적인 부모**(Permissive parents)는 따뜻하고 비통제적이며 자녀에 대한 요구가 거의 없다. 허용적인 부모의 자녀는 미성숙하고 자기 통제력이 가장 낮은 경향이 있다. **권위 있는 부모**(Authoritative parents)는 높은 기대치를 갖고 있으면서 애정적이고 수용적이며 자녀가 진심으로 원하는 관심을 보여주고 부모 자신이 요구하는 규칙과 기대를 설명해준다. 권위있는 부모의 유아기 자녀는 가장 자립적이고 자기 삶에 만족해하며 자기 통제력이 있는 아이로 성장하는 경향이 있다. 유아기가 지나서도 또래들과의 가벼운 접촉에 크게 화를 내거나 강한 반감을 드러내는 아이들은 집에서 비효율적 유형의 양육을 경험하고 있을 수 있다.

다섯 살 된 Howie는 배가 고프지 않아서 점식을 먹고 싶지 않다고 자주 말하곤 했다. Howie가 자신이 좋아하는 음식을 강하게 거부할 때 친절한 급식 담당자는 의아해했다. 그 급식 담당자는 Howie가 점심시간 바로 전에 느끼는 배고픔 때문에 짜증을 내는 것임을 직관적으로 알게 되었다. 그 급식 담당자는 강요하거나 잔소리를 하지 않았다. 그러나 다른 친구들이 먹고 있는 점심 식단에 자신이 정말 좋아하는 음식이 보이면 그는 갑자기 다급하게 음식을 요구하였다. Howie의 교사도 Howie가 식사를 마친 후에는 교실에서 다른 아이들과 더 즐겁게 상호작용을 하며 지낸다는 것을 알고 있다.

양육자들은 아이가 좀 더 긍정적으로 발달할 수 있도록 양육하기 위해서 아이의 스트레스를 다루는 기법과 방법을 잘 숙지하고 있어야 한다. 그러나 첫 번째 지원단계는 어린 아이들이 수많은 방식으로 스트레스를 표출할 수 있다는 인식을 높이는 것이다. 아이가 짜증을 내는 이유가 화가 났기 때문이라는 것을 인식하는 것은 쉽다. 우리는 아이가 내면의 고통을 여러 가지 다른 방식으로 표출한다는 것을 인식하고 각각의 방식에 맞게 조율하여 반응할 수 있어야 한다. Florence의 부모는 보육기관의 운영시간보다 더 오랜 시간을 직장에서 일하기 때문에 Florence는 보육기관이 끝난 후에도 몇 시간 동안 자신을 돌보아줄 사람에게 데려다 줄 기사를 기다려야 한다. 성인들은 Florence가 안전하게 이동할 수 있도록 지원해준다. Florence는 기다리는 동안 신경질적으로 그녀의 입술을 깨물고 몇 분 간격으로 "쉬" 하러 가야 한다고 말한다. 이 이동은 매일 반복되는 절차임에도 불구하고 이 아이에게 스트레스를 준다는 것을 그녀의 행동을 통해 알 수 있다.

교사와 스트레스

교사 삶에서의 스트레스는 어떠한가? 스트레스는 보육을 제공하는 사람들의 개인적인 삶을 포함한 모든 사람의 삶에 존재한다. 스트레스는 당혹스럽거나 부적절한 방식으로 행동하는 아이로 인해 발생할 뿐만 아니라 직원들 사이나 보육교사와 부모 간에도 발생한다. 우리 사회에서 스트레스는 매우 고질적인 것이어서 우리가 웹사이트와 이메일을 보면 아로마 테라피 목욕제품에서부터 요가수업 광고까지 성인이 자신의 스트레스를 줄일 수 있는 방법과 구입할 수 있는 제품에 관한 정보를 매일 접하게 된다. 대학에서는 학생들 간의 스트레스 문제로 고심하면서 스트레스 방지를 위한 강좌를 제공하고 있다. 그 예로 마음 챙김을 기반으로 한 스트레스 감소법(Mindfulness-Based Stress Reduction; MBSR)이라는 강좌는 삶의 스트레스에 직면한 청소년에게 "발생한 스트레스를 좀 더 균형 잡힌 방식으로 다루고 지금 이 순간에 대해 마음을 열고 무비판적 태도로 인식하는 것"을 연습하도록 가르친다(Syracuse University, 2006, p.7). 이 책의 마지막 두 장에서는 보육을 제공하는 사람들과 교사들 삶의 스트레스를 줄여주기 위한 아이디어와 정신건강 전문가와 같은 외부 도움을 언제 그리고 어떻게 활용하는 지에 대한 아이디어가 제공된다.

단기 스트레스 요인

단기 스트레스가 항상 부정적인 것은 아니다. 실제로 **적당한** 양의 스트레스는 사람을 자각시켜서 기억력을 향상시키고 그 스트레스 상황을 개선할 수 있는 기회를 증진시킨다. 통제감과 만족감이 있는 사람에게는 스트레스가 긍정적인 경험이 될 수 있다는 것이 Rockefeller 대학의 신경내분비학 연구소 책임자에 의해서 개념화되었다. 그런 사람은 자신이 싸워서 극복하기로 결심한 도전을 받아들이고 직면한다(McEwen, 2002).

휴가 중인 한 교사는 몇 주 간의 휴가기간 동안 애팔래치아의 자연 산책로를 걷기로 결심한다. 그 산책로는 힘들고 불편한 점이 많이 있다. 그러나 여행이 끝났을 때 그 교사는 승리감과 짜릿함을 만끽한다.

심지어 아이들에게도 가벼운 스트레스는, 이를 극복하기 위한 그들의 노력이 성공하였을 때 기쁨과 유능감으로 이어질 수 있다.

몇 주 동안 휘파람 소리를 내려고 노력했으나 번번히 좌절되었던 걸음마기 아이가 어느 날 갑자기 휘파람을 부는 데 성공했다. 어느 이른 아침, 그 걸음마기 아이는 부모 방에 있는 자신의 침대의 나무 봉을 붙잡고 일어서서 성공했다는 기쁨에 소리를 질렀다. 그 소리에 놀란 부모들은 잠에서 깨어 일어났고 그 아이는 "내가 해냈어(I dooed it), 내가 해냈어!(I dooed it!)" 라고 소리치며 작은 휘파람 소리를 냈다.

한 아이가 몇 주 동안 교실에서 힘든 시간을 보냈다. 교사가 **같은 소리의 운으로 끝나는 단어들**을 가르친 후 그 아이는 운을 인식하고 찾는 방법을 알아내기 위해 지속적으로 노력하고 있었다. 좌절될 때도 있었지만 그 아이는 교사의 온화하고 긍정적인 격려를 받으며 열심히 노력했다. 몇 주 후에 교사가 "얼굴에서 rose와 운이 맞는 부분을 말해보세요,"라고 아이들에게 질문했을 때 그 아이는 씩 웃으며 "nose!"라고 소리쳤다. 이 학습에 대한 도전은 아이에게 가벼운 스트레스를 주었지만 그 아이가 노력하고 성공할 수 있도록 활력을 불어넣어 주었다. 그리고 그 아이는 해냈다!

아이들이 매우 힘들어하거나 스트레스를 심하게 받을 것으로 여겨지는 상황들이 있지만 실제로 그런 상황들이 부정적인 결과를 초래하지 않을 수도 있다. Maryland 대학에서 이루어진 연구에서 음악이나 발레 레슨, 스포츠 활동, 아이들이 함께 놀 수 있도록 부모들이 정한 약속(play dates) 등의 바쁜 스케줄 그 자체 때문에 아이들이 스트레스를 받는 것은 아니라는 것이 밝혀졌다. 아이들은 바쁜 스케줄 때문에 부정적으로 반응하는 것이 아니라 부모의 비난과 자녀가 뛰어나길 바라는 자신의 부모로부터 받는 심한 중압감으로 인해 스트레스를 받는다고 느꼈다(St. George, 2008).

단기 스트레스는 더 극복하기 쉬운가? 어떤 단기 스트레스는 숙제를 집에 두고 학교에 간 아이가 교사에게 꾸중을 듣는 것과 같은 가벼운 것이다. 가벼운 스트레스도 일시적인 문제를 초래할 수 있다. 곧 태어날 아기의 방을 만들어주기 위해서 유아가 자신의 방을 내어주고 새로운 방으로 옮기는 것과 같은 가벼운 스트레스는 빨리 사라질 수 있다. 성인들은 그런 스트레스를 능숙하게 예측해내서 아이가 너무 많이 불편해하지 않도록 미리 도움을 줄 수 있다. 그들은 차분하게 애정을 갖고 설명해준다. 그들은 아이가 옮겨갈 새 방을 다시 꾸미는 과정에 아이의 도움을 요청한다. 그들은 아이가 자신이 성장해가는 것에 대해 자랑스럽게 느끼도록 해준다. 그리고 그렇게 성장한 아이들은 다가올 변화를 걱정하기보다 긍정적인 이벤트로 기대하는 것처럼 보인다. 성인들은 스트레스 요인을 성인의 관점이 아닌 **아이가 그 사건을 어떻게 바라보는 지**, 아이의 관점에서 생각해야만 한다. 예를 들어 옆집에 사는 가장 친한 친구가 멀리 이사를 가는 것은 성인에게는 가볍게 보일 수 있어도 아이에게는 슬픔을 유발시킬 수 있는 스트레스가 발생한다. 그룹 보육에서 어린 아이들이 친구들과 함께 더 높은 연령의 반으로 올라가면 그 아이들의 스트레스는 줄어든다. 그러나 어떤 센터는 아이가 특정 연령이 되거나 자기 스스로 이동이 가능할 때만 한 교실에서 다른 교실로 옮길 수 있다는 엄격한 규칙을 갖고 있다.

한시적이긴 하지만 단 한 번의 심한 스트레스도 그 영향이 오래갈 수 있다. 만일 교실에서 교사나 다른 아이가 갑자기 심하게 아프다면 예민한 유아는 무서워하며 흐느껴 운다. 어떤 아이는 화가 난 아이가 집어 던진 장난감에 맞아서 피를 흘린다. 우연히 길에서 만난 개가 걸음마기 아이에게 달려들어서 비명을 지를 때와 같은 스트레스는 심각한 것이다. 이처럼 심하게 공포스러운 사건은 장기적으로 영향을 미칠 수도 있다. 교사는 이 아이가 그 일이 있은 지 몇 주 후에 작고 순한 게르빌루스 쥐가 들어있는 우리를 보고도 무서워하며 뒤로 물러서고 근처에도 가지 못하는 것을 목격한다.

장기 스테레스 요인

어떤 스트레스는 장기적인 것이다. 장기적인 스트레스는 그 스트레스를 해결할 수 있는 능력이 없거나 그 스트레스 상황을 통제할 수 없다고 느낄 때 발생한다. 그 결과는 생물학적으로 해로운 영향을 미친다. 스트레스가 심한 상황에 처해있는 동안 우리 몸은 아드레날린을 분비시켜서 심장박동을 빨리 뛰게 하고 혈압을 상승시켜서 위기상황에 대비할 수 있도록 우리 몸을 준비시킨다. 가난은 많은 아이들의 장기적인 스트레스 요인이다. 미국의 경우 천삼백만명 이상의 아이들이 연방정부에서 정한 최저 생계 유지비인 연간소득 21,200 달러 이하의 소득으로 생계를 유지하는 가정에서 살고 있다. 가난은 부모들에게 스트레스를 준다. 부모가 자원이 부족하고 아이들이 필요로 하는 사랑과 소중히 여김을 제공해줄 수 있는 에너지가 부족할 때 가족의 가난은 아이의 스트레스를 증가시킨다(Cauthen & Fass, 2008).

아이들의 장기적인 스트레스 요인은 직접적인 것이기보다 **간접적**인 것일 수도 있다. 재발하는 암에 걸린 아이는 자주 병원에 입원하게 된다. 그의 형제들은 아픈 형제를 걱정하면서도 자신들이 방치된다는 느낌도 갖게 된다. 그 형제들은 부모가 암에 걸린 아이를 돌보느라 바빠서 그들을 정서적으로 방치하는 것에 대하여 원망하기도 한다. 또한 그들은 그 형제가 얼마나 아픈 지 잘 알고 있기 때문에 죄책감도 느낀다. 집이 없는 어떤 아이는 엄마와 형제들과 함께 노숙자들로 붐비는 보호소를 이리 저리 옮겨 다닌다. 그 아이는 갑자기 전학을 해야만 한다. 걱정, 혼란, 스트레스가 이 아이에게 스며든다.

이혼

이혼은 어린 아이들에게 심한 스트레스를 주는 요인중 하나이다. 경우에 따라서 이혼은 아이를 불안하게 만들었던 지속적인 싸움과 긴장의 끝을 의미하기도 한다. 그러나 많은 경우 이혼은 장기적인 스트레스 요인이라는 것이 증명되었다. 어떤 부모들은 아이의 양육권을 차지하기 위해서 격렬하게 싸운다. 그 부모들은 자녀들에게 서로에 대한 비난을 퍼붓는다.

그 자녀들은 서로 그리고 친구들과 많이 싸우기 시작한다. 전문치료사들과 연구자들은 폭언이 오가는 이혼과 양육권 전쟁으로부터 야기되는 고통스러운 장기적인 스트레스 요인을 경험한 가족의 아이는 급격히 떨어지는 성적, 우울증, 놀이터에서 또래와의 싸움, 야뇨증, 악몽 그리고 후에 성인이 되어서도 대인관계에 어려움을 보이는 결과를 초래한다고 보고하였다(Marquardt, 2005; Wallerstein, 1987; Wallerstein, Lewis,

& Blakeslee, 2000). 이혼 후에도 지속되는 부모의 불화와 증오는 아이뿐만 아니라 교사들에게도 영향을 줄 수 있다. 각각의 부모에게 사랑을 받아온 세 살 된 남자아이가 자신의 교사에게 "나는 친구가 없어요."라고 슬프게 속마음을 털어놓았다. 그 아이는 교실에서 매우 외로워했다. 그의 부모는 그 후에도 수년 동안 격렬한 이혼싸움을 지속했고 각 부모는 교사가 그들의 심리적인 싸움에서 자기편을 들어줄 것을 요구했다.

이혼 후에 발생하는 몇몇 한시적인 스트레스 요인들은 이미 부모의 이혼으로 인한 스트레스로 시달려온 아이들에게 또 다른 정신적 충격을 줄 수 있다. 아이는 엄마가 새 아버지의 아기를 임신하고 그들이 애지중지하는 새 아기만큼 자신이 사랑받지 못할 것을 걱정한다. 또 아이는 그들의 집에 더 이상 자신이 잘 방이 없을 지도 모른다는 두려움을 느낀다. 어떤 엄마의 남자친구는 어린 아이를 돌보면서 성적으로 부적절하게 만지고 이 사실은 둘만의 비밀이라고 말한다. 그 아이는 교실에서 교사의 접촉에 예민하고 움츠려드는 행동을 보이기 시작한다(Gordon, 1983).

변화와 이전

살고 있는 장소의 변화와 이전(relocation)은 아이들에게 두려운 일이다. 전쟁 지역에서 아이들은 붐비는 난민 수용소로 피난을 간다. 그들의 심각한 얼굴과 처절하게 매달리는 모습은 내면의 스트레스가 심하다는 것을 말해준다. 피난민이나 이민 가족이 다른 언어를 사용하는 새로운 나라에서 안전한 은신처를 마련했어도 변화된 공간과 문화로 인한 아이의 정서적 고충은 더 오랫동안 지속될 수 있다.

부모들이 자주 해외로 배치되는 군인 가족의 아이들은 이전이 심각한 스트레스의 원인이 될 수 있다. 부모들과의 갑작스러운 이별과 직면해있는 이 아이들은 부모들이 위험한 장소로 떠나는 것을 걱정한다. 부모들의 새로운 배치 지역은 아이들이 TV에서 본 폭격과 살인이 일어나고 있는 지역일 수도 있다. 평화로운 시기의 이전도 이 군인 가족의 아이들에게 스트레스를 줄 수 있다. 그들은 낯선 동네의 새 아파트로 이사하고 아는 친구가 한 명도 없는 새로운 학교로 전학을 간다. 그런 이전은 심적 고통과 불안을 초래할 수 있다. 아이들은 야뇨증, 괴롭힘, 숨길 수 없는 다른 고통의 사인들을 보일 수 있다.

Garbarino(2008)는 공포스럽고 잔인한 사회적 상황, 전쟁과 테러 상황에의 노출, 전쟁 난민 수용소에서의 삶과 같은 힘든 환경 속에서 사는 전 세계의 아이들이 겪고 있는 스트레스와 관련된 주목할 만한 사례들을 보여준다. Garbarino는 우리가 세계 도처에서 발견되는 아이들 삶에서의 스트레스를 충분하게 보살펴서 개선시켜주지 않는다면 아이들은 이후에 청소년 그룹 폭력, 십대 매춘, 마약 남용, 영구적 폭력과 같은 안타깝고 끔찍한 결과를 경험하게 될 것이라는 것을 우리에게 상기시켜준다.

유기: 아이의 가장 강력한 스트레스 원인

사랑하는 부모 혹은 가까운 형제의 죽음이나 상실로 인해 슬픔을 경험한 아이는 자주 우울증의 징후를 보인다. 자신이 버려질 지도 모른다는 강한 두려움을 지닌 아이는 염려스러운 행동을 보인다. 그런 두려움은 학습에 부정적인 영향을 미치고 지나치게 조심성이 많은 행동을 야기시킨다(Bowlby, 2000).

> 5살 된 Ashley는 항상 "아주 모범적으로" 행동했다. 어머니는 Ashley가 얼마나 예절바른 아이인지 자부심을 갖고 말했다. 가족치료사는 어머니가 Ashley 언니의 양육권을 포기하고 아버지에게 양도하기로 합의 한 사실에 대해 조용히 상기시켜 주었다. 그 어린 여자 아이는 남모르게 간직하고 있었던 자신의 비밀스러운 걱정 때문에 지나치게 바른 행동을 하고 있었던 것이다. 만일 Ashley가 착한 아이가 아니었다면 아버지와 언니가 그랬듯이 어쩌면 어머니도 그녀의 삶에서 사라질 지도 모른다고 생각했던 것이다.

그런 두려움은 여러 해 동안 아이에게 스트레스를 주어 상처를 남길 수 있다.

아이들의 심각한 스트레스와 뇌의 변화

삶의 초기에 만성적이고 변함없이 지속되는 스트레스는 아이의 성격과 행동은 물론 뇌에도 해로운 영향을 준다. 코르티솔, 아드레날린, 노르에피네프린 그리고 다른 스트레스 화학물질이 몸에 과도하게 노출될 때 뇌세포들이 손상된다. 스트레스 호르몬의 수준이 높아지면 뇌의 기억을 조절해주는 해마가 위축된다. 방치되고 학대받은 수천 명의 아이들을 치료해온 소아정신과 의사인 Dr. Bruce Perry(1999)는 기억장소인 해마의 위축에 따른 심각성을 강조했다. 가정폭력과 같은 장기적이고 만성적인 스트레스 요인들은 학습을 위해 뇌의 모든 용량이 필요한 아이들에게 특별히 위험하다. 방치 및 학대와 같은 압도적인 아이의 스트레스 요인을 막아줄 첫 번째 방어선은 사랑으로 돌보아주는 친밀한 양육자들이다. Dr. Perry(2002)는 심각한 스트레스 요인이 발달이 진행되고 있는 아이의 뇌에 얼마나 해로운 영향을 미치는 지를 명확하게 밝혔다.

> 아이들은 주된 성인 양육자들과의 안정된 정서적 애착과 접촉 그리고 또래들과의 자발적인 상호작용 모두를 경험할 필요가 있다. 만일 이런 관계가 결여된다면 배려하는 행동 및 인지수용능력과 관련된 뇌 발달이 지속적으로 손상된다. 과학기술의 영향은 확대가족, 가족식사, 또래와의 자발적인 상호작용의 감소를 초래해왔다. 또래와의 자발적인 상호작용의 감소는 뇌의 발달이 진행되고 있는 많은 아이들에게서 인지적 잠재력과 배려하는 잠재력의 긍정적 성장을 촉진시켜주는 경험을 박탈해왔다(p. 79).

Perry(1994)는 부모의 방치를 아동에게 손상을 입히는 재앙(catastrophe) 즉, 뇌 패턴의 부정적인 변화를 일으키는 장기적으로 지속되는 스트레스로 분류했다. 어떤 아이들은 그들이 겪어온 고통을 기억조차 할 수 없다. 그들은 유아기 경험을 머릿속에서 지워버린다. 아버지가 살해되었고 어머니는 마약 중독자였던 미식 축구의 인기스타 선수인 Michael은 많은 위탁가정에서 살았다. 그는 고등학교에 다니는 동안 그의 놀라운 미식 축구 실력 때문에 대학의 미식 축구팀들로부터 많은 러브콜을 받았다. 그는 학습장애가 있어서 매일 엄청난 양의 집중적인 과외지도가 필요했다. 그를 키워주신 양어머니가 그의 과거에 관하여 질문했을 때 그는 답을 할 수 없었다. 그는 자신의 지난 삶에 항상 존재해왔던 스트레스를 극복하기 위한 방안으로 어린 시절의 기억들을 지워버린 것이다. "Michael은 그의 전 생애를 잊고 싶은 고충의 시간들로 보냈다"(Lewis, 2006, p. 112).

아이들의 인체 생리에 부정적인 영향을 미치는 스트레스

심한 스트레스가 장기간 지속될 경우 그 결과로 많은 신체적 증상이 나타난다. 이 증후군을 **외상 후 스트레스 장애**(posttraumatic stress disorder: PTSD)라고 한다. 일부 증상으로는 만성수면장애, 섬뜩한 기억의 회상, 갑작스러운 분노, 불타는 듯한 팔의 통증이나 두통과 같은 신체를 정상적으로 기능하지 못하게 만드는 정신적 체감(nonphysical bodily sensations)이 있다. 의식분열(dissociation), 강박 반추증(obsessive ruminations), 정신적 외상을 입힌 사건에 대한 기억이 일소되는 그 반대 증상도 전형적인 PTSD이다. 이라크 전쟁에 참전하고 돌아온 군인의 약 1/3이 외상 후 스트레스 장애 진단을 받았고 정신건강 서비스가 필요한 상태였다. 그리고 폭행을 당하거나 방치되었던 아이들 중의 일부도 PTSD 징후로 고통을 받는다. 그들은 교실에서 멍한 상태로 앉아있으며 외견상으로는 교사의 말이 들리지 않는 것처럼 행동한다. 그들은 치료시간에 그 충격적인 경험을 강박적으로 되풀이해서 재현한다. 교사들은

2001년 9월 11일 테러공격이 일어난 직후 유아들이 블록으로 높은 탑을 세우고 장난감 비행기로 그 블록 탑이 무너져 내릴 때까지 지속적으로 폭격하는 가상놀이를 했다고 보고했다.

만성적인 심한 스트레스는 인체에 어떤 영향을 미치는가? 스트레스가 심한 사건이 발생하는 동안 부신(adrenal gland)은 아드레날린(adrenaline)을 분비시킨다. 분비된 아드레날린은 심장박동수를 가속화시키고 호흡과 혈압을 증가시킨다. 아드레날린은 인체를 각성시켜서 싸우거나 도피할 수 있도록 준비시키는 것이다. 부신은 코르티솔(cortisol)도 분비한다. 코르티솔은 뇌로 가서 스트레스 사건을 기억하도록 돕고 비상반응을 지속적으로 유지시킨다. 노르에피네프린(norepinephrine)은 "원시인의 투쟁-도피 호르몬(caveman fight-or-flight chemical)이다. 그 호르몬은 검치 호랑이(saber-toothed tiger)와 같은 강한 동물과 엉켜서 싸워야 할 지 혹은 오두막 밖으로 안전하게 도망가야 할 지를 당신에게 알려준다"(Roizen & Oz 2006, p. 134). 일반적으로 심한 스트레스 사건이 종료된 후 인체는 정상적인 상태로 돌아온다. 심한 비난, 협박, 체벌로 인한 스트레스를 매일 지속적으로 받을 때 아이의 몸에 어떤 일이 일어나는가? 부신 시스템이 활성상태로 유지된다.

만성적 스트레스는 염색체의 양쪽 끝을 보호하는 DNA 덩어리인 **말단소립(telomeres)**의 길이를 짧게 만든다. 스트레스는 말단소립을 짧게 만들고 조기 세포 노화로 이어진다. 그런 말단소립의 축소는 만성적으로 아픈 아이들을 간호하면서 오랜 시간을 보낸 어머니들과 자신이 극도로 스트레스를 받고 있다고 지각했던 어머니들에게서 발견되었다. 그 어머니들의 백혈구도 심한 스트레스가 없는 같은 연령의 다른 여성들보다 더 노화된 것으로 나타났다(Cheney, 2006).

만성적인 방치나 학대로 인한 심한 스트레스는 상당히 높은 수준의 코르티솔, 아드레날린, 노르에피네프린을 분비시킨다. 혈압은 올라가고 동맥경화증으로 이어질 가능성이 더 높다. Perry(1993)는 만일 화가 난 성인이 학대나 방치를 경험한 아이를 꾸짖는다면 그 아이는 경직되거나, 도망가거나, 싸우려고 하는 반응을 보일 수 있다고 언급했다. 교사는 이런 아이의 경직된 반응을 그 아이가 자신을 무시하고 자신이 말하는 것에 집중하지 않는 것으로 해석할 수도 있다. 교사들은 아동학대나 방치로 인한 스트레스의 전형적인 결과로 나타나는 위에서 언급한 세 가지 반응(경직되는 반응, 도망가려고 하는 반응, 싸우려고 하는 반응)에 주의를 기울여야 할 필요가 있다.

한 교도소 심리학자는 유죄 판결을 받은 수백 명의 비행 청소년들을 대상으로 인터뷰를 했다(Welsh, 1976). 그 청소년들은 어린 시절에 경험한 부모님의 훈육방법에 대해 자세하게 기술했다. 판사들은 유죄판결을 받은 모든 청소년들을 대상으로 개별적 범죄행위의 가혹함의 정도를 평가했다. 어린 시절에 부모님이 더 심한 체벌을 가했을수록 청소년의 범죄행위가 더 가혹한 것으로 평가되었다.

혼란과 상처로 얼룩진 어린 시절은 약물 남용과 괴롭힘의 희생자로 이어질 뿐만 아니라 성인기의 공격성 및 약탈적 폭력과 같은 염려스러운 성격으로도 이어진다. 이런 연구결과는 많은 문화에 편재되어있다. New Zealand의 연구자들은 가난이나 가정에서 폭력을 목격하는 것이나 학교에서 집단괴롭힘을 당하는 것은 아이의 우울증을 발생시키는 결정적인 위험 요인들이라고 발표했다(Denny, Clark, Fleming, & Wall, 2004).

더욱이 수년간 꾸중을 듣고 비웃음을 당해온 아이들은 자신의 행동, 판단, 결정을 불신하는 것을 학습한다. 그들은 자신이 한 행동에 대해 가족으로부터 너무 자주 부정적인 반응을 경험해왔다. 낮고 불안정한 자기이미지로 인하여 어려움을 겪어온 이런 아이들은 잘 속고 다른 사람들에게 사기를 당하며 판촉 사기, 거짓 광고, 비양심적인 친구들의 희생양이 되기 쉬운 사람으로 성장한다. 그들은 거짓 자백을 하고 사이비 종교의 추종자가 되기 쉽다(Graceffo, 2006).

증폭효과를 지닌 스트레스

아이의 삶에서 스트레스들은 단순히 더해지는 것이 아니다. 스트레스들은 염려스러운 결과를 몇 배로 증가시킨다. 영국의 정신과 의사인 Rutter (1996)는 스트레스의 이차 효과(quadratic effects) 또는 한계치 효과(threshold effect)가 있다는 것을 제안했다. 즉, 아이의 스트레스가 한계점에 도달한 후 만일 그 아이에게 더 많은 스트레스가 축적된다면 발달 문제는 네 배로 증폭된다. 연구자들은 아이들에게 영향을 미치는 것이 **스트레스 요인의 수**인지 아니면 학교, 집, 이웃과 같은 **다양한 상황**인지에 대해 연구해왔다. 저소득층의 초등학교 아이들에게 상황은 수만큼 중요하지 않았다. 그들이 어디에서 스트레스를 받았는 지에 관계없이 **축적된 스트레스 요인의 수**가 아이에게 더 부정적인 결과를 가져왔다(Morales & Guerro, 2006). 연구자들은 "상황에 관계없이 축적된 스트레스 요인의 수가 성취를 감소시키고 우울증과 공격성을 증가시킨다"라고 발표했다(p. 919).

사람마다 다르게 지각하는 스트레스 요인

아이들은 스트레스 요인의 위협성 여부를 지각하는 데 차이가 있다. 아이들의 삶에 수많은 스트레스 요인들이 있지만 아이들마다 스트레스를 다르게 지각한다. 배가 고프고 피곤한 상태에서 두 손으로 음식을 먹고 있는 걸음마기 아이에게 숟가락을 사용해서 점심을 먹을 것을 엄하게 상기시켜주는 것만으로도 아이는 긴장할 수 있다. 어떤 어린 아이들은 배변훈련을 하는 동안 심한 두려움을 느낀다. 일부 걸음마기 아이들은 커다란 변기 속으로 빨려 들어갈 것 같은 두려움을 느낀다. 만일 마루 위에 안전하게 마련된 작은 어린 아이의 변기를 사용하도록 해주지 않으면, 아이들에게 정신적으로 큰 충격을 주어서 가장 잘 인내하며 배변훈련을 시키는 성인들의 노력에도 불구하고 아이들은 강하게 거부할 수 있다.

다양한 유형의 스트레스 요인들이 어떻게 지각되는 지는 **아동발달 수준에 따라 크게 다르다.** 겨울철 어둑어둑 해질 무렵에 아기를 안고 슈퍼마켓의 주차장을 향해 걸어가고 있는 한 어머니에게 무기를 지닌 흉악범이 다가올 때 그녀는 공포심에 사로잡히게 된다. 하지만 그 아기는 흉악범의 우스꽝스러운 몸짓과 겨누고 있는 총이 흔들리는 것을 보면서 웃을 수도 있다. 그러나 몇 년 후 다시 그런 상황에 처하게 되면 그 아이는 비명을 지르며 흐느껴 울 것이다.

성별과 스트레스

어떤 스트레스 요인은 성별에 따라 다르게 영향을 미친다. 아주 어린 여자 아이에 비해 남자 아이는 어머니의 온정 결핍에 더 취약함을 보인다(Martin, 1981). 초등학교 1학년을 담당하는 교사는 보육기관을 많이 경험한 남자 아이들이 그런 경험이 없는 아이들보다 더 반항적이고 호전적이며 비협조적인 것으로 평가하였다(Robertson, 1982). Howes(1999)는 보육기관뿐만 아니라 가정에서의 양육의 질도 그런 결과에 영향을 미쳤을지도 모른다고 지적했다. 그럼에도 불구하고 연구자들은 오랜 시간동안 가족이 아닌 보육기관을 경험한 남자 아이들이 여자 아이들에 비해 사회적 적응의 문제를 보일 위험성이 매우 크다는 것을 밝혀왔다(National Institute of Child Health and Human Development-Early Childhood Care Research Network[ECCRN], 2001, 2006).

성별 효과는 많은 시간을 보육기관에서 보냈던 이스라엘 4세 반의 아이들을 대상으로 실시한 연구에서도 나타났다. 표본으로 선정된 4세 유아들이 소속되어 있는 어떤 반은 아이 대 교사의 비율이 더 높았고 다른 반은 아이 대 교사의 비율이 더 낮았다(Bornstein, Hahn, Gist, & Haynes, 2006). 그룹을 위한 성인들의 수가 더 적을 때 남아들이 여아들보다 정서적으로 훨씬 더 취약함을 보였다. 교사들은 남아들이 "일반적으로 충동성(impulsivity)이 더 높을 뿐만 아니라 주의집중 규제

(attentional regulation), 억제 통제(inhibitory control), 만족지연(delay of gratification) 능력도 더 낮고 불안감과 우울증의 징후를 포함한 더 많은 외현화 및 내면화 문제들(externalizing and internalizing problems)"(p. 147)을 보인다고 보고하였다. 여아들은 보육기관의 그룹에서 경험한 교사의 수에 관계없이 이런 염려스러운 문제 행동을 보이지 않았다. 헤드스타트를 경험한 아이들 중 여아들을 제외한 남아들은 교사와 아이 사이에 갈등이 있을 때 더 적대적이고 공격적인 행동을 하는 경향이 있었다(Ewing & Taylor, 2009). 이 연구에서는 오직 성별에 따른 차이만이 유아 스트레스와 관련이 있고 인종적 차이는 관련이 없는 것으로 나타났다. 원장들은 교사들이 어린 남아들의 정서적 욕구와 보살펴주는 상호작용에 대한 욕구에 주의를 기울여 주기를 원할 것이다. 많은 성인들은 남아들이 여아들보다 더 강하고 애정 어린 포옹이 많이 필요하지 않다고 배워왔다. 교사들은 어린 남아들이 그들의 사랑과 돌봄을 얼마나 많이 필요로 하는 지 깨달을 필요가 있다.

스트레스에 주목하기: 미묘한 예술

교사들과 보육을 제공하는 사람들은 어린 아이들의 안전 유지에 숙련되어 있어야 하고 아이들이 배움에 흥미를 느끼도록 동기를 부여해주는 교육과정을 준비할 수 있어야 한다. 또한 아이들을 가르치고 보살피는 성인들은 아이들의 정서발달에 도움이 되고 특별히 스트레스의 영향을 완화시킬 수 있는 많은 방법을 숙지할 필요가 있다. 발로 차기, 물기, 소리 지르기와 같은 행동은 쉽게 해석되는 아이들의 스트레스 반응이다. 그러나 아이가 표현하는 많은 스트레스 사인들은 좀 더 미묘해서 감지해내기 어려울 수도 있다. 한 교사는 지난 해 그녀의 반에 주의집중을 하지 않고 창밖을 바라보면서 공상에 잠겨있던 학생이 있었다고 나에게 말했다. 교사는 그 여자 아이에게 냉정한 지적을 많이 했다. 그 해 말경에 교사는 그 여자 아이가 집에서 방어할 수 없는 성적 상황으로 인해 압박을 받고 있었고 주변에 말할 수 있는 사람이 아무도 없었다는 것을 알게 되었다. 성인들은 아이가 교실에서 협조적으로 행동하지 않는다고 가정하기 전에 그 아이의 행동에 영향을 줄 수 있는 비밀스러운 스트레스나 그렇게 비밀스럽지는 않지만 아이의 행동에 영향을 줄 수 있는 스트레스들을 생각해 볼 필요가 있다.

독일의 V-2 로켓이 런던의 일부지역을 흔적도 없이 파괴했던 제2차 세계대전의 런던공습(London Blitz during the Second World War)을 경험한 아이들을 대상으로 실시된 정신건강 검사 결과는 아이들이 스트레스를 얼마나 다르게 지각하는 지를 보여주는 중요한 사례가 되었다. 많은 가족들은 자녀를 폭탄으로부터 안전하게 지키기 위해 시골로 보내서 낯선 사람들과 살게 했다. 자녀들을 함께 데리고 있었던 가족들은 폭탄 공격이 임박해 왔음을 알리는 경고 사이렌이 울리면 황급히 지하 깊은 곳에 있는 기차 플랫폼으로 내려갔다. 결과적으로 멀리 떠나보낸 아이들이 야뇨증과 악몽을 꾸는 증상을 보이며 더 많은 고통을 겪은 것으로 밝혀졌다. 차가운 지하철 역 바닥 위에 누워서 자야만 했지만 사랑하는 부모나 이웃과 가까이 있었던 아이들이 스트레스를 덜 받고 정신적으로 더 건강한 상태였다. 사랑하는 친숙한 성인들의 존재가 나치 공습(Nazi Blitz)의 공포와 스트레스로부터 아이들을 보호해주는 방어벽의 역할을 했다는 것이 증명되었다. 아이들은 삶의 어려움을 다르게 지각할 수 있다. 중요한 것은 아이들을 돌보아주는 성인들이 스트레스를 줄여주는 완화 요인들을 만들어내고 제공해주는 소중한 사람들로 남아 있어야 한다는 것이다.

스트레스를 다른 방식으로 지각하는 것은 –끔찍한 참사나 기회로 지각하는 것– 성인들 사이에서도 찾아볼 수 있다. 한 사람이 직업을 잃었다고 가정하자. 어떤 사람은 그것을 기회로 교육 보조금을 받고 더 많은 교육을 받아서 훨씬 더 만족스러운 직장을 찾기 위해 노력할 것이다. 직업을 잃은 또 어떤 사람은 배우자와 충돌하고 씁쓸함과 수치심을 느끼고 청구서 지

불 방안을 걱정하고 술을 많이 마시기 시작할 수도 있다.

명절에 대가족이 함께하는 모임을 준비하면서 느끼는 흥분(그리고 부담)과 같이 삶에서의 어떤 변화는 심지어 그것이 긍정적인 것일 때에도 심한 스트레스로 여겨질 수 있다. 지각은 매우 중요한 것이다. 우리는 변화나 스트레스를 주는 사건을 대수롭지 않은 것, 흥미로운 도전 혹은 우리가 이겨낼 수 있는 어떤 것으로 지각하는가? 아니면 두렵고 짜증나고 몹시 속상한 것으로 지각하는가?

아이들도 그들의 삶에서 경험하는 일상적인 생활 스트레스를 어떻게 지각하는가에 차이를 보인다. 같은 스트레스도 더 가볍게 지각하는 아이들이 있는 반면 더 심각하게 지각하는 아이들도 있다.

스트레스에 대한 반응의 다양성

사람들은 생활하면서 경험하는 스트레스에 대해 다양하게 반응한다. 아이들은 스트레스에 대한 지각에서 뿐만 아니라 반응의 **회복탄력성**에서도 차이가 있다(Honig, 1986 a, 1986 b, 2009).

어떤 교사들은 아이의 장애가 스트레스 극복 능력에 항상 부정적인 영향을 준다고 생각할 수도 있다. 그러나 선천적 장애아들이나 후천적 장애아들에 비해 비장애아들의 스트레스 극복 능력이 더 취약할 수도 있다. 어린이 시의 정원(A Child's Garden of Verses)의 시인이자 작가인 Robert Louis Stevenson(Stevenson, 1924)은 아주 병약한 아이로 태어났다. 사회 생활로 바빴던 그의 부모는 스코트랜드 출신의 유모에게 그의 양육을 맡겼고 그 유모는 그에게 많은 이야기들을 들려주었다. 그것이 계기가 되어 그는 닥치는 대로 책을 읽었고 만성적인 질환에 시달려왔음에도 불구하고 유명한 작가로 성장하게 되었다.

5학년 교실에서 James는 다른 학생들에 비해 뛰어난 스페인어 학습능력으로 칭찬받는 학생들 중의 한 명이었고 시각장애를 지닌 학생이었다. 한 여자 아이는 그가 반 친구들에 비해 언어 학습에 능숙한 이유를 물어보았다. James는 쾌활하게 큰소리로 답하였다. "너의 귀를 사용해봐 친구야, 너의 귀를 사용해봐!" James는 언어에 뛰어난 학생이 되기 위해서 청각 기능을 최상으로 연마함으로써 시각의 결핍을 보완할 수 있는 방법을 학습했던 것이다.

학령기 아이들은 정서적 문제에 대해 같고 다른 여러 가지 방식으로 반응한다. 어떤 아이들은 **지나치게 계획**되는 것으로 인해 스트레스를 받는다. 그들은 너무 쫓기며 산다는 느낌을 갖는다(Elkind, 1981). 어떤 아이들은 싸운다. 또 어떤 아이들은 훔친다. 한 어린 여자 아이는 어려움에 처해있는 다른 사람들을 보살피느라 항상 집에 없었던 그녀의 아버지에 의해 정서적으로 방치되고 있다고 느꼈다. 그녀는 친구 집에 모여서 놀던 어느 날 친구의 시계를 훔쳤다. 성인은 아이에게서 나타나는 스트레스 행동의 상징성에 대해 깊이 생각해 볼 필요가 있다. 훔치는 행동은 무엇을 상징하는가? "경우에 따라서 아이가 훔친 물건은 자신이 빼앗겼다고 느낀 부모의 사랑, 힘, 권위를 상징하는 것으로 보인다"(Papalia & Olds, 1995, p. 331). 자신이 더 중요하고 더 힘이 있는 존재로 느껴지기를 그리고 더 많은 친구가 있기를 절실히 원하는 어떤 아이들은 또래의 주목을 받기 위해서 터무니없는 거짓말을 한다. 어떤 6세 아이는 "우리 삼촌이 나에게 크리스마스 선물로 작은 말을 줄 거야"라고 유치원 친구들에게 뽐내고 다녔다. 그 아이는 그 당시 실직자였던 엄마의 동생인 삼촌을 거의 본 적이 없었다.

어떤 아이가 학령기까지 줄곧 상상 속의 자랑거리를 만들어 내거나 과장된 이야기를 지속적으로 한다면 그 아이가 불안정한 상태라는 것을 알려주는 신호일 수 있다는 것을 염두에 둘 필요가 있다. 많이 보채는 아이들도 있다. 그리고 학교 공포증이 생겨서 학교가기를 거부하는 아이들도 있다. 한 남자 아이의 부모는 고등교육을 받았고 자애로웠지만 자주 큰 소리로 싸웠다. 그 남자 아이는 몇 개월 동안 학교에 가기를 거부했다. 자신이 항상 집에 있어야만 부모들이 함께 잘 지낼 것이라는 그 아이의 강한 불안감이 그런 행동으로 나타난 것이다.

어두움을 몹시 두려워하는 어떤 아이는 잠을 자기 위해 방에 들어갈 때 야간 등뿐만 아니라 방 전체를 환하게 밝혀주길 요구할 수도 있다. 또 다른 아이는 교사를 그림자처럼 따라다니면서 강한 분리불안을 보여 준다. 그는 수개월 동안 그 교사의 옷을 꽉 잡고 다녔다. 교사는 그의 아버지와 대화하면서 그 아이가 자신의 애완견이 차에 치어 죽는 충격적인 사건을 목격했었다는 것을 알게 되었다.

스트레스에 대한 반응에서 나타나는 프로이드의 방어기제

Freud 박사(1935)는 우리는 모두 불안감을 떨쳐내기 위해 특별한 기법을 사용한다고 설명했다. 이 프로이드의 방어기제는 긴장을 감소시키고 비판을 모면하고 평온함을 느끼기 위해서 사용된다. 우리 집을 방문한 친척이 집안 살림에 대하여 비판한다고 가정해보자. 성인인 우리도 부분적으로 사실이기도 한 우리 집안 살림에 대한 비판을 이성적으로 받아들이기보다 스트레스로 반응한다. 우리는 화가 날 때 불안한 느낌을 극복하기 위해서 **방어적으로** 비난하려는 마음이 생긴다. 그때 우리는 그 비판하는 사람에게 당신 또한 완벽하지 못하고 당신의 양육방법이 가장 훌륭한 것은 아니라고 말하며 받은 비난을 되돌려 줄 수도 있다. 자녀에게 "나쁜 아이"라고 부르곤 했던 매우 엄격한 엄마의 일곱 살 된 아이는 "엄마가 나쁜 사람이야!"라고 쏘아 붙였다.

어떤 아이들은 **부정**(denial)과 같은 좀 더 염려스러운 방어기제를 사용한다. 그들은 방금 전에 깨뜨린 물건을 깨지 않았다고 하거나 방금 전 세게 때린 아이를 때리지 않았다고 말한다. 어떤 아이는 "내가 안했어요!"

라고 하며 다른 아이가 했다고 비난하듯 말할 수도 있다. 다른 사람에게 책임을 전가하는 것은 **투사**(projection of evil)라고 하는 방어기제이다. 내가 어릴 때 어머니는 Bad Mousie(Dudley, 1947)라는 이야기책을 읽어 주셨다. 그 이야기책의 그림들은 친한 친구인 쥐가 항상 짓궂은 일들을 하는 거라고 주장하는 한 작은 소녀를 보여준다. 그 쥐는 Donnie의 깨끗한 양말을 모두 물이 차있는 욕조 속으로 던져버렸다. 또 그 쥐는 오렌지 주스를 뒤엎고 코코아를 쏟았다. 소녀는 엄마의 화장대 위에 놓인 물건들은 만지면 안 된다고 들었다. 침실에 들어온 소녀의 어머니는 온 바닥에 향수가 엎질러져 있는 것을 발견한다. 어머니는 아무렇게나 쌓여 탑을 이루고 있는 냄비들과 온 바닥에 무너뜨려져있는 냄비들을 발견한다. 어머니는 무슨 일이 있었는지 묻는다. 매번 작은 소녀는 나쁜 쥐(그녀 자신이 아닌)가 짓궂은 행동을 한 것이라고 진지하게 대답한다. 엄마는 나쁜 쥐를 멀리 보내 버리려고 노력하지만 쥐는 항상 돌아와서 또 다시 짓궂은 짓을 한다. 그 이야기가 끝날 무렵에 작은 소녀는 쥐에게 정리정돈을 할 것과 물건을 주의해서 다룰 것을 가르치고 그들은 모두 함께 행복하게 산다. 간단하고 편리한 이야기책 속의 결말이지만 현실세계에서는 그렇게 쉽게 이루어지지 만은 않는다.

어떤 아이들은 **전이**(displacement)라는 방어기제를 사용한다. 교사나 부모가 그들에게 소리를 지르면 Viorst(1976)의 이야기책인 Alexander and the Terrible, Horrible, No Good, Very Bad Day에서처럼 그들은 돌아서서 형제나 친구와 싸우거나 강아지를 발로 찬다. 이 이야기책에서는 아침에 애정이 담긴 작별인사를 잊고 출근한 아빠 때문에 마음이 상한 엄마의 기분이 확대되어서 엄마는 자신의 언짢은 기분을 각 아이에게 쏟아붓고 차례로 각 아이는 나이 어린 형제에게 화를 내고 마지막으로 강아지가 그 언짢은 기분의 최고 피해자가 된다.

부모들이 **전이**(displacement)라는 방어기제를 사용할 때(Ayoub, Grace, & Newberger, 1990) 학대아동은 가족 안에서 발생한 분노의 대체 대상이 된다.

> 실제로 아이는 많은 가족 문제의 희생양이 될 수 있다. 부모는 결혼 생활의 문제나 가족의 갈등을 피해가기 위하여 아이를 희생시키는 것이다. 부정적 메시지는 아이에게 직간접적으로 전달될 수 있다. 무방비 상태인 아이는 간접적인 부정적 메시지에 대응할 방법이 없기 때문에 스트레스를 받게 된다. 예를 들어, 부모는 야뇨증이 있는 아이에게 "착한 아이는 절대 침대를 적시지 않는다"라고 반복해서 말한다. 아이가 자신의 침대를 적실 때 그 부모는 아무 말도 하지 않지만 깊은 한숨을 쉰다(p. 235).

우리는 아이들의 행동에서 나타나는 많은 프로이드의 방어기제들에 대해 배울 필요가 있다. 왜 학교 휴식시간에 놀이터에서 한 아이를 발로 찼는 지에 관해 질문을 받은 Jimmy는 선생님을 올려다보며 "나는 선생님이 무슨 말씀을 하시는 지 모르겠어요"라고 말했다. Jimmy는 거짓말을 하는 것처럼 보이지 않았다. 처벌받는 것이 두려울 때 그는 불쾌한 사건들을 **억압**(repress)하는 것처럼 보였다. 그 불쾌한 사건들은 그의 기억 속에 존재하지 않았던 것이다.

퇴행(regression)은 걱정을 하는 어린 아이들이 사용하는 방어기제이다. 그들은 아기가 태어난 후부터 유리컵 대신 젖병을 사용하여 마시겠다고 요구할 수 있다. 살던 집에서 가까운 곳으로 이사를 간 한 가족이 유치원에 다니는 아이에게 혼자서 새로운 낯선 길로 유치원까지 걸어서 가보도록 강요했을 때 그 아이는 몇 주 동안 팬티에 대소변을 묻혀왔다.

어떤 아이들은 신포도(sour grapes) 기제를 사용한다. 선생님이 다른 아이가 갖고 노는 장난감을 빼앗으려고 하는 Kylie를 저지시킨 후 Kylie는 선생님에게 "어차피 나는 그 바보 같은 오래된 아기 장난감을 가지고 놀고 싶지 않았어요"라고 도전적으로 말한다. 심리적 **분열**(splitting)은 사람이 자신과 친밀한 사람(예를 들어, 새 부인)은 모든 좋은 특성을 다 지니고 있고 다른 사람(예를 들어, 전 부인)은 모든 나쁜 특성을 다 지니고 있다고 믿을 때 발생한다. 교사가 이전 반에서 한 가정의 아이를 가르쳤을 때 그 아이를 똑똑하고 행동이 바른 아이로 기억할 수 있다. 약간 짓궂고 형만큼 좋은 학생은 아닌 그 아이의 어린 동생이 그 교사의 반에 들어왔을 때 그 어린 동생은 교사의 이전 반에 있었던 착한 아이였던 형과 비교되어 나쁜 아이로 여겨질 수도 있다.

사람들이 자신의 불안과 스트레스를 줄이기 위해 사용하는 많은 **방어기제**에 관한 정보는 우리에게 힘을 실어준다. 성인으로서 우리는 고통의 느낌을 회피하기 위하여 이런 저런 방어기제를 사용하고 있는 우리 자신을 좀 더 자각할 필요가 있다. 온화한 성품을 지닌 교사인 Ms. Rosie는 Alex가 갑자기 그의 팔을 들어 올려서 블록으로 Robbie의 머리를 세게 치는 것을 보았다. Robbie는 Alex가 블록으로 집을 만들고 있는 것을 가까이 서서 호기심을 갖고 바라보고 있었다. Alex는 **투사**(projection of evil) 방어기제를 사용하여 Robbie의 접근을 그의 집짓기 기술에 대한 감탄보다 위협으로 보았다. 한 대 맞은 Robbie는 큰소리를 내며 울었다. 그 교사는 나에게 돌아서서 "Alex가 피곤한가 봐요"라고 말했다. 아마도 그 교사는 이 의도적이고 갑작스런 위험한 행위를 어떻게 다루어야 할지 확신이 서지 않았을 것이다. 공격적인 의도가 있었다는 것을 부인했던 그녀는 부정(denial) 방어기제를 사용하여 반응한 것이다. 그러나 그 교사는 다른 아이들의 동기를 의심하는 Alex의 성향에 집중해서 그의 고통을 줄여주기 위한 방안을 계획할 필요가 있었다.

결론

우리는 우리 자신이 스트레스에 반응하는 방법들을 다루면서, 자신이 교실의 규칙을 위반하는 어떤 일을 했을 때 단순히 인정하기보다 부정하거나 소란을 피우기 시작하면서 다른 사람을 비난해야 하는 것처럼 보이는 특정아이에 대한 더 나은 통찰력을 얻게 된다. 실무 연수교육 기간 동안 갑작스럽게 발생하는 공격적인 상호작용과 같은 상황에 대처하는 효과적인 방법들을 다루어 보는 역할극은 교사들에게 큰 도움을 줄 수 있다.

그러나 때로는 아이의 갑작스런 공격 행동이 가족들 간의 긴장, 양육스타일, 성격의 결과이기보다 자궁 안에서의 약물노출에 의한 장기적 결과일 수도 있다는 것을 생각하라. 1학년 담임교사가 전화를 해서 한 아이가 갑자기 가위를 집어 들고 앉아있던 한 남자아이의 목을 찌르려고 했을 때 그녀가 느꼈던 공포감을 털어놓았다. 그 아이는 자궁 안에 있을 때 생물학적 공격(약물 노출)을 받은 과거 경력이 있었다. 그녀의 어머니가 임신기간 동안 약물을 복용했었던 것이다. 교사들은 그들이 돌보는 모든 아이들의 심한 스트레스 행동을 이해하고 안전한 양육환경을 제공해 주기 위하여 아동발달에 대한 지식을 계속 축적해 나가야 할 필요가 있다.

연구문제

스트레스란 무엇인가?

왜 우리는 아이들과 그들의 보육을 제공하는 사람들의 삶에 존재하는 스트레스 요인들에 관해 관심을 가질 필요가 있는가?

아이들은 우리에게 그들이 스트레스를 받고 있다는 것을 어떻게 보여주는가? 숨길 수 없는 행동 사인이 있는가?

아이들의 단기 및 장기 스트레스 요인에 관한 예로는 무엇이 있는가?

장기적인 스트레스가 인체에 미치는 영향의 결과는 무엇인가?

프로이드의 방어기제는 무엇이고 이 기제들에 관한 예로는 어떤 것들이 있는가?

CHAPTER 2

스트레스의 원인과 징후

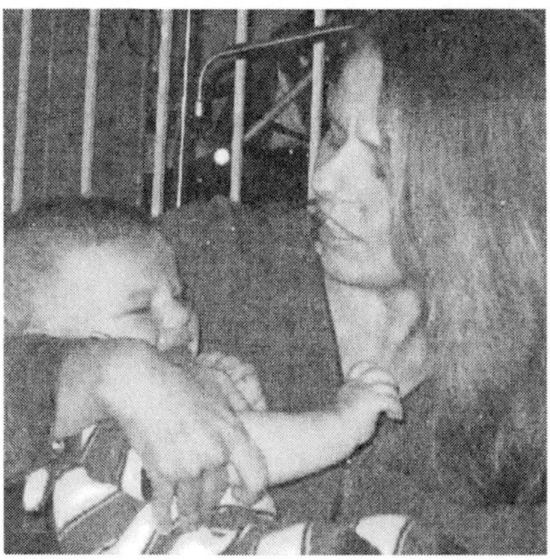

아이의 스트레스 행동은 생물학적 성격 요인뿐만 아니라 대인관계적 요인과도 관계가 있다. **애착**과 **기질**의 차이에 대해 잘 알고 있는 교사는 아이의 스트레스 행동의 원인에 더 주의를 기울이게 될 것이다. 아이의 가족이 붕괴되고 있다는 것을 감지한 교사는 그 아이가 보육기관이나 학교교실에 있는 동안 예측가능한 환경을 제공해주고 안전하게 보살펴주는 지원을 해줄 수 있다. 통찰력이 있는 교사들은 아이에게 더 적절하고 도움이 되는 중재를 할 수 있다.

아이의 회복탄력성과 관련된 안정 대 불안정애착

가벼운 좌절상황에서도 짜증을 내거나 놀이 친구를 공격하는 까다로운 아이의 행동은 생의 첫 해에 부모와 불안정애착을 형성한 아이의 과거경험에서 비롯된 것일 수도 있다. 영국의 정신과 의사인 John Bowlby (1969)

와 미국의 심리학자인 Mary Ainworth(1973)는 영아가 어머니와 안정애착을 형성했는지 혹은 불안정애착을 형성했는 지를 보여주는 영아의 서로 다른 행동들에 대해 구체적으로 기술하였다. 안정애착을 형성한 영아들은 어머니에게 우선적으로 미소를 지으며 무언가를 이야기하려고 하였다. 그들은 어머니가 잠시 나갔다가 돌아왔을 때 안아달라고 팔을 치켜들었다. 그들은 낯선 사람을 냉정하게 바라보지만 일단 어머니의 품에 안전하게 안기고 나서는 그 낯선 사람에게 눈부신 미소를 지을 수 있다.

애착이란 무엇인가? 애착은 생의 초기발달에서 왜 그렇게 중요한가? **애착**은 아기와 양육자 간의 상호적이고 견고한 정서적 끈이다. Bowlby(1969)는 애착을 생물학적인 기반을 두고, 정서적 안정 및 불안이라는 장기적 결과를 초래하는 것으로 간주하였다. 처음에는 Uganda에서 그리고 나중에는 Baltimore에서 Ainsworth(1973)는 어머니에 대한 안정애착이나 불안정애착의 지표인 영아와 걸음마기 아이의 행동을 정교하게 기술하였다. 장기간의 가정방문을 통해 그녀는 안정애착이나 불안정애착이 형성된 것으로 보이는 한 살이 된 아기 어머니의 전형적인 행동을 관찰하였다.

Ainsworth의 낯선 상황

Ainsworth의 낯선 상황(The Ainsworth Strange Situation: ASS)은 아기와 성인과의 애착관계를 기록화하기 위해 사용된 가장 잘 알려진 실험방법이다(Honig, 2002). ASS는 가정에서 양육된 아기는 물론 그룹보육을 경험한 아기에게도 유용하고 신뢰할 수 있는 방법으로 입증되어 많은 문화권에서 사용되고 있다. ASS가 진행되는 동안 어머니는 한 살이 된 아기와 함께 3분 동안 놀이방에서 지낸다. 아기는 어머니와 두 번의 분리를 경험한다. 첫 번째 분리에서는 낯선 성인이 들어온다. 두 번째 분리에서는 아기 옆에 아무도 없어서 더 심한 스트레스를 받게 된다. Ainsworth와 동료들은(1971) 어머니가 실험이 진행되고 있는 놀이방으로 돌아왔을 때 아기의 **재결합 행동**에 특별히 중점을 두었다. 재결합상황에서 아기의 행동은 크게 세 가지 유형으로 집약되었다. Ainsworth는 어머니에 대한 애착을 다음과 같이 세 가지로 분류하였다.

- A : 회피적으로 애착된 아기들
- B : 안정적으로 애착된 아기들
- C : 주저하거나 양가적으로 애착된 아기들

A 아기들은 어머니가 떠날 때 거의 울지 않았다. 그들은 재결합에서 어머니를 못 본 척했다. B 아기들은 어머니의 위로를 원했고 어머니가 위로해주면 곧 안정을 되찾았다. 그들은 다시 돌아가서 주변을 탐색하고 장난감을 가지고 놀았다. C 아기들은 어머니가 방을 떠날 때 불안해하고 혼란스러워 하였다. 어머니가 돌아왔을 때 그들은 어머니의 위로를 원했지만 어머니가 팔로 안아 올리려 할 때 내려달라고 발버둥치고 때로는 어머니를 때리기까지 하는 이중적인 모습을 보였다. C 아기들은 모순되는 성향을 보였다. 그들은 위안을 원하면서도 어머니의 위안을 받아들이지는 못하는 것으로 보인다.

추후에 이루어진 연구에서는 세 번째 불안정애착 유형이 발견되었다. D 아기들은 어머니와의 재결합에서 멍하게 바라보고 혼란스러워했다. 그들은 어머니에게 비일관적이고 혼란스러운 반응을 보였다. 어머니가 자신의 기분에 따라 개입하거나 학대할 때 이런 유형의 애착이 형성될 가능성이 더 높은 것으로 나타났다(Main & Solomon, 1986).

여러 다른 애착유형은 어떤 사회 및 정서적 결과를 가져오는가? 애착유형은 스트레스에 대한 어린 아이의 반응에 어떻게 영향을 미치는가? 종단적 연구들은 부모와 정서적으로 안정된 애착을 형성한 아기는 몇 년 후에 정서적으로나 사회적으로 잘 적응하며 지낸다는 것을 보여준다. 안정적으로 애착이 형성된 아기는 사교적이고 자신감이 있으며 감정이입 능력이 있고 친절하며 높은 자존감이 있는, 좀 더 회복탄력성이 높은 아이로 성장한다.

불안정애착을 형성한 아이의 장기적 결과는 무엇인가?

유아교육자들이 알아두어야 할 불안정애착의 장기적 결과는 무엇인가? Sroufe & Fleeson(1988)은 1세 때 ASS 평가를 받았던 취학 전 아이들의 사회 및 정서적 행동을 관찰하면서 이 질문에 대한 답을 얻기 시작했다. Sroufe와 동료들은 실험적 유치원을 만들었다. 그들은 일방경을 통해서 아이들 간의 그리고 아이들과 잘 훈련된 전문적인 교사들 간의 상호작용을 관찰할 수 있었다.

영아기에 A 유형의 아기로 분류되었던 유아들은 어려서부터 어머니가 친밀한 접촉이나 포옹을 좋아하지 않고 아기가 도움을 요청하거나 소란을 피울 때 더 짜증을 내는(다른 어머니들 보다) 경향이 있다는 것을 학습해왔다. ASS 절차가 진행되는 동안 A 유형의 영아들은 어머니가 방에서 나갈 때 많은 반응을 하지 않았고 3분 후에 어머니가 돌아왔을 때 못 본 척하는 경향이 있었다. 몇 년이 지난 후인 현재 이 A 유형의 아이들은 교실에서 약한 친구들을 괴롭히는 행동을 했다. 높은 수준의 자격을 갖춘 교사들조차도 날카롭게 반응하게 만든 유일한 아이들은 A 유형의 아기들로 확인되었다. 교사들은 B 유형의 아이들(영아기에 어머니에게 안정적으로 애착되었던)을 다른 아이들보다 소홀히 대하고 C 유형의 아이들에게 더 관대한 경향이 있었다. 놀라운 것은 교사들 중 아무도 각 유아가 영아기에 어떤 애착유형으로 분류되었는지 그 결과를 모르고 있었다는 것이다. D 유형의 아이들은 그 수가 너무 적어서 이 연구에 포함시키지 못했다.

이 연구의 일환으로 분리된 놀이방에서 짧은 놀이시간이 주어졌고 연구자들은 각 아이를 한 명의 또래와 짝을 지어주었다. C 유형의 아이와 짝을 이룬 A 유형의 아이는 약자를 괴롭히는 행동을 하였다. C 유형의 아이는 종종 놀이에서 피해자의 역할을 받아들였다. 심지어 C 유형의 아이는 불안해하며 그 괴롭히는 아이에게 "나를 더 놀릴 생각은 없니?"라고 물어보기도 한다. 놀이상황에서 B 유형의 아이가 다른 아이를 괴롭히는 행동을 했던 A 유형의 아이와 짝이 되었을 때 B 유형의 아이는 방안의 먼 곳으로 이동해서 장난감을 갖고 자기방식으로 편안하게 놀았다. 분리된 놀이상황에서 C 유형의 아이가 B 유형의 아이와 짝이 되었을 때 C 유형의 아이는 피해자처럼 행동하지는 않았지만 다소 미성숙한 행동을 하였다.

결국 교실에서 약자를 괴롭히는 것과 같은 심한 문제행동은 그 아이가 유아원이나 초등학교에 들어오기 몇 년 전부터 부모와 형성해온 불안정한 관계의 결과일 수도 있다. 교실에서 약자를 괴롭히거나 괴롭힘을 당하는 것과 같은 유형의 행동이 아이에게서 지속적으로 보일 때 교사들은 신중하게 지켜볼 필요가 있다. 인내와 끈기, 독창성, 온정은 아이들이 서로를 우호적이고 바람직한 방식으로 대하도록 도와 줄 수 있다. 당신이 아이를 양육하는 동안 아이가 당신에게서 느끼는 애정의 질과 안정성에 대한 신뢰가 더 깊을수록, 아이는 교사나 양육자와 안정애착을 형성할 가능성이 더 높다(Honig, 2009).

스트레스에 대한 반응에서 기질의 역할

기질은 일시적인 정서(예를 들어, 아이가 공을 받았을 때 기뻐서 지르는 비명)로도 나타나고 삶의 상황을 느끼고, 생각하고, 다루는, 상대적으로 견고하고 일관성 있는 성격의 차이로도 나타난다. 아이들이 어떻게 스트레스 요인에 반응하는 지는 아이들의 기질에 따라 다르다. 양육자들은 통찰력을 갖고 각각의 아이를 차분하게 다루면서 타고난 기질이나 성격의 특성을 어느 정도 변화시켜 줄 수 있다. 그러나 교사들은 교실에서 이리 저리 마구 돌아다니는 과도하게 에너지가 넘치는 활발한 아이나 움츠려들고 놀이에 참여하기를 거부하는 수줍음이 많은 아이와 상호작용할 때 기질이 강력한 역할을 한다는 것을 인식할 필요가 있다.

기질의 여덟 가지 특성은 식사, 수면, 배설과 같은 신체기능의 규칙성의 정도; 새로운 것이나 새로운 상황으로부터의 위축이나 수용; 고통반응의 한계치; 스트레스에 대한 반응의 강도; 스트레스 경험 후 궁극적인 적응성; 주의 지속시간과 끈기; 기분; 활동수준을 포함한다(Thomas, Chess, & Birch, 1968). 우리는 교사가 이 특성들을 명확하게 인식해서 기질의 특성으로 인하여 스트레스를 받는 아이에게 더 효과적인 도움을 줄 수 있도록 각 특성의 예들을 검토해 볼 것이다.

임상의들은 이 특성들을 세 가지 주요 기질유형으로 분류했다. 어떤 학자들은 이 세 유형에 다음과 같은 명칭을 붙였다: 1) 순한 아이 2) 느린 아이 3) 까다로운 아이. 아동 심리학자인 Lieberman(WestEd, n.d.)은 기질에 대한 훌륭한 비디오 교재의 내레이션을 하였다. 그녀는 세 가지 유형을 "유연한, 두려움이 많은, 혈기왕성한"으로 언급했다. 어떤 아이들은 한 가지 이상의 기질 범주에 해당되기도 한다. 즉, 수면 패턴은 불규칙적이지만 식사 패턴은 규칙적인 아이들도 있다.

조화의 적합성

아이의 기질보다 교사와 아이 간의 **조화의 적합성(goodness of fit)**이 아이의 그룹 적응에 가장 중요한 역할을 한다. 교사들은 보육기관에서 이루어지는 대인관계에 중요한 역할을 하는 사람들이다. 기질은 변화될 수 있다. 갑자기 "격해지는" 아이들도 강렬하게 정서반응을 하는 성향을 지니고 있음에도 불구하고 친절하고 배려하는 훌륭한 성인들로 성장할 수 있다. 이를 인식하고 있는 교사는 조심성이 많은 아이를 두렵고 부정적인 반응을 일으킬 수 있는 새로운 상황으로 억지로 밀어 넣으려고 하지 않는다. 교사는 이 아이가 서서히 새로운 활동에 빠져들어서 편안하게 즐길 수 있게 될 것이라는 것을 잘 알고 있다.

조화의 적합성을 위해서 교사는 먼저 자신의 기질유형을 파악하고 각각의 어린 아이가 자신의 기질유형에 관계없이 보육기관에서 성공적으로 적응하도록 돕는 최선의 방법을 찾는 노력을 해야 한다. 아이의 기질이 새로운 활동이나 프로젝트에 대한 반응에 영향을 미친다는 것을 아는 교사는 아이들의 삶이 활기차고 편안하며 풍요로워질 수 있는 방식으로 아이들과 상호작용한다.

기질에 맞게 조율하기 위해 주목하는 기술 사용하기

주목하는 기술(noticing skill)은 기질에 맞게 조율하기 위한 강력한 도구이다. 어떤 아이들은 다른 아이들보다 새로운 상황, 특히 예기치 못한 상황을 받아들이는 데 더 어려움을 느낀다는 것을 주목하라.

Jennie는 그녀의 놀이친구들과 함께 그들의 아버지가 운전하는 차를 타고 동네 공원에 가서 썰매를 탔다. 그날은 폭설이 내리고 있었다. 집으로 돌아오는 길에 차의 타이어에 펑크가 났다. 아버지는 아이들을 상점의 차양 아래로 안전하게 데려다 주었다. 아버지는 차로 돌아가 트렁크에서 잭을 꺼냈고 그 잭으로 차를 들어 올려서 문제의 타이어를 여분의 타이어로 교체할 수 있었다. 그 아버지의 자녀들은 호기심에 찬 반짝이는 눈으로 지켜보았다. 그러나 Jennie는 "우리는 집에 갈 수 없을 거야. 나는 무서워. 나는 다시는 엄마를 보지 못할 거야."라고 하면서 통제할 수 없을 정도로 흐느껴 울었다. 다른 아이들은 그들의 아버지가 작동하지 않는 장난감의 배터리를 교체하는 것이나 깨

진 장난감을 강력 접착테이프로 보수하는 것과 같은 작은 문제들을 해결하는 것에 익숙해져 있었다. 그들은 안심하고 모든 것이 잘 될 것으로 기대했다. 그들은 이 사건에 침착하게 대처했고 심지어 이 작은 사고를 그들이 집에 도착했을 때 엄마에게 말할 수 있는 모험으로도 생각했다.

어떤 아이들은 수유, 배설, 수면 습관이 매우 불규칙적인 반면 다른 아이들은 그들의 신체 리듬이 매우 규칙적이라는 것을 주목하라. 어떤 아이들은 흥미로운 장난감을 가지고 놀면서 오랜 시간을 보낼 수 있다. 다른 아이들은 극도로 산만할 수 있다. 한 아이는 자신이 양동이를 뒤집어 엎는 동안 자신이 만든 진흙 파이가 망가져버려도 다시 모래와 물을 양동이에 넣어 파이를 만들기 위해 지속적으로 노력한다. 또 다른 아이는 조각을 퍼즐에 끼워 맞추려고 노력하지만 인내심이 부족하다. 그 아이는 한 번 시도해보고 성공하지 못하면 퍼즐을 테이블에서 치워버리고 다른 곳으로 가버린다.

기질의 차이에 대해 잘 알고 항상 주의를 기울이는 교사는 개별 아이의 기질에 맞추어 자신의 반응을 미세하게 조율할 수 있다. 기질적으로 **새로운 것으로부터 위축**되는 경향이 있는 아이는 새 놀이 친구를 회피하거나, 우호적인 제안을 거부하거나, 새로운 음식을 의심의 눈초리로 바라볼 수도 있다(Honig, 1997). 심지어 어떤 아이는 재미있는 당일 여행을 위해 부모와 함께 차를 타고 새로운 장소로 갈 때도 힘들어 한다. 여섯 살 된 David는 가족들과 함께 차로 여행하는 것보다 레고가 들어있는 서랍과 컴퓨터 게임이 있는 집에서 노는 것이 훨씬 더 재미있다는 것을 알게 되었다. 그 아이는 가족들과의 짧은 여행을 거부하였고 “엄마와 아빠는 여행하는 방법은 잘 알면서 집에서 지내는 방법은 모르는군요!”라고 그의 부모에게 소리쳤다(Ruppin, 2006, p.4). 부모가 자주 이사를 다니는 가정의 아이는 다르게 반응할 수도 있다. 모험을 갈망하는 그 아이는 신이 나서 새로운 이웃을 탐색하고 싶어 한다. 그 아이에게 새로운 이웃은 다른 것을 발견하고 새 친구들을 사귈 수 있는 기회인 것이다.

기질에 맞추어 잘 조율할 줄 아는 통찰력이 있는 교사는 겨울방학 동안 교실의 가구들이 재배치된 것과 같은 아주 가벼운 변화에도 혼란스러워하는 아이들이 있다는 것을 안다. 그런 교사는 방학이 시작되기 전에 그 아이들을 자신의 프로젝트 계획에 미리 참여시켜서 개학 후 변화된 교실 환경에 의해 혼란을 겪지 않도록 한다.

기질을 고려하기

원장들도 교사들을 고용하고 일을 배정할 때 기질을 고려할 필요가 있다. 어느 날 친분이 있는 교사가 나에게 전화를 해서 도움을 요청했다. 그 교사는 오랜 시간 다른 센터에서 어린 아기들을 사랑하는 마음으로 돌보아왔고 나는 그 사실을 잘 알고 있었다. 그 교사는 지금 깊은 실망과 두려움을 느끼고 있다고 털어놓았다. 그 이유는 현재 그녀가 근무하고 있는 센터의 원장이 그녀가 걸음마기 아이들의 반을 정식으로 맡아주길 원했기 때문이었다. 그녀는 자신이 아기들과 함께 있을 때 얼마나 온화하고 사랑을 주는 교사였는 지를 나에게 상기시켜주었고 나도 수긍해주었다. 그녀는 연령이 높은 걸음마기 아이들과 일하는 것이 편하지 않았다. 조심스럽게 재고해 줄 것을 요청받은 원장은 자신의 결정에 교사 입장에서의 **조화의 적합성**(goodness of fit)도 반영될 필요가 있다는 것을 깨닫고 그 교사가 아기 반에서 계속 일할 수 있도록 허락해주었다.

센터의 원장들은 새로 들어온 교사에게 임의적으로 반을 배정하거나 교사에게 갑작스러운 반 배정의 변화를 요구할 때 신중하게 생각할 필요가 있다. 겨울에 많은 영아들이 감기로 결석했을 때 원장은 다음 몇 주 동안 영아반의 교사 한 명을 위층에 있는 유아반에 배정하기로 결정하였다. 아기들을 매우 사랑하는 그러나 속마음을 잘 드러내지 않고 문제를 제기하는 것을 주저하는 성격의 영아반 교사는 이 갑작스러운 변화에 대해 들었을 때 비록 그것이 일시적인 것이라 할지라도 당황스러워했다. 그녀는 자신에게는 물론 갑자기 다른 반으로 갔을 때 자신이 돌보는 아기들에게 미치는 영향 때문에도 스트레스를 받았다.

보조교사인 Ms. Addy는 자신의 직업을 사랑했다. 그녀는 음식을 준비하고, 장난감을 닦고, 어린 아기들을 아기용 변기로 데려가는 것과 같은 자신의 돕는 역할을 즐겼다. 주임교사는 Ms. Addy에게 더 많은 책임을 맡기고 싶었고 자신의 조치로 인해서 Ms. Addy가 새로운 기술을 배우는 스스로를 자랑스럽게 여길 것이라고 생각했다. 그녀는 Ms. Addy에게 유아들을 대상으로 씨앗과 꽃에 대한 수업을 준비해볼 것을 요청하였다. 수업을 어떻게 계획하고 진행해야 하는 지 확신이 없었고 꽃에 대해서 아는 것이 거의 없었던 Ms. Addy는 주임교사의 요청에 반응하지 않았다. 그 일이 있은 후 그녀는 아파서 며칠 동안 쉬겠다고 전화를 했다. 마침내 그녀의 주임교사는 자신의 요청이 Ms. Addy를 북돋아주기보다 오히려 그녀에게 스트레스를 주었다는 것을 깨달았다. 그녀는 원장에게 가서 그 상황을 설명하였다. 원장은 Ms. Addy에게 전화해서 그녀가 교실에서 해왔던 그 멋진 보조적인 일을 계속 할 수 있다고 전해주면서 그녀를 안심시켜주었다.

아이들은 스트레스를 받는 한계치뿐만 아니라 고통에 대한 반응의 **강도**와 **지속시간**도 기질적으로 다르다. 아이들은 스트레스를 받은 후 **적응하는 능력**도 다르다. 어떤 아이들은 대체 교사가 교실로 들어올 때 상당히 두

려워하고 불안해한다. 어떤 아이들은 친숙하지 않은 조부모가 집을 방문할 때 불안해하지만 곧 쉽게 안정을 되찾는다. 다른 아이의 장난감을 가지려고 하다가 좌절될 때나 그들이 꽉 잡고 있는 특별히 사랑하는 장난감을 또래가 빼앗아 갈 때 어떤 아이들은 오랫동안 짜증을 낸다.

교사는 물론 부모도 아이의 기질특성과 아이의 기질에 가장 적합한 대처기술 방법에 대한 통찰력이 필요하다. 프랑스에 살면서 육아 상담소에서 연구를 하는 동안 나는 그 당시 18개월이었던 나의 손자인 Daniel을 잠시 돌볼 수 있는 기회가 있었다. Daniel이 나의 아파트 근처에 있는 실외 모래터에서 숟가락과 오래된 마가린 통을 갖고 놀고 있었을 때 혈기왕성한 걸음마기 아기가 뛰어와서 그 숟가락을 잡아채갔다. 융통성이 있는 아이인 Daniel은 그 아이가 자신의 숟가락을 가지고 멀리 달아나는 것을 잠시 바라보았다. 그는 곧 자신이 쌓아 놓은 모래를 향해 돌아 앉아서 손으로 모래를 퍼서 양동이를 채우는 일을 계속했다. Daniel은 자신의 숟가락을 빼앗긴 것에 동요되지 않고 모래터에서 놀이를 계속해서 즐길 수 있는 다른 방법을 찾은 것이다. 숟가락을 빼앗아 갔던 활기가 넘치는 걸음마기 아이의 어머니는 그녀의 아이를 뒤쫓아 달려갔다. 그녀는 자신의 어린 자녀를 "tremblement de terre"-지진! 이라고 표현하면서 나에게 부럽다고 말을 건넸다.

음식점에서 Ginny의 아버지는 후식을 주문해달라는 그녀의 요구를 조심스럽게 거절했다. 아버지가 그런 행동을 하지 말라고 부드럽게 부탁했음에도 불구하고 그녀는 자신이 주문한 음식을 거의 먹지 않고 빵 위에 가득 올려놓았던 것이다. Ginny는 갑자기 의자에서 일어나 아버지에게 달려가서 그의 가슴에 얼굴을 파묻고 후식을 요구하면서 흐느껴 울었다. 그 날 가족이 모두 저녁을 먹기 위해서 앉았을 때 그녀는 배가 너무 고프다고 말한 후에 닭과 브로콜리를 주문했었다. 그녀는 자신이 주문한

음식은 먹지도 않고 마치 후식을 먹지 못해서 절망한 것처럼 행동했다. 그녀의 자애로운 부모는 Ginny가 다른 형제들보다 기쁨과 절망 모두를 더 강하게 표현한다는 점을 주목하고 있었다.

특정 아이의 스트레스가 그 아이의 특별한 기질특성에서 비롯된 것인지 그 가능성을 고려해보고 싶을 때 당신 자신에게 다음과 같은 질문을 해보아라.

하루 일과활동의 변화로 인해 평범하지만 번거로운 상황이 발생할 때 아이를 압도하는 것처럼 보이는가?

좌절 스트레스가 빠르게 증가하고 그 스트레스에 대한 반응이 갑자기 짜증이나 분노 행동 수준에 이르는 것처럼 보이는가?

아이가 소리, 접촉, 맛, 움직임 중 어떤 한 가지에 특별히 민감한 것처럼 보이는가?

변화를 필요로 하는 가벼운 제안이나 새로운 경험, 새로운 사람, 새로운 음식에 대해 아이가 극도로 불안하게 반응하고 위협감을 느끼는 것처럼 보이는가?

아이가 교실에서 끊임없이 충동적으로 움직이는가?

아이를 위해 교사가 공감해주고 지원해줄 경우에도 바로 진정시키기가 어려운가?

당신이 위의 질문에 예라고 답을 한다면, 아이의 스트레스가 기질에서 비롯된 것일 수도 있다는 당신의 생각이 맞다는 것을 의미하는 것이다.

외현화된 스트레스와 내면화된 스트레스

성인들은 다양한 방식으로 스트레스를 표출한다. 어떤 이들은 마구 소리를 질러댄다. 어떤 이들은 두려울 때 설사를 한다. 어떤 이들은 스트레스를 줄이기 위해 약물이나 술을 사용하면서 자기치료(self-medicate)를 한다. 한 어머니가 현재 함께 살고 있는 자신의 아기에 대한 평가를 받기 위해 나를 찾아 와서 헤로인 복용이 그녀의 아픔과 고통을 줄여주었다고 말했다. 그녀의 나이가 많은 다른 자녀들은 이미 사회복지기관에서 데리고 간 상태였다. 스트레스가 있는 많은 성인들은 위스키와 담배 같은 합법적인 약물을 사용한다. 술집에서는 그들의 문제가 사라지고 주변의 모든 이들이 친구가 되는 것 같다. 어떤 사람들은 강박적인 행동으로 스트레스를 다룬다. 그 결과 심각한 도박 빚이 쌓이거나 강박적인 성생활로 인해 배우자의 신뢰에 돌이킬 수 없는 손상을 입힐 수도 있다. 어떤 사람들은 누군가가 자신을 공격하고 있다고 느낄 때 비난을 퍼붓는 행동으로 되갚아준다. 장난감이 사방에 어질러져 있다는 이유로 비난을 받은 한 부모는 그런 비난을 한 배우자에게 그가 하루 종일 어린 자녀들을 돌보는 수고를 해봐야 한다고 화를 내며 소리를 지르는 행동으로 되갚아 주었다.

외현화시키는 아이들

스트레스 반응을 외현화시키는 일부 청소년들은 학교에서 또래들과 보조를 맞출 수 없을 때 무단으로 결석하고 학교를 기피한다. 힘든 아동기를 겪은 어떤 청소년들은 갱에 가입하고 "터프 가이" 행동을 연습하며 세력다툼에 참여한다. 스트레스에 대한 그들의 외현적 반응은 공격적이고 다른 사람들은 물론 그들 자신들에게도 유해한 행동을 초래한다.

내면화시키는 아이들

어떤 아이들은 스트레스 반응을 내면화시킨다. 걱정을 많이 하는 아이들은 자는 동안에 이를 너무 심하게 갈아서 턱에 통증을 느끼기도 한다. 어떤 아이들은 가족이 다투는 소리가 들릴 때 심한 두통을 호소하기도 한다. 아이들은 스트레스에 서로 다르게 반응한다. 어떤 아이들은 걱정으로 얼굴을 찡그리고 또 어떤 아이들은 입술을 깨물기도 한다. 부모들이 비명과 고함을 지를 때 대부분의 걱정이 많은 아이들은 그들의 방으로 달려가 침대 밑에 숨는다고 속마음을 털어놓았다.

외현적 및 내면적 스트레스 징후로 나타나는 아이들의 신체 반응 지켜보기

아이들의 **신체 반응**은 교사들이 지켜볼 필요가 있는 숨길 수 없는 불안 징후들 중 하나이다. 신체 언어는 우리에게 스트레스가 아이들에게 얼마나 많은 영향을 미치는 지를 보여준다. 나는 정신보건협회(mental health association)에서 진행하는 이혼과 양육권 분쟁을 겪고 있는 부모들을 위한 프로그램에서 자원봉사자로 활동했었다. 그 때 나는 부모들이 이혼할 것이라는 이야기를 들었을 때 아이가 토하고 비명을 지르며 얼마나 힘들어했는 지를 설명하는 부모들의 이야기를 듣게 되었다.

스트레스에 대한 한계치가 매우 낮은 어떤 아이들은 상당히 가볍게 혹은 비의도적으로 마음이 상하게 된 상황에서도 격렬하게 반응한다. 어떤 소년은 타고 싶은 세발 자전거를 향해 운동장을 가로질러 질주하던 친구가 **뜻하지 않게** 그를 스치듯 지나간 상황에서 마치 자신이 공격을 당한 것처럼 행동하였다. 교실에서 한 아이가 자신의 상상 속 위협을 마치 실제 위협으로 지각하고 보복하는 것처럼 두 주먹을 불끈 쥐고, 주변을 빙빙 돌아다니며, 또래에게 주먹을 날린다.

아이들의 긴장된 몸은 그 내면에 스트레스가 있음을 드러내 보이는 것이다. 움츠린 어깨, 걱정으로 찌푸린 얼굴, 경련이 일어나는 눈은 스트레스로 인해 표출되는 신체의 징후들이다.

이혼이 진행되는 동안 양육권 평가를 위해 선임된 9살 소녀 Lissa는 손톱을 물어뜯어서 피가 나고 있었다. Lissa의 작은 얼굴은 보통 어린 아이의 얼굴에 비해 더 많은 근심 걱정으로 시달린 것으로 보였다. 그녀는 "새 아버지는 어린 아이들에 대해 잘 알지 못하고 매우 엄격해요. 그러나 새 아버지는 나의 엄마를 사랑하고 나는 엄마와 함께 살고 싶어요."라고 설명했다. 나는 Lissa의 새 아버지에게 부모교육 수업을 의무적으로 듣게 할 것을 법정에 요구하였다. 몇 개월 후 어머니가 나에게 전화를 걸어서 남편이 더 유연하고 바람직한 부모가 되기 위해 배우고 있으며 그 아이의 스트레스는 다소 줄어들었다고 말했다. Lissa의 손톱 물어뜯기는 중단되었다.

고통을 나타내는 신체 징후는 잘못 해석될 수도 있다. 어떤 아이들은 시무룩하고 위축된 행동으로 고통을 드러낸다. 교사가 교실 프로그램 자문위원에게 특정 아이(그 교실에 들어온 지 몇 주 밖에 안 된)의 청각에 문제가 있는 지 확인해줄 것을 요구했다. 그 아이는 간식시간을 준비하기 위해 자신이 가지고 놀던 블록들을 정리해 달라는 교사의 정중한 부탁을 완전히 무시했다. 어느 날 아이가 매우 좋아하는 할아버지가 그를 집으로 데리고 가기 위해 일찍 도착했다. 교실을 떠나기 전 할아버지가 장난감 치우는 것을 도와달라고 요청했을 때 즉각적으로 돕는 아이의 반응을 목격한 교사는 놀라지 않을 수 없었다. 그 아이는 특별히 낯선 사람을 경계하였다. 그는 아직 선생님과 정서적으로 성숙한 애착이 형성되지 않았다. 그래서 그는 실제로 얼마 동안 그녀의 말을 무시했던 것이다. 그의 그런 행동이 새로운 상황에 처한 그 아이의 스트레스 반응이었음을

이해하기 전까지 그의 행동은 교사를 당혹스럽게 만들고 좌절하게 만들었다.

수업시간에 큰 소리로 읽으라고 호명되는 것을 걱정하던 1학년 아이는 심한 복통을 호소한다. 또 다른 경우 쉬운 수학문제를 틀렸다고 선생님에게 야단을 맞았던 한 2학년 아이는 갑자기 교실 바닥에 소변을 보았고 그의 친구들은 그를 놀렸다.

Lori의 선생님은 깔끔한 필기를 강하게 강조하였다. Lori의 부모는 그녀가 학교에 대해 좌절감을 느끼는 것이 걱정되어서 자문을 받기 위해 그녀를 데리고 왔다. 부모는 교사가 Lori의 삐뚤빼뚤한 글씨를 웃음거리로 만드는 것에 대해 Lori가 매우 예민하게 느끼고 있다고 설명했다. 나는 Lori에게 재미있는 만화를 보여주었다. 그녀는 그것을 보고 미소지었다. 나는 그녀에게 그 만화에 대해 간단하게 몇 문장만 써볼 것을 부드럽게 부탁했다. 그녀는 무언가를 쓰고 나서 걱정하며 찡그린 표정을 하더니 자신이 쓴 것을 지우려고 했다. 그녀는 지우개를 매우 강하게 내리 눌러서 종이에 큰 구멍을 냈다. 그녀의 몸은 굳어졌고 고통스럽고 걱정되는 얼굴로 종이를 뚫어지게 바라보았다.

Lori는 자신의 긴장을 경직된 손가락과 찢겨진 과제용지로 드러내 보였다. 교사의 비난은 아이들의 영혼에 깊은 상처를 입힌다.

결론

생물학적 요인과 대인관계적 요인 모두 아이의 스트레스 행동과 관계가 있다. 교사들은 아이 행동의 차이를 지각할 수 있어야 한다. 이런 교사는 아이가 고통스러워하는 행동의 원인에 대해 더 주의를 기울이게 될 것이다. 아이는 여러 다양한 방법으로 스트레스를 내면화시키거나 외현화시킬 수 있다. 당신의 통찰력있는 관찰과 스트레스를 다루는 숙련된 방법은 당신이 보살피고 가르치는 아이들의 최적의 성장과 발달을 지원할 것이다.

연구문제

애착이란 무엇인가? 애착은 초기 발달에서 왜 그렇게 중요한가?

조화의 적합성이란 무엇인가? 왜 양육자와 아이 간에 조화의 적합성이 중요한가?

주목하는 기술이란 무엇인가? 왜 주목하는 기술이 중요하고 강력한 도구인가?

아이들의 스트레스를 평가할 때 기질을 고려하는 것이 왜 중요한가?

아이들이 스트레스를 외현화 및 내면화시키는 방법으로는 어떤 것이 있는가?

CHAPTER 3

스트레스에 대한 통찰력
반추와 재구성

스트레스의 원인과 종류에 대한 사려 깊은 관심은 아이의 스트레스 상황을 완화시켜주기 위한 방법을 선택하는 과정의 한 단계이다. 스트레스의 원인에 관한 교사의 통찰력은 아이의 스트레스를 다룰 수 있는 최선의 방법을 조명해 줄 것이다. 스트레스의 숨겨진 원인이나 이해하기 힘든 방식으로 나타나는 스트레스에 대한 교사의 **반추**는 아이의 스트레스 상황을 완화시켜주기 위한 방법을 계획하는 데 있어서 아주 중요하다. 아이의 스트레스를 줄여주기 위한 전략을 선택하는 데 도움이 되는 **반추**로는 어떤 것들이 있는가?

수용하기 힘들거나 염려스러운 아이 행동 인식하기

아이가 수용할 수 없거나 염려스러운 행동을 할 때 그 아이가 현재 겪고 있는 스트레스의 원인이 어떤 경험에서 야기되는 지에 대하여 더 깊게 생각해보는 기회로 인식하라. 당신은 습관적으로 다른 아이에 대해 고자질을 하거나 교실의 규칙을 위반한 것에 대한 책임을 받아들이기보다 다른 아이를 비난하는 아이를 경험한 적이 있을 것이다. 그 아이에게 무슨 일이 있었을 지를 생각해 보아라. 아이는 집에서 자주 벌을 받는가? 아이는 교실에서 교사가 예의바른 아이들에게 주는 관심을 자신은 못 받고 있다고 느끼는가? 그 아이가 교사의 관심을 받기 위해 노력하는 것처럼 보이는가–강렬하고 **부정적인** 관심을 받고 있음에도 불구하고? 부모와 부정적인 상호작용에 익숙해진 아이는 자신이 집에서 성인과 경험해온 유사한 유형의 부정적 상호작용으로 교사의 관심을 끌기 위해 노력한다는 것이 연구결과로 밝혀졌다(Wittmer & Honig, 1988).

성장발달이 스트레스의 원인일 수 있음을 깨닫기

성장발달 그 자체가 스트레스의 원인이 될 수도 있다. 아이는 걷기, 대소변 가리기, 식기구 다루기, 어른이 충분히 이해할 수 있을 만큼 분명하게 말하기와 같은 새로운 기술을 배우기 위해 힘겹게 노력한다. 어린 아이들의 스트레스를 증가시키는 또 다른 중요한 발달적 투쟁으로는 어떤 것이 있는가? 일부 영아와 걸음마기 아이는 다른 또래 아이들보다 부모로부터 분리될 때 그리고 낯선 사람의 보살핌을 받을 때 심하게 스트레스를 받는다. **분리불안(separation anxiety)**과 **낯가림(stranger anxiety)**은 발달과정에서 예상되는 전형적인 반응이다. 성인들이 애정을 갖고 주의를 기울이며 편안하게 대처할 때 이런 스트레스들은 시간이 지나고 아이가 각각의 새로운 기술을 터득하게 되면서 완화된다.

스트레스 요인이 될 수 있는 학습장애

수업 요건에 맞추어서 따라가기가 힘겨운 아이들은 불안과 스트레스를 경험한다. 어떤 1학년 아이는 수업에서 아직도 어떻게 b와 같은 소리가 그의 그림책에 있는 bunny라는 단어의 첫 번째 글자와 대응하는 지를 이해하는 데 어려움을 느낀다. 읽기 학습을 잘 하는 반 친구들은 그를 당혹스럽게 만드는 **음소-자소 대응 문제**를 이미 해결하였다. 교사는 그런 아이가 읽기를 터득하도록 지원해줄 수 있는 기술이 필요하다.

경도 난독증(mild dyslexia)은 행동문제처럼 눈에 띄지 않아서 교사에게 스트레스로 인식되지 않을 수도 있다. 읽는 것을 배울 수 없는 것에 좌절한 Charlie는 교실에서 어릿광대처럼 익살스럽게 행동하는 것을 선택했다. 그는 교실 뒤로 가서 세면대 수도꼭지를 틀고 머리카락이 흠뻑 젖을 때까지 머리를 물속에 넣었다. 그 다음 그는 물방울을 사방에 털었고 그 모습을 본 모든 아이들은 웃고 있었다. 난독증 아이의 고통을 감소시킬 수 있는 한 가지 좋은 방법은 인내심있고 숙련된 개인지도교사가 그 아이의 특정한 개인적 관심에만 초점을 맞춘 읽을거리를 제공해주는 것이다.

이런 발달적 문제는 자신의 놀이활동에 너무 가까이 다가오는 것으로 생각하여 또래를 때리려고 하는 통제할 수 없고 심하게 활동적인 아이를 도와주는 것과는 다른 유형의 도전을 받게 한다. 스트레스를 다루는 방법은 상황에 따라 다르다. 어떤 아이는 교실에서 괴롭힘을 당하는 것과 같은 대인관계 경험에서 스트레스를 받을 가능성이 더 높다. 어떤 학령기 아동은 신체적으로 큰 고통을 느낄 정도로 소변을 참았다. 그녀는 화장실에서 여자 아이들에게 괴롭힘을 당했던 경험 때문에 학교 여자 화장실을 사용하는 것이 두렵다고 말했다.

아동발달지식:
아이의 스트레스 요인을 예방하기 위한 당신의 첫 번째 방어선

아이의 인지발달 단계를 뛰어넘는 기능을 요구하고 압력을 가할 때 발생하는 스트레스도 있다. 부모와 교사가 감각운동기의 영아와 전조작기의 유아는 서로 다른 사고를 한다는 것을 이해할 때 이런 스트레스는 크게 완화된다.

교사는 한 살이 된 아기에게 비지보드(busy board)를 구두끈과 슬라이드 볼트 도구와 함께 아기용 높은 의자의 선반에 놓아주고 시도해볼 것을 권유하였다. 아이가 이 어려운 비지보드를 해결하기 위해서는 인과관계 메카니즘 그리고 **수단과 결과** 또는 **목적**으로서의 행동 간의 관계에 대한 높은 수준의 감각 운동적 이해가 필요하다. 그 비지보드는 이 영아가 아닌 걸음마기 아이에게 발달적으로 적합한 교육자료이다. 그 아기는 몇 가지 아이템을 만지면서 어리둥절한 표정을 지었다. 그리고 비지보드가 부서지도록 손으로 쓸어 바닥으로 내동댕이쳤다. 교사는 슬픈 얼굴로 그 아기에게 "너를 위해 가져온 장난감들이 마음에 들지 않니?"라고 물었다.

인지발달단계에 관한 지식은 각 아이의 수준에 더 적합한 교육자료를 선택할 수 있는 교사들의 능력을 향상시켜줄 뿐만 아니라 그들의 당혹스러움과 좌절도 완화시켜줄 것이다.

정신건강을 위해 "주목하는 기술" 연마하기

아이의 스트레스 사인을 포착해 내는 **신체 관찰자**가 되어라. 각 아이의 머리에서부터 발끝까지 긴장의 사인을 주시하라. 아이가 초조하게 머리카락을 꼬는가 아니면 머리카락의 끝을 빠는가? 아니면 머리카락을 뽑는가(발모벽)? 아이가 초조해하며 자신의 입술을 깨무는가? 자신의 손톱을 깨무는가? 아이의 눈빛에 생기가 없는가? 당신이 재미있는 활동을 진행하고 있을 때에도 아이를 크게 웃게 하거나 미소 짓게 할 수 없었는가? 아이가 정서적으로 위협감을 느낄 때 무의식적으로 눈을 씰룩거리는가? 그룹에서 조용하고 외로워 보이는 아기가 바닥에 앉아서 자신의 몸을 앞뒤로 반복적인 형태로 흔들면서 자기 자극을 하는가? 아이가 책상에 앉아있는 동안 연습문제집이 자신에게 너무 어려워 보이는 것을 걱정하면서 다리를 번갈아가며 꼬거나 다리를 앞뒤로 강박적으로 흔드는가? 걸음마기 아이가 낮잠을 거부하고 경계하는 눈으로 몸의 긴장을 풀지 못하는가? 학령기 전 아이가 낮잠시간 뿐만 아니라 낮에도 강박적으로 자위행위를 하는가?

문제 행동이 아닌 발달에 적합한 행동으로 재구성하기

때때로 성인들은 어린 아이들이 자기통제기술이 잘 발달되고 합리적이고 이성적으로 자신의 행동을 멈추고 생각할 수 있는 능력을 갖춘 더 높은 연령의 아이처럼 반응해주기를 바란다.

> 이제 막 컵으로 마시는 것을 배운 아기가 컵을 너무 많이 기울여서 그의 턱받이에 우유를 쏟거나 손목을 충분히 돌리지 못해서 우유를 그의 입에 넣지 못하고 있었다. 불만스럽게 지켜보던 교사는 그에게 "너는 나를 불안하게 만드는구나."라고 작은 소리로 말했다.

새로운 기술을 제대로 수행할 수 있게 될 때까지 그 기술을 재미있게 연습할 수 있는 방법들을 알고 있는 교사들은 이 일진일퇴하는 학습과정(seesawing learning process)이 앞으로 어떻게 진행될 지에 대해 긴장하기보다 감탄하며 지켜볼 수 있다.

아이에게 스트레스를 주는 가족의 압박에 대해 생각해보기

아이가 할 수 있는 것보다 더 성숙하게 행동하도록 아이를 압박하는 것은 좌절과 공격성으로 이어질 수 있다. 한 아이가 나의 연구실 바닥에 앉아서 두 손으로 장난감 차들을 계속해서 부셔버렸다. 아이는 4살이었으나 말을 아주 잘했다. 아이의 부모는 그의 언어능력 때문에 그가 정서적으로나 사회적으로도 발달이 빠르다고 생각하고 그보다 몇 살 더 많은 아이에게 적합한 행동들을 요구해왔던 것이다. 아이가 아직 어리다는 것을 상기시켜주었을 때 부모는 아이의 공격적인 행동을 그들이 심하게 스트레스를 준 것에 대한 반응으로 재구성할 수 있었다. 부모는 훨씬 더 정서적인 성숙을 필요로 했던 그들의 불가능한 기대들을 완화시킴으로써 그들의 아들을 좀 더 많이 즐기고 있는 자신들을 발견하게 되었다.

우리가 발달적 규범을 더 많이 기억하고 있을수록 어린 아이의 행동을 재구성하고 이해하려는 우리의 시도는 더 쉬워질 것이다(Honig, 1996). 물론 Johnny는 미술 테이블 위에 놓인 큰 덩어리의 찰흙을 친구와 공유할 수 있다. 그러나 공유하는 것을 배우는 것은 길고 복잡한 과정이다. 만일 Johnny의 부모가 그에게 포테이토칩이 든 작은 봉지를 주고 갔다면 Johnny는 다른 아이와 그 과자를 나누어 먹는 것을 강하게 거부할 수도 있다. 미술 테이블에 앉아있는 친구에게 크레용을 주는 것과 같은 상황에서는 친사회적 행동이 더 쉽게 일어날 수 있다. 그러나 만일 그가 선물로 받은 특별한 음식을 공유할 것을 강요받는다면, 그 아이는 많이 힘들어 할 수도 있다.

애지중지하는 자신만의 담요를 다른 아이와 공유할 수 있을 정도의 감정이입 능력을 지닌 걸음마기 아이는 극히 드물다. 그러나 일부 걸음마기 아이들은 다르게 행동한다. 어떤 걸음마기 아이들은 친구의 고통에 대해 느끼고 친절하게 반응하는 놀라운 능력을 보인다(Quan & Wien, 2006). Rheingold와 Hay(1976)는 한 걸음마기 아이의 친절한 행동을 기술했다. 연구자들이 계획적으로 가방 안에 들어있던 장난감들을 온 바닥에 떨어뜨리는 사고를 연출했을 때 그 걸음마기 아이는 "내가 치우는 것을 도울게요!"라고 외쳤다. 그리고 그 걸음마기 아기는 치우는 것을 도와주었다. 몇 년이 지난 후 연구자들이 초등학교 교사들에게 반에서 가장 친사회적인 아이들을 지명해 줄 것을 부탁했을 때 교사들은 이전 연구에서 가장 이타적인 걸음마기 아이들로 밝혀졌던 아이들을 선택하였다.

공격적인 행동의 원인뿐만아니라 그 의미에 대해서도 반추하기

반추하는 것은 교사가 지닌 귀중한 자질 중의 하나이다. 교실에서 한 아이의 공격적인 행동으로 인해 스트레스가 야기되었을 때 특별히 심도 있게 반추할 필요가 있다. 공격성은 아이들뿐만 아니라 교사들에게도 심한 스트레스를 준다(Wolfson-Steinberger, 2000). 호전적인 아이가 화가 나서 격렬하게 공격할 때 그 원인이 명확하게 밝혀지지 않은 상황일지라도 교사는 지체 없이 상처받은 아이와 공격한 아이 둘 다 보살피고 진정시키는 방식으로 다루어야 한다.

아이의 분노 폭발이 이차적 감정인지 기저 감정인지 결정하기

주어진 상황에서 스트레스를 받은 아이의 분노가 기저 감정(underlying emotion)인지 그 여부를 결정하라. 다음에 소개되는 공격성에 대한 일화는 분명한 이해관계의 충돌에 관한 사례인가, 이전의 친구 공격에 대한 반응인가, 아니면 분노 뒤에 가려진 기저 감정이 있는가?

30개월이 된 Jimmy가 블록으로 조심스럽게 탑을 쌓는 놀이에 열중하고 있었다. Rosie는 달려와서 높이 쌓아올린 탑을 보고 의도적으로 그 탑을 무너뜨렸다. Rosie는 교실의 규칙을 위반했다. Jimmy의 분노는 당연한 것이었다. 화가 난 Jimmy는

Rosie를 한 대 치려고 했지만 헛치고 말았다. Jimmy는 선생님에게 가서 악을 쓰며 불만을 토로했다!

때때로 아이의 분노행동은 그 뒤에 있는 기저 감정을 가리는 것일 수도 있다. 기저 감정은 다른 아이의 위협으로 인해 신체적 손상을 입는 것에 대한 **두려움**일 수도 있다. 또는 교사가 제안한 게임에서 지는 것에 대한 두려움일 수도 있다. 아이는 이미 그 그룹에 있는 다른 아이들이 자신보다 그 게임을 더 잘한다는 것을 관찰했다. 그는 놀림을 받거나, 거부당하거나, 웃음거리가 되고 싶지 않다. 그 아이는 반항적인 태도로 화를 내며 그 게임에 참여하기를 거부한다.

또 다른 기저 감정은 실망이나 상실 뒤에 오는 **슬픔**일 수도 있다. Kelly는 새끼 고양이를 좋아했다. Kelly는 새끼 고양이를 그려보려고 시도했으나 자신의 그림은 전혀 새끼 고양이처럼 보이지 않았다. 갑자기 그 아이는 종이를 찢어버리고 성큼성큼 걸어가버렸다. 그녀의 분노는 자신의 실망에 대한 이차적인 반응이었다.

또 다른 기저 감정은 성인의 심리적 관심과 신체적 관심을 향한 **갈망**일 수도 있다. 대그룹으로 진행되는 이야기 들려주기 시간에 Jess는 이야기를 듣기 위해 양탄자에 편하게 앉으려고 하는 아이들을 거칠게 떠밀었다. 그 소동을 목격한 교사는 책을 읽어주는 동안 Jess를 불러서 그녀 가까이에 앉게 했다. Jess는 교사의 몸에 기대서 긴장을 풀고 조용히 이야기를 들을 수 있게 되었다. 그 아이는 요란하게 소란을 피워서 자신이 절실히 필요한 신체적 접촉을 얻을 수 있었다. 교사는 아이가 자신이 갈망하는 신체적 접촉을 얻기 위해 다른 연기를 할 필요가 없도록 다른 활동시간에도 그 아이를 포옹해주고 무릎에 앉힐 수 있는 방법을 생각해 낼 수 있다.

또 다른 기저 감정은 **죄책감, 수치심**, 혹은 **아이의 자존감에 대한 위협**일 수도 있다. 이차적으로 표출된 아이의 분노가 방어적이거나 자기주장적인 방식의 감정적 대응일 경우에, 그것은 둘 다 "정체성 위협에 취약한 감정적 대응을 억제하거나 감춘다"(Snyder, Simpson, & Hughes, 2006, p. 235). 교사들과 부모들은 그들의 역할에 대한 개념을 다시 생각하고 확대시킬 필요가 있다. 물론 성인들은 아이들을 안전하게 지켜야 한다! 물론 우리는, 아이들이 학교에서 지적 과제를 성공적으로 수행할 수 있도록, 학습을 위한 준비를 시킬 필요가 있다. 그러나 교사나 부모의 동등하게 중요한 역할 중 하나는 **정서적 코치**로서의 역할을 수행하는 것이다. 우리들은 아이들의 인지기술뿐만 아니라 정서지능과 사회기술의 발달도 지원할 필요가 있다(Goleman, 2006).

공격적인 행동이 반응적인 것인지 아니면 주도적인 것인지 결정하기

당신이 다루어야 하는 공격성의 유형에 대해 반추하라. 아이가 짜증을 내는가? 건방지게 행동하는가? 협력하기를 거부하는가? 뾰로통하거나 다른 사람을 탓하는가? 이런 행동은 **반응적** 공격성을 나타낼 가능성이 더 높다. 아이가 다른 사람들을 지배하려고 하는가? 다른 사람들에게 의도적으로 잔인하게 행동하는가? 허풍을 떨거나 자랑하거나 다른 사람들을 놀리는가? 다른 아이들을 괴롭히고 귀찮게 하는가? 이런 유형의 행동은 **주도적인** 공격성을 나타내는 것이다(Feindler, 1995). 우리는 공격성 스트레스에 대하여 지각적으로 진단함으로써 정확한 방법을 사용하여 더 효과적으로 개입할 수 있다. 자주 발생하는 스트레스를 **언제** 다루어야하는 지를 결정하기 위해서는 반추적 사고가 필요하다.

당신은 스트레스를 문제가 발생하기 전에 다룰 것인가 아니면 발생한 후에 다룰 것인가? 당신은 아이에게 스트레스 사건이 발생한 후 **반응적 중재**(reactive intervention)를 선택할 것인가 아니면 그룹에서 발생할 가능성이 있는 미래의 스트레스 사건에 대해 예측하고 아이들을 준비시키는 **주도적 중재**(proactive intervention)를 선택할 것인가를 결정하라. "반응적 중재에는 인지적 이해, 정서적 지원, 구조, 통제, 기술발달과 같은 활동이 포함된다. 반면에 주도적 중재는 사회적 활동, 인지적 활동, 정서적 활동, 자기 주도적 활동으로 이루어진다"(Bloom, Cheney, & Snoddy, 1986, p. 152). 주도적 중재를 위한 이 활동들은 힘든 상황이 악화되기 전에 교사가 미리 고안해낸다.

결론

아이에게 발생하는 스트레스의 모든 원인을 다 알 수는 없지만 두려움, 실망, 질투, 분노를 느끼는 아이들을 도울 수 있는 방법을 생각하고 선택하는 데 있어서 창의적으로 사고할 필요가 있다. 우리는 최선을 다할 것이고 다양한 기법을 시도할 것이라는 것을 철학적으로 받아들일 필요가 있다. 아이의 스트레스를 줄여주기 위한 지원을 찾고 있는 많은 교사들과 보육을 제공하는 사람들은 가족의 도움을 요청한다. 그러나 Perry(1993)는 만일 학대나 방임의 가족사가 있다면, 이런 가족사가 보육을 제공하는 사람과 부모 간 협력관계의 기회를 급감시킨다고 조언하였다. 다행히도 긍정적인 부모와 교사의 관계는 아이의 고통을 이해하고 해결해주는 중요한 기폭제 역할을 한다(Honig, 1979).

교사들은 각 아이의 초기 발달지원을 위해 부모와 보육을 제공하는 사람 간의 관계가 얼마나 잘 기능하는 지를 반추하고 평가할 필요가 있다(Eliker, Noppe, Noppe, & Fortner-Wood, 1997). 다행히도 일부 지역사회에는 자원과 전문성을 제공하는 위탁기관이 있다. 그 위탁기관의 자문위원들은 심층적이고 전문적인 도움을 요청하는 교사들과 대화를 하는 것은 물론 교실에서 일어나는 상호작용을 관찰해주기도 한다.

연구문제

아이들의 스트레스에 주의를 기울일 때 아이의 발달을 이해하는 것이 왜 중요한가?

무엇이 주도적인 행동이고 무엇이 반응적인 행동인가?

왜 우리는 공격성을 주도적 행동이나 반응적 행동으로 진단해야 하는가?

우리는 이런 분류를 아이들의 스트레스 극복 지원에 어떻게 사용할 수 있는가?

이차적 감정과 기저 감정 간의 차이는 무엇인가?

CHAPTER 4

아이들을 위한 스트레스 해소기법 선택

교사들은 스트레스의 원인뿐만 아니라 스트레스의 감소에 효과가 있는 아이디어들의 보고도 필요하다. 또한 교사들은 아이의 스트레스를 완화시켜 주기 위해 자신이 선택한 많은 기법들을 개별화시킬 필요가 있다. 그러나 성인들의 스트레스 감소에 도움이 되는 많은 자원들이 어린 아이들에게도 항상 도움이 되는 것은 아니다. 청소년들과 성인들이 자신의 스트레스를 더 효과적으로 다룰 수 있도록 도움을 주는 많은 자원들이 있다(Myers & Nance, 1986). 이 책의 뒷부분에 몇 가지 제안들이 제공된다.

성인의 스트레스 완화를 위해 제공된 많은 제안들은 상당히 효과가 있다. 그러나 그런 제안들은 대부분의 아이들이 사용하기에는 너무 높은 수준의 인지적 기술과 능력을 필요로 한다. 성인들은 자주 요가와 명상 기술을 배우라는 권유를 받는다. 규칙적인 명상은 아이디어와 감각 정보를 처리하고 실행 계획을 지원하는 뇌의 영역인 대뇌피질을 두껍게 만들어 준다. 더 두꺼워진 대뇌피질은 성인이 스트레스에 더 잘 대처할 수 있도록 도와줄 수 있다. 성인은 꿈과 감정에 대한 일기를 계속해서 기록할 것을 권유받는다. 성인은 자신에게 고통스러웠던 사건과 그 사건을 어떻게 다루었는 지에 대해 기록해 둘 것을 권유받는다. 스트레스 전문가들은 현재의 스트레스를 재앙으로 생각하는 것을 멈출 필요가 있다고 조언한다. 성인은 현재 자신이 느끼는 스트레스가 지진이나 차사고나 아프리카에 있는 다르푸르 주의 여러 마을에서 일어난 잔인한 살인으로 인해 가족 전부를 잃은 것만큼 참담한 것은 아니라는 것을 깨닫게 해주는 인지기술을 사용하도록 유도될 수 있다. 이런 높은 수준의 반추기법은 아주 어린 아이들에게는 적용되지 않는다.

성인들은 자신의 스트레스에 **과잉 일반화(overgeneralizing)**가 더해진 것을 인지하도록 도움을 받을 수 있다. 자신은 가치 없는 존재가 아니며 삶에서 자신을 분노하게 만든 사람들이 모두 괴물은 아니라는 것이다. 성인들은 회색의 시각으로 생각하는 것을 배울 수 있다. 우리와 싸우거나 우리의 마음을 상하게 만드는 말을 하는 사람들이 모두 끔찍한 것은 아니다. 어떤 사람들은 신경질적이고 걱정이 많다. 어떤 사람들은 자기 자신을 괴롭히는 문제를 갖고 있다. 그들 중 일부는 과거에 받은 상처로 인해 마음 속 깊이 분노를 품고 있다. 그러나 걸음마기 아이들은 양자택일의 사고를 한다(all or nothing thinker). 그들은 회색의 시각으로 사고할 수 없다. 그들은 선하기만 한 사람이나 악하기만 한 사람으로 나누는 유형의 사고(all bad or all good)가 반영된 반응을 한다. Aisha는 저녁식사 바로 전에 아이스크림을 먹지 못하게 하는 아빠를 가장 인색한 사람이라고 생각한다. 그러나 잠자리에서 Aisha의 등을 어루만져주고 잠을 잘 수 있도록 안정시켜줄 때는 "가장 좋은" 아빠라고 생각한다.

화가 난 성인들은 부정적인 사건을 과대평가하고 그들이 지니고 있는 대처 자원들(coping resources)을 과소평가하는 경향이 있다. "그 해결책은 정확하게 평가하는 것을 배우는 것이다"(Deffenbacher, 1995, p.

164). 그러나 아이들은 평가하는 능력이 부족하다.

아이의 스트레스를 다루기 위한 자원

초등학교 교사들이 교실에서 사용할 수 있는 친사회적 기술 향상에 중점을 둔 학기 단위의 교육과정 패키지들을 포함한 자원들이 널리 보급되어 있다(Honig & Wittmer, 1992). **기술별 그룹편성(skill streaming)**을 강조하고 있는 학습 계획안도 보급되어있다. 이 용어는 Goldstein이 그룹의 아이들을 대상으로 친사회적 기술을 향상시키기 위한 다양한 기법들을 표현하기 위해 만들어 낸 것이다(McGinnis & Goldstein, 1990). 공격적인 행동을 감소시킬 수 있는 방법에 초점을 맞춘 자원들(Kaiser & Rasminsky, 2003)도 있다.

많은 카탈로그와 인터넷 사이트에서는 스트레스에 시달리고 있는 청소년을 돕기 위한 자원들을 찾아볼 수 있다. 예를 들어, http://www.jistlife.com 사이트에서는 학령기 아이들 간의 험담, 조롱, 따돌림, 괴롭힘을 다루고 있는 비디오와 게임을 이용할 수 있다. http://www.creativetherapystore.com 이라는 웹 사이트에서는 **중 · 고등학교 청소년을 위한 스트레스 관리(Stress Management for Middle and High School Youth)**라는 명칭의 인지행동 프로그램(cognitive-behavioral program)을 제공한다. 해법 도시(Solution City)는 8세 이상의 초등학교 아이들에게 도움이 되는 보드 게임이다. 게임 참가자들은 여러 범주(예를 들어, 운동장, 버스, 학교, 집)에서 제기되는 게임카드의 질문에 답을 함으로써 해법 광장(Solution Square)을 얻는다. 그들은 이 게임을 하면서 사회적 문제 해결 기술(social problem-solving skills)을 배운다. 이 스트레스 관리 보드 게임의 주인공인 Angus라는 걱정이 많은 개와 Serena라는 고양이는 또래, 권위자, 학교로 인해 발생할 수 있는 15개의 일반적인 사회적 스트레스 요인들을 다룬다.

아이를 위한 스트레스 해소 기법

어린 아이들은 청소년이나 어른의 스트레스 관리 전략을 사용할 수 없다. 짓궂은 성인에게 갑자기 과자를 빼앗긴 걸음마기 아이는 엄청난 재앙을 만난 것처럼 반응한다. 어린 아이는 성인에게 도움이 될 수 있는 반추하고 기록하는 기술을 사용할 수 없다. 어린 아이는 정확하게 평가하는 것이 어렵다. 한 예로, 베들레헴에서 방금 전 별을 본 양치기 소년 사무엘(사무엘과 밤의 방문객들이라는 오페라에서: in the opera Amahl and the Night Visitors)을 들 수 있다. 그는 어머니에게 하늘만큼 긴 꼬리를 지닌 별을 보았다는 것을 전하려고 흥분해서 막사로 들어왔다. 어린아이들의 전형적인 사고의 특징 중 하나는 크게 과장하는 것이다.

성인들은 어린 아이들의 폭 넓은 다양한 스트레스를 그들의 정서 및 인지능력에 맞게 조율하는 기법과 기술이 필요하다. 성인들은 아이들의 두려움에 대한 자애로운 이해가 필요하다(Hyson, 1979). 어린 아이들의 스트레스를 완화시켜주기 위한 활동과 상호작용을 선택하는 의사결정을 할 때 성인들의 통찰력 있는 사고력과 용기가 필요하다. 교사들은 스트레스 해소기법들을 선택할 수 있다. 결정적으로 교사들은 특정 아이와 더 애정적인 상호관계로 주도해나갈 필요가 있다. 때로는 아이들과의 그룹대화에서 스트레스가 해소되기도 한다. 부모와의 협력관계에서 이루어진 논의를 통해 스트레스가 심한 사건에 대한 해결을 찾을 수도 있다.

아이의 환경에 변화주기

우리가 어떤 대응을 선택할 지는 스트레스의 유형에 따라 다르다. 어떤 아이의 스트레스는 특정 보육 장소가 그 아이에게 가장 조화로운 환경이 아니기 때문에 발생할 수도 있다. 큰 규모의 보육기관에 다니는 한 걸음마기 아이는 모든 방법을 사용해서 도와주려는 교사들의 노력에도 불구하고 자주 공격적으로 무는 행동을 하였다. 교사들은 그를 그림자처럼 따라다니면서 긍정적인 관심을 보여주고 그가 물고 싶은 충동을 느낄 때 세게 물 수 있는 장난감을 그의 상의에 안전하게 달아주었다. 교사들은 아이에게 물고 싶은 욕구가 생길 때마다 그 장난감을 사용할 것을 상기시켜주었다. 때때로 아이는 그 장난감을 기억해내기도 했지만 대부분의 경우 기억해내지 못했다. 결국 아이는 작은 규모의 가정 보육으로 이전되었고 그의 무는 행동은 줄어들었다. 큰 규모의 그룹보육이 이 걸음마기 아기에게는 가장 적합한 환경이 아니었던 것이다.

인내하기

어떤 아이들은 그룹 보육에 적응하기까지 더 오랜 시간이 걸릴 수도 있다. 어떤 아이들은 보육기관에 들어올 때 점진적인 소개과정이 필요하다. 그 아이들이 보육기관의 교실을 탐색하는 모험을 하게 될 때까지 여러 날에 걸쳐서 몇 시간 정도 부모가 곁에 있어줄 필요가 있다. 어떤 아이들은 장난감들을 탐색하면서 쉽게 교실에 발을 들여 놓는다. 영어가 모국어가 아닌 아이는 그룹 보육의 적응에 더 오랜 시간이 걸릴 수 도 있다. 만일 그런 아이의 고통이 지속되는 것처럼 보이면, 그 아이의 모국어를 사용하는 자원봉사자를 찾아라. 그리고 그 자원봉사자가 몇 주 동안 교실에 들어와서 힘들어하는 영아나 아이를 안아주고 대화를 할 수 있게 해주어라. 가족이 사용하는 언어로 말하는 것을 듣는 것과 같은 가외의 위안 요소가 보육기관에 대한 아이의 불편한 마음을 빨리 사라지게 할 수도 있다.

적응은 시간이 지남에 따라 변화될 수 있다는 것을 예상하기

시간이 지나면 모든 아이들이 아무 문제없이 그룹에 적응하게 되는 것은 아니다. 보육기관에 잘 적응했던 아이들이 몇 개월 후에 갑자기 불안감을 느낄 수도 있다. 그들은 분리에 대해 인지적으로 자각할 만큼 더 성장한 것일 수도 있다. 아이가 그룹 보육에 적응하는 과정에서 고르지 못한 진전을 보일 때 신체적으로 위안을 주고 보살펴주는 돌봄을 제공해주어라.

16개월인 Lou는 아동보육기관에서 그의 선생님인 Mr. Avrom과 함께 매우 행복해보였다. 몇 개월 후, 어느 날 갑자기 Lou는 요구가 많아지고 괴팍하게 행동하였다. 그는 자주 품안에 안겨있길 원했다. 그의 변화된 행동은 혼란스럽고 이해하기 힘든 것이었다. 그는 자신의 엄마가 그곳에 없다는 것을 갑자기 깨달은 것처럼 행동했다. 그는 헤어진 엄마와 언제 다시 만날 수 있을지 불안해하는 것일 수도 있다. Mr. Avrom은 이 유력한 이유에 맞추어서 대응해주기 위해 그 날 Lou를 자주 품에 안아주었다. 며칠 후 Lou는 다시 교실에서 편안하게 지낼 수 있게 되었다. 불행하게도 그 걸음마기 아이가 교사의 품에 안겨있는 것을 목격한 센터의 원장은 교사에게 "그 아이를 내려놓으세요. 그 아이는 걸을 수 있어요."라고 질책하듯이 말했다. 교사는 그 짧은 시간 동안 안기고 싶어 하는 걸음마기 아이의 욕구에 대해 부드럽게 설명하려고 노력했다.

부모와 교사는 물론 원장도 아이들의 사회 정서발달을 이해하고 보살펴주는 비결을 그리고 아이들의 새롭고 낯선 보육기관이라는 세계에 대한 초기 스트레스를 완화시켜 주는 방법을 찾아내는 비결을 배울 필요가 있다.

랩어라운드 보육 제공하기

반 편성에 대한 개념의 변화가 영아들의 스트레스를 완화시켜 줄 수 있다. 아주 어린 아이들은 삶의 초기에 더 적은 수의 양육자를 경험할수록 더 쉽게 안정감을 느낀다. **랩어라운드 보육(wraparound care)**은 아기의 첫 3년을 같은 교사가 사랑으로 돌보는 보육을 제공하는 과정을 의미한다. 랩어라운드 보육은 아기들과 걸음마기 아이들의 스트레스를 줄여주고 행복한 정서를 높여줄 수 있다(Essa, Favre, Thweatt, & Waugh, 1999; Howes, 1999).

감각통합과 감각처리 결함에 민감하기

아이를 향한 교사의 애정적인 접근도 아이의 감각 통합이나 처리 결함과 조화를 이룰 때만 도움이 될 수 있다. 예를 들어, 어떤 아이는 접촉을 불편해한다. 감각에 문제가 있는 아이들은 너무 가볍거나 부드러운 접촉에 극도로 불편함을 느낀다. 그들이 편안하게 느끼도록 해주기 위해서는 강하게 만져주는 것이 필요하다. 어떤 아이들의 피부는 티셔츠 안의 상표만으로도 극도로 예민해진다.

주변에서 너무 많은 소음이 들릴 때 정보처리에 문제가 있는 아이들도 있다. 그들은 눈을 감는 행동을 통해 세상을 차단시킨다. 선생님이 그들에게 체육관이나 바깥 놀이터에 가도록 강요하면 반항적인 행동을 한다. 다른 아이들과 이리 저리 뛰어다니는 시간은 기쁨이 아닌 공포를 불러일으킨다. 큰 소동의 스트레스를 견디어 낼 수 없었던 한 아이는 무서운 괴물들이 그를 에워싸고 있는 공상을 만들어내기도 하였다. 그는 화가 나면 눈을 꼭 감았고 그와 대화하려고 노력하는 선생님의 말조차 들을 수 없었다. 만일 체육관에서 너무 많은 아이들이 좋아서 소리를 지르고 고함을 친다면, 그는 손으로 귀를 막을 것이다. 그리고 체육실에 가길 거부할 것이다.

감각처리에 문제가 있는 한 학생은 교실에서 과제를 할 때 의도적으로 "바보"같이 행동한다고 털어놓았다. 그녀는 자신이 이렇게 행동하면 바깥에서 노는 휴식시간에 아이들 중 누구도 그녀가 참여하고 싶지 않은 신체적으로 자극적인 달리기 게임에 그녀를 선택하지 않을 것이라는 것을 계산한 것이다. 불행하게도 그녀는 낮은 성적을 얻어서 다른 아이들이 그녀를 학교 놀이터에서 하는 거친 게임에 적합한 대상이 아니라고 생각하게 만드는 대처방법을 선택한 것이다.

감각반응에 문제가 있는 아이들을 치료하는 정신과 의사인 Greenspan (2006)은 다음과 같이 제안했다.

> 학년 초에 당신 학급에 있는 모든 아이가 각각의 감각 경로에 어떻게 반응하는 지 자세히 지켜보아라. …… 어떤 아이들은 오페라 노랫소리와 같은 고주파수의 음향을 매우 고통스러워한다. 다른 아이들은 청소기나 보일러와 같은 저주파수의 음향을 견디기 힘들어한다. …… 어떤 아이들은 밝은 빛을 심지어 햇빛조차도 많이 힘들어하고 부드러운 조명을 더 좋아한다. …… 어떤 아이들은 음식의 냄새나 질감에 매우 예민하기 때문에 식성이 까다롭다(pp. 22-23).

Greenspan은 **과잉반응(overactive)**이 아닌 **과소반응(underreactive)**을 하는 어떤 아이들은 더 강한 감각을 의도적으로 찾아낸다고 설명했다. 그들은 모든 것에 강하게 부딪쳐보고 싶어하거나 요란한 소음을 만들어내길 원한다. 과소반응을 하는 어떤 아이들은 움직이고 싶어서 항상 주변을 뛰어다닌다.

우리는 감각통합이나 감각처리에 문제가 있는 아이들의 고통을 어떻게 줄여 줄 수 있는가? 아이가 접촉 감각에 문제가 있을 때 반드시 부드러운 면으로 만들어진 옷만을 입게 해주어라. 책을 읽어주는 시간에 부드러운 쿠션을 제공해주어라. 만일 아이가 부드러운 접촉에 스트레스를 받는다면, 아이의 등을 강하게 두드려주는 것을 기억하라. 부드러운 접촉으로 인해 참기 힘들어하는 아기를 들어 올려서 당신의 어깨에 두고 그 아기가 당신의 어깨 너머로 밖을 내다볼 때 당신의 뺨으로 아기의 뺨을 확실하게 눌러주어라.

언어로 또래를 괴롭히는 아이에게 용어의 정의를 내려주기

공격이 모두 육체적인 것만은 아니다. 어떤 아이들은 심리적으로 괴롭히는 것에 더 능숙하다. 그들은 또래를 부를 때 그 또래가 싫어하는 별명을 사용한다. 아이들은 또래가 벌을 받게 만들기 위해서 성인에게 가서 그 아이에 대해 고자질을 한다. 가끔 아이들은 교사에게 잘 보이기 위해서 고자질을 한다. 교사들은 아이들에게 놀이친구를 곤경에 빠뜨리게 하는 **고자질**과 교실에서 아이들의 안전을 지키기 위한 어떤 것을 성인에게 **말하는** 것 간의 차이를 설명해줄 필요가 있다. 어떤 교사들은 교실에 "고자질 곰(tattle bear)"을 준비해 둔다. 아이들은 누군가가 그들이 타고 싶은 세 발 자전거를 너무 오래 타는 것에 몹시 화가 났기 때문에 혹은 실제로 어떤 아이도 피해를 입지는 않았지만 사회적으로 스트레스가 심한 상황에 처해있기 때문에 고자질하고 싶은 느낌이 들 때 "고자질 곰"에게 가서 그 문제를 말할 수 있다. 교사는 아이들에게 어떤 문제가 발생했을 때 교사의 도움이 필요한 지에 관하여 설명해줄 필요가 있다. 다쳐서 무릎이 벗겨진 친구, 너무 무서워서 정글짐에서 내려오는 시도를 거부하는 친구, 코피가 나는 친구에 대해서는 성인에게 와서 말하는 것이 얼마나 중요한 지 설명해주어라.

이제 막 장난감을 갖고 놀기 시작한 친구가 차례를 양보하지 않는다는 이유만으로 그 친구를 비난하는 것은 옳지 못한 것이라는 메시지를 분명하게 전달하라. 이것이 아이가 교사에게 알리기보다 "고자질 곰"에게 가서 속삭일 수 있는 문제인 것이다.

괴롭힘을 분명하게 정의해 주어서 아이들이 보고하도록 하기

학교에서 또래에게 괴롭힘을 당하는 것은 특히 고통스러운 일이다. 학령기 아동들에게는 "당당하고 재미있고 예상치 못한 대응이 괴롭힘에 대처하는 가장 좋은 방안이다"(Orpinas & Horne, 2006, p. 239). 다음 정보는 괴롭히는 아이와 직면해있는 학령기 아동을 위한 몇 가지 제안을 열거한 것이다. 또한 열거된 대화표본들은 괴롭히는 아이와 괴롭힘을 당하는 아이 사이에 있을 수 있는 상호작용을 기술한 것이다. 마지막 대화표본 역시 괴롭히는 아이와 주변에 있던 아이 사이에 있을 수 있는 상호작용을 기술한 것이다.

괴롭히는 아이가 아닌, 괴롭히는 아이의 놀리는 말을 비웃어주어라.

괴롭히는 아이 : 네 신발 좀 봐라. 그 신발 쓰레기통에서 가져온 거지?
괴롭힘을 당하는 아이 : 이 신발이 최신 유행하는 스타일이 아니라는 의미니?

수용하거나 동의하고 넘어가라.

괴롭히는 아이 : 너는 싸우는 게 두렵지?
괴롭힘을 당하는 아이 : 그래, 나는 싸우는 게 두려워. 또 물어볼 게 있니?

긍정적인 것으로 재구성하기

괴롭히는 아이 : 안녕, 꼬마야!
괴롭힘을 당하는 아이 : 그런데, 우리 엄마는 좋은 것은 작은 박스에 담겨온다고 말씀하시곤 하셨어.

당당해지기

괴롭히는 아이 : [반 여자 친구의 엉덩이를 꼬집는다.]
괴롭힘을 당하는 아이 : 그만해. 그건 잘못된 행동이야! 엉덩이를 꼬집는 것은 성희롱이야. 그건 학교정책에 어긋난 행동이어서 난 선생님께 말씀드려야만 해.

괴롭히는 아이 : 고자질쟁이야, 너 도대체 뭐라는 거니?
괴롭힘을 당하는 아이 : 나는 네가 고자질하는 것과 보고하는 것 간의 차이를 배울 필요가 있다고 생각해.

행동에 관하여 말하기

괴롭히는 아이 : [카페테리아에서 점심을 먹기 위해 줄을 서있는 학생을 뒤에서 민다.]

주변에 있던 아이 : 너는 우리 학교에 새로 전학 온 아이인가 보구나. 우리는 학교에서 주변에 있는 아이들을 밀지 않아. 미는 것은 학교 규칙에 위배되는 행동이야(Orpinas & Horne, 2006, pp. 240-241).

이 대화표본은 학령기 아동에게 유용한 제안이다. 하지만 괴롭힘을 당할 때 몹시 겁을 내고 두려워하는 유아나 언어 표현이 부족한 걸음마기 아이를 위해서 교사는 다양한 유형의 괴롭히는 행동에 대처할 수 있는 보다 더 폭넓은 방안을 구축해 놓을 필요가 있다. 괴롭히는 행동이 수용되는 것을 단호하고 분명하게 막아주어라. 만일 어떤 아이가 자신에게 두려움이나 상처를 주는 행동이나 말을 한다고 느끼면, 반드시 교사에게 말해야 한다는 것을 아이가 깨닫도록 도와주어라.

연령이 더 높은 유아들 사이에서의 괴롭힘은 미묘한 형태를 취할 수도 있다. "여자 아이들이 선호하는 놀이와 여자 아이들이 상호작용하는 놀이 각본은 또래 남자 아이들의 놀이 세계에서 받아들여지길 원하는 남자 아이들이 피해야 할 **위험한 것**으로 지각된다"(Honig, 2006, p. 384). 교사들은 가족유형의 놀이 각본을 즐기는 남자 아이들이 지탄받지 않도록 성이 혼합된 놀이를 구성하는 창의적인 방법들을 찾아낼 필요가 있다. 한 가지 제안으로는 인형의 집을 **집 영역**으로 명칭을 바꾸어서 남자아이들이 가족 놀이를 좀 더 편하게 느낄 수 있도록 해주는 것이다.

고등학교 학생들 간의 괴롭힘에 관한 연구가 전국적으로 실시되었고 그 결과 이 스트레스가 얼마나 널리 퍼져있으며 많은 학생들에게 고통을 주는 지를 지적했다(Garbarino & DeLala, 2002). 이 연구자들은 교실에서 괴롭히는 문제로 인해 발생하는 스트레스는 괴롭히는 아이와 괴롭힘을 당하는 아이 간의 개별적 상호작용, 교실에서의 활발한 그룹활동,

부모의 지원요청을 포함한 가능한 한 많은 전략들을 사용해서 다루어져야 될 필요가 있다고 진지하게 충고했다.

Nobody Knew What to Do: A Story About Bullying(McCain, 2001)이라는 저서에서 한 남자 아이는 놀이터에 있는 모든 아이들이 집단으로 괴롭히는 아이들을 두려워한다는 것을 깨닫게 되었다. 휴식 시간에 그 집단으로 괴롭히는 아이들이 Ray라는 조용한 아이를 때리고 있었다. 다른 아이들은 자신들도 맞게 될까봐 가서 Ray를 도와주는 것을 두려워하고 있었다. 그 때 이 이야기 속의 영웅적인 소년은 용감하게 선생님에게 가서 그 상황에 관한 모든 것을 말씀드리기로 결심했다. 그 교사는 집단 괴롭힘에 관하여 들은 후 교장에게 갔다. 성인들은 집단 괴롭힘이 계속 진행되고 있는 지 확인하기 위해서 함께 놀이터로 나갔다. 교사와 교장은 괴롭힘을 방지할 수 있는 방법을 논의할 그룹회의를 열기 위하여 부모들에게도 전화를 했다.

아이가 질투심을 다스리도록 도와주기

집에서 동생이 태어나 많은 관심을 받고 있을 때 유아들이 느끼는 질투심은 스트레스의 원인이 될 수 있다. 다행히도 더 높은 연령의 유아들은 더 높은 수준의 인지 능력이 발달되어 있다. 그들은 두 개의 서로 다른 그리고 때로는 정반대의 아이디어를 함께 수용할 수 있게 된다. 파란색 원은 파란색 항목으로 분류될 수도 있고 원으로 분류될 수도 있다. 파란색 원은 양쪽 모두의 특성을 갖고 있다. 질투심도 역시 두 개의 다른 감정으로 경험될 수 있다.

유치원에 다니는 형은 새로 태어난 아기 동생에게 많은 것을 가르쳐 줄 수 있다는 것을 진정으로 기뻐할 수 있다. 새로 태어난 아기는 형이 보이자마자 얼굴이 환해진다. 형이 짝짜꿍이나 다른 게임을 하며 놀아줄 때 아기는 더 즐겁게 웃는다. 그러나 아이는 엄마와 아빠가 이 작은 아이에게 주는 관심 때문에 아기를 원망한다. 아이는 서로 다른 감정 사이에서 균형을 유지해야만 한다. 멋지거나 끔찍한 것으로 사물을 지각하는 **절대적인(absolute)** 걸음마기 아이의 마음이 유아기에는 변화된다. 유아들과 행복함과 우울함을 모두 느끼는 이중적인 감정에 대해 이야기를 나누는 것은 그런 이중적인 감정들을 해결하려고 애쓰고 있는 아이들을 도와줄 수 있는 긍정적인 행동이다.

아이에게 다음과 같은 상황을 말해주어라. 생일파티에 간 한 아이는 생일 케이크, 아이스크림, 재미있는 게임들을 좋아한다. 그러나 생일을 맞은 아이가 자신이 간절히 원했던 것과 똑같은 휴대용 비디오 게임기를 선물로 받는 것을 보고 질투심도 느낀다. 기쁜 감정은 질투하는 감정과 뒤섞인다.

당신이 서로 다른 감정을 동시에 느낄 수 있다는 것을 알려줄 때 질투심으로 인해 갈등을 겪고 있던 아이는 자신의 혼란스러운 감정을 더 잘 다루게 될 수도 있다. 새로 생긴 아기 동생으로 인해 야기된 문제에 직면한 아이의 경우 질투심뿐만 아니라 아기를 웃게 만드는 자신의 능력에 자부심도 느낄 수 있다. 이 이중적인 감정을 깨달은 아이는 생각보다 질투심이 쉽게 진정될 수도 있다는 것을 발견할 수 있다. 이 새로운 통찰력을 통해 그 형은 자신이 아기 동생에 대해 느끼는 상반된 감정에 잘 대처해서 극복해낼 수 있을 것이라는 자신감을 갖게 된다.

결론

교사들은 아이들의 스트레스를 줄여주기 위해 다양한 스트레스 해소 기법을 사용할 수 있다. 교사들은 이 장에서 열거된 많은 기법을 자신의 것으로 만들 필요가 있다. 이 장에서 제시했던 것과 같은 아이의 스트레스를 다루기 위한 전략들은, 그들이 보살피고 있는 아이들의 스트레스를 감소시킬 때 효과가 있었던 전략들을 축적해서 그들 자신만의 자원을 만들어 나가기 시작하는 교사들과 전문가들에게 도움이 될 것이다.

연구문제

아이들을 위한 스트레스 해소 기법으로는 무엇이 있는가?

아이가 학교에서 괴롭히는 아이에게 어떻게 대응해야 하는 지에 대한 권장 방법으로는 무엇이 있는가?

왜 아이들에게 **보고하는 것**과 **고자질하는 것** 간의 차이를 설명해주는 것이 중요한가?

당신은 어떻게 아이들이 질투심을 잘 다루도록 도울 수 있는가?

CHAPTER 5

아이들을 위한 스트레스 감소 전략의 개인화

모든 교사는 아이들의 마음을 진정시키고 교실의 평화를 증진시킬 수 있는 자신만의 전략들을 확보해 둘 필요가 있다. 성인은 이러한 기법들을 개인화시켜서 각각의 개별적인 아이와 긍정적인 상호작용을 향상시킬 수 있다. 이 장에서는 아이들을 위한 몇 가지 스트레스 감소 전략들을 다룬다. 모든 아이를 대상으로 모든 상황에서 매번 효과가 있는 스트레스 감소 기법은 없다. 당신은 숙련된 관찰을 통해 각 아이에 대한 특별한 지식을 얻을 수 있다. 그리고 이 지식은 당신이 특별한 상황에 처해 있는 아이에게 맞추어 당신의 기법들을 조율할 때 도움이 될 것이다. 예를 들어, 아이와 힘겨운 상호작용이 지속될 때 당신은 아이를 들어 올려서 꼭 껴안아주는 것이 그 아이를 진정시킬 수 있는 좋은 방법이라는 것을 발견할 수도 있다. 당신의 독창적이고 예리한 통찰력은 스트레스 감소 방법을 각각의 아이에게 맞게 조율하려는 당신의 노력에 도움이 될 것이다.

신체적 접촉으로 위안을 주고 말로 안심시켜 주기

접촉은 마법과 같다. 접촉은 매우 중요하다(Honig, 2001). 마음이 상한 아이를 진정시킬 때 가능하면 부드러운 접촉을 사용하라. 손바닥을 펴서 길고 부드럽게 아이의 등을 어루만져 주어라. 처음 보육기관에 맡겨진 작고 어린 아이가 분리불안을 겪고 있을 때 그 아이를 안고 어루만져 주는 것이 아이의 스트레스 감소에 매우 중요하다. 아기를 안고 업을 때 캥거루 주머니와 같은 아기 포대기를 사용하면 당신의 몸의 온기와 움직임의 리듬이 전달되어 아기를 진정시키는 데 상당히 효과가 있다. 걸음마기 아이가 보육기관에 다니기 시작한 이후 낯가림이나 분리 불안으로 힘들어할 때 자주 안아주는 시간이 필요하다. 이 걸음마기 아이는 시간이 지나고 보육기관에 있는 것이 편안해지면 바로 자신의 자율성을 즐겁게 드러내고 웃으면서 교사로부터 대담하게 빠져나가려고 할 수 있다.

마음을 진정시켜 주는 마사지 해주기

만일 한 아이가 다른 아이들과 끊임없이 다툰다면 하루에 두 번씩 몇 분 정도를 그 아이와 보내는 특별한 시간으로 확보해 두어라. 이 시간을 이용해서 로션으로 아이의 등, 어깨, 팔, 손가락을 마사지해 주어라. 많은 아이들에게 마법과 같은 효력이 있다. 이 전략은 심지어 어떤 유아들은 자신이 스트레스를 느낄 때 "마법" 로션을 사용하여 부드럽게 어루만져 줄 것을 요청할 것이다.

영아를 위한 마사지 비디오를 참고하라. 아기의 몸을 이완시켜주는 인디안 밀킹(Indian milking), 스웨디쉬 밀킹(Swedish milking), 외륜(paddlewheel), 해와 달(sun and moon)과 같은 부드러운 마사지 동작들을 배워라. 마사지는 심신을 평온하게 해준다. 정기적으로 혹은 매일 마사지를 받는 아기들은 마사지에 미소와 여유로 반응하기 시작한다(Leboyer, 1976). 로션은 그 안에 여러 색의 알록달록한 반짝이가 들어 있는 것으로 준비해 두어라. 어떤 유아들은 매일 팔과 손의 마사지로 긴장을 풀어 줄 필요가 있다. 그리고 그들은 걱정을 완화시켜주는 더 강한 마력이 반짝이는 다채로운 색의 아름다운 로션에 있다고 믿는다.

학대를 받아온 아이의 경우 당신이 처음부터 바로 어루만져주면 뻣뻣해지거나 움찔할 수도 있다. 애정 어린 접촉을 증가시켜주기 위한 당신의 첫 시도로 그 아이의 등을 어루만져 주고 어깨를 부드럽게 쳐주어서 긴장을 풀어주도록 하라.

나지막한 목소리 사용하기

마음이 상한 아이를 진정시키기 위해 노력할 때 나지막한 목소리를 사용하라. 부드럽게 최면을 걸듯이 안심시켜주는 톤으로 천천히 말하라. 당신의 차분한 목소리가 스트레스를 완화시켜준다. 고통으로 인해 예민하게 행동하는 아이에게 격양된 목소리보다 나지막한 목소리로 반응하는 것이 아이의 마음을 진정시켜줄 것이다. 이 기법은 전화나 부모협의회에서 신경이 곤두서있어서 날카롭고 격앙된 소리로 말하는 성인을 상대할 때에도 매우 효과가 있다.

아이의 이름을 사랑스럽게 자주 불러주기

당신은 유아들이 어떻게 자신의 이름을 쓰는 지 알게 되었을 때 얼마나 자부심을 느끼는 지 목격했을 것이다. 이제 그들은 집에 가져가면 부모가 냉장고에 전시해줄 자신의 그림에 자랑스럽게 "서명"할 수 있다. 어떤 3세 아이는 부모가 지도해주면 이름의 철자를 쓰는 것은 물론 소리도 낼 수 있다. 각 아이의 이름을 사랑스러운 목소리로 자주 불러 주어라.

태어난 지 몇 주 밖에 안 된 아기들도 자신의 이름을 불러주는 것을 좋아한다. 품에 안긴 아기들은 부드러운 목소리로 자신의 이름을 부르는 사람의 얼굴을 찾고 주시하기 위해 머리를 돌린다. 만일 낮잠을 자던 아이가 갑자기 일어나서 짜증을 낸다면 당신이 즉석에서 만든 노래를 부드럽게 불러주어라. 그 노래를 부르는 동안 아기의 이름을 많이 언급해주어라. 아기는 자신의 이름을 듣기 위해 스스로 조용해질 것이다. 아기가 진정되면 당신은 아기를 좀 더 편안하게 안아서 달래고, 기저귀를 바꿔주고, 만족스러운 수유를 할 수 있을 것이다(Honig, 2005). 아침에 부르는 인사노래에 그룹에 있는 각 아이의 이름을 포함시켜라. 당신에게 친숙한 노래의 멜로디를 사용하라. "당신은 누구십니까? 나는 …… " 당신이 아침인사 노래에 참여하고 있는 아이들의 눈을 한명씩 차례로 웃으면서 바라보면 각 아이는 자신의 이름을 크게 부르면서 노래하듯("나는 ……," 단조로운 목소리로 노래하듯) 답을 한다.

아이의 관점에서 바라보고 스스로를 진정시키는 기회와 공간 제공하기

자아 존중감이 높은 아이들은 삶에서 지각된 위협이나 스트레스에 의해 덜 압도되는 경향이 있다. 당신이 아이가 관심을 보이고 즐거워하는 것에 대해 진심으로 즐거워할 때 아이는 한 사람으로 인정받는 느낌을 받는다. 아이의 호기심을 존중해주는 것이 아이의 자아존중감 향상에 도움이 된다. 그 결과로 형성된 아이의 자기 확신은 스트레스의 영향을 개선시킬 수 있는, 즉 스트레스로부터 지켜주는 방어요인이 된다. 이런 성인의 존중은 그룹에서 많은 문제를 일으키는 아이들에게 특히 더 중요하다. Kaiser and Rasminsky(2003)는 사랑스러운 예를 제공한다.

> 16명의 4세 아이들이 들판 끝에 있는 참나무를 향해 달리고 있었다. 한 교사는 앞에 그리고 다른 교사는 뒤에 있었다. Michael을 제외한 모든 아이들이 함께 달렸다. Michael은 혼자 오른쪽으로 빠져서 달려갔다. 교사는 Michael을 향해 다른 친구들과 같은 방향으로 달리라고 소리를 지르는 대신 그의 뒤를 따라갔다. 교사가 그에게 다가갔을 때 그는 작은 보랏빛 색을 지닌 꽃의 향기를 맡고 있었다. 마침내 눈이 녹고 봄이 성큼 다가오고 있었다. 그는 언뜻 보인 보랏빛 색에 사로잡혀서 자세히 살펴보길 원했다.

그 교사는 다른 아이들을 불러서 Michael이 찾아낸 것을 다 같이 보게 해 주었다. 아이들은 모두 꽃과 꽃의 색과 봄에 관하여 이야기하기 시작했다. 그들은 그들의 소풍을 봄을 알리는 것들을 찾아보는 활동으로 바꾸어 진행하기로 결정했다. 다른 아이들은 Michael에게 도움을 요청했고 그는 야외에서 놀면서 즐거운 시간을 보냈다. 만일 그 교사가 Michael이 발견한 것에 아무 관심도 보이지 않고 그에게 다른 아이들과 합류할 것만을 주장했다면 그의 자아존중감은 손상되었을 것이다. 그리고 그는 좌절감을 느꼈을 것이다. 그리고 그는 자신이 간절히 원하는 인정을 받기 위해서 부적절한 행동을 했을 수도 있다. 그의 관점에서 사물을 바라보아 준 것은 사건을 긍정적인 방향으로 전환시켰다. 이 경험은 자연스럽게 발생한 훌륭한 과학 수업이 되었을 뿐만 아니라 다른 아이들이 모두 Michael이 상당히 똑똑하다고 생각하게 되는 계기가 되었고 Michael은 스스로를 아주 자랑스럽게 여기게 되었다(p. 108).

과제가 다소 어려울 때 눈에 띄지 않게 도와주기

아이들이 열심히 노력해서 스스로 수행해낼 수 있는 과제가 있는 반면 너무 쉽거나 어려운 과제도 있다. 아이들은 과제가 너무 쉬울 때 들썩이고 지루해하는 경향이 있다. 또 과제가 너무 어려울 때에는 좌절감을 느끼기도 한다. 러시아의 아동발달 이론가인 Vygotsky(1978)는 주어진 과제가 아이들의 현재 발달수준보다 조금 더 어려울 때 교사의 도움이 아이 학습과 성취에 아주 중요하다고 가르쳤다. 성인이 제공하는 이런 작은 도움이 아이의 학습 능력을 훨씬 더 향상시키고 만족스러운 결과를 얻게 한다는 것이다. Vygotsky는 아이가 성인의 도움을 받아서 할 수 있는 수준과 자기 스스로 할 수 있는 수준 간의 차이를 근접발달지대(zone of proximal development: ZPD)라는 용어로 표현했다. 성인의 지원으로 아이는 자신이 혼자서 이룰 수 있는 것 이상의 인지나 사회학습 과제를 성공적으로 해낼 수 있다(Daniels, 2005; Langford, 2005).

> Tamar는 Jonathan선생님의 무릎 위에 앉아서 작은 블록들로 탑을 쌓고 있었다. 그녀는 또 하나의 블록을 올려놓기 위해서 쌓아 올린 블록들이 흔들리지 않도록 균형을 잡기 위해 애를 쓰고 있었다. Jonathan선생님은 눈에 띄지 않게 자신의 손으로 그녀의 팔꿈치를 안정되게 받쳐주었다. Tamar는 쌓아 놓은 블록들을 안정되게 잘 배열해서 그 블록을 아래 블록들 위에 잘 올려놓을 수 있었다. 비로소 그녀는 긴장을 풀고 행복하게 웃었다.

먼저 얼마나 많은 도움이 필요한 지 결정하라. 그리고 성인이 그 과제에 직접적으로 관여하지 않으면서도 아이가 성공할 수 있도록 도움을 주는 방법을 결정하라.

아이의 자기 위안 욕구 수용하기

당신은 스트레스를 받은 어린 아이가 자기 자신을 위로해줄 수 있는 방안을 멋지게 찾아내는 것을 목격한 적이 있는가? 갑자기 엄지손가락을 입에 넣고 빠는 아이들이 있는가하면 자신의 소중한 담요를 볼에 대고 비비는 아이들도 있다. 예배드리는 좌석에서 엄마는 자신의 무릎에 앉아 입으로 소리를 내고 있는 15개월 된 아이에게 계속해서 손가락을 입에 대고 '쉿' 하며 조용히 하라고 부드럽게 말했다. 그 작은 여자 아기는 아래를 내려다보고 엄마가 가지고 다니는 가방을 뒤적거리다가 플라스틱 케이스에서 고무 젖꼭지를 끄집어냈다. 아기는 의기양양하게 그리고 행복하게 고무 젖꼭지를 자신의 입에 넣었고 아기의 얼굴 표정은 기쁨으로 환하게 빛났다. 아기는 자신의 방식으로 그 문제를 해결했다.

낮잠 시간에 "애착 대상물"(특별한 담요나 봉제 동물인형)을 허용하는 것에 관대해져라. 어떤 아이들은 보육기관에 갈 때 부모들과 헤어지는 것을 몹시 힘들어한다. 심지어 상당히 쉽게 적응하는 아이들도 그들이 피곤하거나 아플 때에는 더 스트레스를 받게 되고 그들의 애착 대상물의 위로가 필요해진다. 몸이 불편하거나 속이 상할 때 아이의 마음을 편안하게 해주는 각별한 애착 대상물을 잘 간직할 수 있는 안전한 장소를 개인 보관함에 마련해 주어라.

만일 당신이 유아의 애착 대상물 사용을 불편하게 느낀다면, 나중에 아이가 성장해서 대학에 다니면서도 자신의 각별한 담요를 가지고 다닐까 봐 미리 걱정하기보다 아이가 현재 필요로 하는 것에 집중하도록 노력하라. 분명한 것은 초조한 마음으로 중요한 비지니스 프리젠테이션을 준비하면서 담요를 가지고 다니며 위로를 받는 성인은 없다는 것이다. 한 연구에서는 교사들이 영아와 걸음마기 아이들이 힘들 때 위안을 얻을 수 있는 고무 젖꼭지나 애착 대상물의 필요성을 잘 알고 있다는 것을 보여준다(Honig, Kim, Ray, & Yang, 2006). 그러나 유아기 연령의 아이도 안정을 찾기 위해 자신의 위안물(comfort object)이 필요할 수 있다. 낮잠 시간에 사용하기 위한 각 아이의 특별한 위안물을 개인 보관함에 간직할 수 있게 해주어라. 많은 아이들이 유아기까지 초조하거나 불안함을 느낄 때 엄지손가락을 빠는 것과 마찬가지로 많은 아이들은 그것이 부드러운 동물 인형이든 작은 담요이든 낮잠시간에 꼭 껴안고 잘 수 있는 그들의 각별한 애착 대상물도 필요로 한다. 그룹 보육에서는 친구들과 공유하는 것에 익숙해져야 한다. 그러나 애착 대상물은 각 아이가 자신의 자기위안을 위해 창의적으로 만들어낸 자기만의 특별한 긴장감소물이다. 아이들에게 만일 그들이 원한다면 낮잠시간에 자신의 애착 대상물을 곁에 두고 휴식을 취할 수 있다는 것을 알려주고 안심할 수 있게 해주어라.

때로는 사랑하는 교사의 의복이 아이의 돌발적인 공격행동을 진정시킬 수 있다. 센터에서 교사가 소그룹의 유아들에게 동화책을 읽어주고 있는 동안 Sandy는 갑자기 몸을 구부려서 옆에 앉아있던 아이의 팔을 심하게 물었다. 이전에도 교사들이 여러 대처 방안에 대한 이야기들을 나누었었다. 그러나 Sandy의 충동적으로 상처를 입히는 돌발적인 행동은 지속되었고 아이들은 좌절감을 느끼고 두려워하게 되었다. Sandy의 어머니는 교사의 걱정을 대수롭지 않게 여기고 Sandy가 정말 "남자다운 아이"라고 말했다. 교실에서 발생한 이 스트레스의 해결 방안은 Sandy와 Lars 선생님과의 애착관계에서 찾을 수 있었다. 자신이 태어나기도 전에 아버지가 가족을 버리고 떠나버린 Sandy는 Lars선생님에게 깊은 애착이 형성되었다. Lars선생님이 Sandy와 일대일로 퍼즐을 하거나 그를 무릎에 앉히고 동화책을 읽어줄 때 Sandy는 다른 아이들에게 상처를 입히는 충동적인 행동을 자제하고 조용히 지속적으로 주의를 기울일 수 있었다. Lars선생님은 Sandy가 자신의 넥타이를 무척 마음에 들어 한다는 것을 알게 되었다. Sandy의 내적통제를 돕는 데 효과가 있었던 것은 자신이 가장 사랑하는 선생님의 넥타이를 매고 싶은 깊은 열망이었다. Sandy는 자신이 다른 아이에게 상처를 입히는 행동을 자제하는 동안은 Lars선생님이 자신의 넥타이를 맬 수 있는 특권을 줄 것이라는 것을 학습했다. 만일 Sandy가 자기 통제를 하지 못하면 그 넥타이는 남은 하루 동안 선반 위에 놓아두었다. 교사들은 아이의 스트레스를 줄여주고 자기통제를 향상시켜줄 수 있는 **개인화**된 기법을 찾아내기 위한 창의적인 노력이 필요하다(Honig, 2008).

어떤 아이들은 내면의 동요되는 감정을 달래기 위해 한 가지 장난감이나 활동에 집착한다. 이것은 우리에게 연재만화의 등장인물인 Linus가 Lucy나 Snoopy라는 강아지가 자신의 담요를 잡아채가기 위해 나타날 때까지 불안감을 떨쳐버리고 꿈결 같은 평화로운 상태에 도달하기 위해 필사적으로 자신의 엄지손가락을 빨면서 담요를 뺨에 비벼대던 방법을 상기시켜 줄 수도 있다.

집에서 소리를 지르며 싸우는 부모 때문에 마음이 동요된 다섯 살인 Robbie는 아동센터의 마룻바닥에 누워서 Sendak(2003)의 **괴물들이 사는 나라(Where the Wild Things Are)**라는 동화책의 책장을 넘기곤 했다. 그는 현실에서 느끼는 내면의 무력감을

책의 책장을 반복적으로 넘기면서 진정시킬 수 있었다. 그 책에 그려져 있는 사나운 괴물들은 그 책장들 안에 안전하게 들어가 있었다. **괴물들이 사는 나라**에서 Max는 자신의 엄마에게 반항하는 작은 남자아이다. 자신의 방으로 보내진 Max는 많은 괴물들이 광적으로 춤을 추는 섬을 향해 항해하는 상상을 한다. 그 이야기의 끝부분에 Max는 자신이 괴물들을 뒤로하고 떠날 결정을 할 만큼 강해졌음을 느끼고 배를 타고 집으로 돌아온다. 다시 자신의 침실로 돌아온 Max는 엄마가 침대 바로 옆 작은 테이블 위에 남겨 둔 그의 저녁 식사를 발견한다. 이 책을 여러 번 반복해서 선택한 Robbie는 자기 안에 있는 괴물들의 분노와 광란의 익살스러운 행동에 의해 자신이 휩쓸릴 것을 두려워하지 않고 괴물들과 직면할 수 있다는 확신을 얻었다. 이 책을 보려는 그의 강박적인 욕구는 스트레스를 다루기 위한 자신만의 방식이었던 것이다. 그는 이 기법을 자기 스스로 선택했고 통찰력이 있는 Robbie의 교사들은 이것을 이해하고 그의 강한 욕구와 해결책을 존중해주었다.

스트레스 받은 아이를 일시적으로 진정시켜줄 수 있는 강박행동

집에서의 갈등으로 인해 스트레스를 받은 Freddy는 자기 자신을 진정시키기 위해서 교실의 낮은 테이블 위에 놓여있는 장난감 집에 작은 자동차 장난감을 밀어 넣는 행동을 선택했다. 아이는 자신이 밀어 넣은 자동차가 장난감 집의 뒷문을 통과할 때까지 주의 깊게 지켜보았다. 자동차는 판지로 만들어진 장난감 집의 뒷문을 통과한 후 교실바닥으로 추락했다. 그는 다시 장난감 차를 집어 들고 그 집을 향해 돌진하도록 밀어서 추락시켰다. 그는 집에서 겪었던 경험과 유사한 충돌 경험을 반복해서 재연했다. 통찰력이 있는 그 아이의 교사는 이런 반복적인 행동이 그의 긴장을 풀어 줄 수 있을 것으로 생각했다. 교사는 아이의 주의를 다른 곳으로 전환시키려는 시도를 했어야 하는가? 교사는 아이의 혼자 있는 시간을 줄여주고 다른 활동으로 그를 유도하려는 시도를 했어야 하는가 아니면 잠시 기다려주었어야 하는가? 아이의 스트레스를 **다루는 방법**과 **다루는 시기**의 선택에 관한 의사결정은 전문가들에게도 어려운 일이다. 이 사례에서 교사는 Freddy가 그 행동을 계속 할 수 있게 해주는 현명한 결정을 하였다. 아이는 약 5분 정도 그 게임에 집중했고 이 반복놀이를 통해 아이는 진정되는 것 같았다. 그러고 나서 교사는 Freddy를 포함한 모든 아이들과 함께 동화책을 읽어주는 시간을 시작할 수 있었다.

초등학교 교사들은 Game Boy와 같은 휴대용 비디오게임에 집착해서 그 게임 외엔 주변에 무슨 일이 일어나고 있는 지 전혀 관심이 없는 아이들이 있다고 말한다. 가끔 그런 유형의 장난감에 빠져서 등을 구부리고 있는 아이들은 마치 그런 행동이 자신을 괴롭히는 성인들의 세계를 차단시킬 수 있다고 생각하는 것 같다. 그들은 자신의 내적 평안이 그 전자기기에 달려있는 것처럼 행동한다. 그들은 그 장난감에 집착한다. 그리고 이 전자 위안물(electronic comfort object)에 대한 강박적인 욕구는 교사는 모를 수도 있는 가려진 근원적인 삶의 스트레스를 드러내 보이는 것일 수도 있다.

현명한 성인들은 아이들이 자신의 내적 고통을 다양한 행동과 상호작용으로 드러내 보인다는 것을 알고 있다. 특별한 위안물을 표상하기 위해서 아이가 특정한 방식으로 배열한 블록처럼 때때로 위안물은 상징적인 것일 수도 있다. Paley(1990)는 네 살 된 Jason이 자신의 스트레스를 줄이기 위해 사용하고 있는 이런 기법을 생생하게 기술한다. 그녀의 교실에서 Jason은 매번 블록을 헬리콥터처럼 배열했다. 그러고 나서 그는 필사적으로 헬리콥터가 되는 놀이를 했다. 이 역할에 대한 그의 집착은 내적 문제와 동요로부터 그를 자유롭게 해주었다. 이 소중한 소유물을 이용한 Jason 혼자만의 상상 놀이는 분리와 위험에 대한 그의 복잡한 감정을 극복해낼 수 있도록 도와주었다. Paley는 Jason이 집을 떠나 학교에 있을 때 상실감을 느낀다는 것을 깨달았다. 그녀는 Jason이 상상 속의 헬리콥터가 되고 수리하고 자리를 찾아주고 비행하는 것처럼 가장하는 그의 필사적인 욕구에 관하여 깊이 생각했다. 통찰력이 있는 그의 교사는 이 헬리콥터가 "그를 학교에서 집으로 구조해주는 역할을 할 것이다. Jason의 [놀이]가 우리에게 말하려고 하는 궁극적인 두려움과 상실은 분리이다"라고(p. 147) 추론했다.

아늑한 은신처 마련하기

스트레스를 받은 아이는 교실 안에 긴장을 풀 수 있는 안전하고 조용한 공간이 필요하다. 이미 이런 공간의 필요성을 섬세하게 감지한 일부 교사들은 교실의 조용한 한쪽 구석에 푹신한 의자와 포근한 쿠션들을 함께 마련해놓았다. 교사들은 아이들을 그 장소로 초대하기 위해서 근처 낮은 선반 위에 그림책들을 준비해 놓는다. 어떤 교사들은 조용한 구석의 마룻바닥 위에 푹신한 매트리스나 담요를 베게들과 함께 마련해준다. 한 교사는 아이들이 긴장을 풀 수 있도록 구석에 캐노피를 설치하였다. 그녀는 교실 뒷벽의 근처 바닥에 견고하고 안전한 봉을 설치하기 위해 부모들에게 도움을 요청했다. 그들은 봉 위에 가볍고 부드러운 천으로 된 커튼을 걸쳐놓았다. 그리고 아이가 화가 날 때 가서 쉴 수 있는 안전한 장소라는 것을 알리기 위해서 캐노피 안에 가벼운 양탄자와 몇 개의 베게들을 준비해 주었다. 새롭게 만들어진 이 아늑한 공간에 매료된 유아들은 그 천에 반짝이는 작은 별 모양의 스티커를 붙이자고 제안하였다. 유아들은 모두 그 천에 끈끈한 별 스티커를 붙이는 작업을 도왔다. 캐노피가 마련된 후 아이들은 긴장을 풀기 위해 누워서 머리 위에 있는 천으로 된 캐노피의 "별이 빛나는 하늘"을 행복하게 바라보았다.

각 아이의 보관함에 개인 사진첩 간직해두기

가족에게 요청해서 각 가족 구성원의 사진을 지원받도록 하라. 아이가 가족 구성원과 사랑스러운 포즈를 취하고 있는 사진을 요청하라. 만일 가족이 사진을 제공할 수 없다면 센터에 올 수 있는 지역 봉사자들을 찾도록 노력하라. 가족의 허락을 받고 그 봉사자들의 도움을 받아서 각자 음식을 가지고 오는 저녁 식사(potluck supper)와 같은 센터의 특별한 행사에서 가족 구성원과 함께 있는 각 아이의 사진을 찍도록 하라. 가능하다면 동물원이나 가족상봉을 위한 특별한 가족 여행 사진을 추가하라. 만일 아이가 교실에서 목적 없이 방황하고 있다면 특별한 사진첩을 보러 가자고 요청하라. 아이에게 가까이 다가앉아라. 그리고 함께 천천히 사진첩을 넘겨라. 사진에 있는 사랑하는 가족들을 보는 것은 아이에게 용기를 북돋아준다. 만일 아이가 언어표현이 가능하다면 아이와 함께 편안하게 앉아 추억을 회상하면서 각각의 사진에 관해서 물어보아라. 이런 나눔을 진정으로 즐기면서 아이가 긴장을 풀 수 있게 해주어라.

아이의 스트레스 요인을 예방하는 방법

혼란 줄이기

만일 아이가 너무 많은 자극물들로 인해 시각적으로 압도되어 한 활동에 집중하지 못하고 지속적으로 주의가 산만하다면, 당신의 공간 장식을 재고해보아라. 아이가 극복해낼 수 없는 너무 많은 자극으로 인해 발생하는 스트레스를 줄여주기 위해 교실공간을 둘러보아라. 대부분의 아이들은 당신이 화사하게 꾸미기 위해 교실의 모든 벽에 걸어놓은 다채로운 아이들의 그림을 보고 좋은 기분을 느낄 수 있다. 그리나 과민한 아이는 모든 벽을 덮고 있는 밝은 색들로 인해 압도되는 느낌을 받을 수도 있다.

과소반응(underreactive)을 하는 아이를 위해서는 Greenspan의 "변조와 규제게임(modulation and regulation games)"을 하라. 아이와 함께 매우 느리게 시작해서 빠르게 또 매우 빠르게 움직이는 게임을 하라. 이 게임을 매우 빠른 단계부터 매우 느린 단계까지 다른 방향으로 시도하라. 유아가 드럼을 치게 하라. 속도의 차이를 느껴보게 할 뿐만아니라 지켜보게도 하라. 일대일 활동에서 아이에게 부드러운 목소리를 내보게 한 다음 더 큰 소리를 내보게 하고 그 다음 더 큰소리에서부터 더 부드러운 소리까지 내보게 하라. 이런 활동들은 아이가 감각 자극의 수준을 조절할 수 있게 해주고 자신의 몸이 이런 감각들을 어떻게 만들어내는 지 알게 해준다.

체육실에서의 그룹놀이 시간으로 인해 스트레스를 받는 아이를 위한 대체공간 찾기

그룹과 함께 하는 체육시간에 아이가 뛰쳐나가고 참여하길 거부할 때 창의적으로 생각하라. 한 학교의 교사들은 나에게 어떤 아이로 인해 그들이 얼마나 당혹감과 좌절감을 느꼈는 지에 대해 말했다. 교사들이 체육실에서의 놀이시간을 알릴 때 그 아이는 교사들을 고집스럽게 때리고 발로 찼다. 감각-처리문제(sensory-processing troubles)가 그 소동의 원인일 수 있다는 것을 기억하라. 그 아이에게 안전한 대체공간을 마련해 줄 수 있는 방법을 함께 브레인스토밍 해보아라. 원장은 체육실이나 실외에서 놀이를 하는 동안 대부분의 아이들이 즐기는 소음과 거친 움직임을 참아낼 수 없는 아이를 위해 혼자서 조용하게 놀 수 있는 특별한 장소를 사무실 안에 마련해 줄 수도 있다. 성인들이 감각통합문제(sensory integration difficulties)가 있는 아이의 상황에 맞는 해결책을 찾아줄 때 아이의 스트레스는 상당히 줄어들 수 있다. 교사들은 특정한 스트레스 행동이 아이의 민감한 감각의 징후일 수 있음을 알아낼 수 있는 예리한 탐정가가 될 필요가 있다. 각각의 아이에게 적합한 개별화된 지원 방안이 요구된다.

아이들이 작업하는 동안 지저분해지는 것 수용하기

아이들은 지저분해질 수 있다. 비누와 물이 있어서 정말 다행이다. 작업복과 플라스틱 가리개가 있어서 감사하다. 만일 아이들이 새로운 모험을 즐기는 동안 당신이 어느 정도 지저분해지는 것을 수용해주고 태연하게 차분한 태도로 정리하는 것을 도와 줄 것이라는 것을 안다면, 아이들이 핑거페인팅과 같은 새로운 경험의 기회를 즐길 가능성이 더 높아질 것이다. 성인들이 너무 엄격할 때 어떤 어린 아이들은 감각통합문제가 없음에도 불구하고 점토나 끈적거리는 옥수수 전분과 같은 지저분해지는 활동을 시도해보려는 모험을 하지 않을 것이다.

Cobie는 플레이도우를 만지거나 핑거페인팅을 하거나 면도크림을 사용하는 것과 같은 지저분해질 수 있는 미술활동에는 참여하고 싶어하지 않았다. 그는 이젤에 붓으로 그림을 그리는 것을 좋아했다. 그는 손가락이 끈적거리거나 지저분해졌을 때 힘들어했다. Cobie가 끈적거리는 것을 불편해 한다는 것을 깨달은 교사는 손으로 끈적거리는 자료들을 만져야 하는 미술활동이 계획되었을 때 Cobie에게 다른 아이들과 같은 자료를 사용하도록 강요하지 않았다.

사전에 무슨 일이 일어날 지 정확하게 말해주기

경증의 인지처리문제(mild cognitive processing difficulty)가 교사의 제안에 망설이는 아이 행동의 원인일 수도 있다. Tessa는 현장학습을 갈 것이라는 발표에 긴장하기 시작했다. 교사는 Tessa가 무슨 일이, 언제, 어떻게 진행될 것인 지를 정확하게 알아야만 한다는 것을 숙지하고 이해하기 쉬운 말로 인내심을 갖고 설명해주는 시간을 가졌다. 교사는 가까운 공원에 있는 꽃 정원과 놀이터에 가기로 계획된 현장학습에 관하여 간결하고 차분하게 말해주었다. 교사는 Tessa가 공원에서 분홍색 히아신스 꽃의 향긋한 냄새를 맡아볼 수 있을 것이라는 기대감을 갖도록 유도했다. 각 아이의 독특한 정서적 특성을 이해하는 것은 아이의 삶에서 스트레스를 줄여주고 편안함과 여유로운 느낌을 증가시켜줄 수 있는 우리의 능력을 심화시켜준다.

아이의 잘못된 행동을 더 잘 이해하기 위해 재구성기술 사용하기

새로 전학 온 아이가 그를 멀리하는 다른 아이들에게 거만하게 행동한다고 가정하자. 어린 아이들도 이미 서로 상당히 친숙해지고 편안해진 그룹의 아이들과 친해지는 것이 어려울 수 있다. 거만하게 행동하는 것은 또래들의 마음을 돌아서게 만든다. 당신은 새로 전학 온 아이가 그 그룹에서 잘 지내기 위한 다른 방법을 찾아낼 수 있도록 도와줄 필요가 있다. 교사나 양육자로서 당신은 그 새로 들어온 아이가 왜 이런 식으로 행동하는 지 이해한다.

기분이 언짢아서 심술궂게 행동하는 아이가 있다. 이 아이는 엄마가 아기를 낳기 위해 병원에 입원해있기 때문에 이런 식으로 행동할 수 있다. 아이는 할머니가 집에서 잘 보살펴 주는데도 불구하고 불안함을 느낀다. 아이가 주변을 어지럽히는 것처럼 보일 때 만일 당신이 이런 행동을 아이의 과학적 탐색으로 재구성해서 생각한다면, 좀 더 편안하게 느껴질 것이다.

아기가 빵 한 조각을 잡고; 손가락으로 움켜쥐며; 유아용 높은 의자의 선반 위에 놓인 자신의 컵 안에 남아있는 우유에 담가; 질척해져서 우유가 뚝뚝 떨어지는 덩어리를 위로 들어올리며; 그의 손가락으로 덩어리를 뭉개고; 그 뭉개진 빵을 맛보기 전에 감탄하며 바라볼 때, 이 아기는 자신의 양육자가 더 많은 일을 하도록 만들기 위해 애쓰고 있는 것이 아니다. 이제 막 시작하는 신예 과학자로서 그는 단지 물질의 변형을 실험했을 뿐이다. 아기는 빵조각이 우유에 적셔졌을 때 확실히 다르게 보인다는 것을 배웠다. 젖지 않은 빵조각은 젖어서 액체가 뚝뚝 떨어지는 빵조각과는 맛이 다르다는 것을 배웠다. 당신이 아기의 이런 행동을 이제 막

싹트기 시작하는 과학적 탐색으로 재구성하여 생각한다면 당신이 그 행동을 관찰하는 동안 당신의 어린 과학자가 물질의 변형에 관해 무언가를 배우고 있다고 지혜롭게 결론지으며 미소를 지을 수도 있다(Honig, 1996).

질책보다는 관심전환

관심을 다른 곳으로 돌리게 만들기

아주 어린 아이를 대상으로 긴 설명을 하는 것은 어른과 걸음마기 아이 모두를 지치게 한다. 걸음마기 아이는 다른 아이가 특정 장난감을 계속 갖고 놀아서 자신이 갖고 놀 수 없을 때, 짜증을 낼 수 있다. 우리는 걸음마기 아이의 부적절한 행동에 대해 긴 논의를 시작하려는 유혹을 받을 수 있다. 하지만 **전환기법(distraction technique)**을 사용하면 그와 같은 스트레스 상황을 쉽게 진정시킬 수 있다. 만일 그 행동이 심각하게 잘못된 것이 아니라면, 전환기법을 사용해서 아이가 스트레스 상태에서 빨리 빠져나올 수 있게 해주어라.

장난감을 들고 있는 한 걸음마기 아이가 친구를 뒤쫓는 데 여념이 없다. 아이는 들고 있는 장난감으로 친구를 때리려는 것으로 보인다. 당신은 긴 훈육을 하는 대신 아이를 들어 올려서 사랑스럽게 안아줄 수 있다. 그를 빙빙 돌려주면서 나무 못을 꽂는 판(pegboard)을 활기차게 두드리고 있는 아이들, 기차 트랙을 갖고 놀고 있는 아이들, 교사의 도움을 받으며 반구형의 지오데식 돔을 오르고 있는 아이들이 있는 곳을 바라보도록 해주어라. 아이가 크게 관심을 보이는 활동을 향해 걸어가라. 걸어가는 동안 그 멋진 활동에 대해 행복하게 이야기해주어라.

이 기법은 **마법의 삼각형(magic triangle)** 기법이라고도 한다(Honig, 1982a). **마법의 삼각형**의 두 기준점은 상호작용하는 성인과 아이를 개념화한 것이고 삼각형의 꼭짓점은 새롭게 등장한 흥미로운 사건을 개념화한 것이다. 이 **마법의 삼각형**은 상호작용하는 성인과 아이에게만 집중하기보다 때로는 새롭게 등장한 흥미로운 사건에 집중하는 것이 아이의 스트레스 해소에 도움이 될 수 있다는 것을 보여주는 것이다. 아이가 주제, 사건, 활동, 전망, 혹은 이야기책에 매료되고 집중할 수 있게 해주어서 소란을 피우거나 부정적으로 행동하는 것보다 그 새롭고 흥미로운 활동에 더 집중할 수 있게 해주어라. 당신이 아이의 호기심과 관심을 사로잡을 때 아이는 짜증이나 화를 내는 행동보다 그 흥미로운 사건에 더 주의를 기울인다는 것을 목격한 적이 있는가?

비 오는 날 바깥 놀이를 할 수 없었던 아이들은 짜증을 냈다. 교사는 짜증을 내는 걸음마기 아이를 안고 창으로 가서 밖에서 무슨 일이 일어나고 있는 지 보여주었다. 그들은 빗방울이 유리창에 미끄러지듯 내려오는 것을 함께 바라보았다. 그들은 바람이 심하게 불어 지나가는 사람의 우산이 뒤집히는 것을 목격하였다. 교사는 그 남자가 얼마나 힘들 지에 대해 이야기했다. 교사는 무슨 일이 일어날 수 있는 지 그 아이의 귀에 들리게 중얼거렸다. 밖에 있는 저 남자는 흠뻑 젖었겠다. 교사는 그의 우산이 망가진 것을 손으로 가리켜 보여주었다. 걸음마기 아이는 곧 이 사건에 몰두하게 되었고 짜증을 내던 그의 기분은 초롱초롱해지고 흥미로워하는 상태로 바뀌었다.

부드러운 "마법" 시도하기

강한 기질을 지닌 어린 아이들은 넘어져서 피가 나는 상처를 입었을 때 깜짝 놀라거나 슬퍼하는 반응을 보일 수 있다. 반면에, 어떤 아이들은 혹이 나거나 멍이 든 것을 보고도 스스로 일어나서 계속해서 논다. 당신의

"마법"은 스트레스를 완화시켜줄 수 있다. 상처를 입은 걸음마기 아기가 당신에게 와서 자신의 상처에 입을 맞추어 달라고 요청할 때 당신이 위로해주고 그 상처나 혹에 입을 맞추어 주면 아이는 바로 놀던 곳으로 다시 뛰어 갈 수 있다는 것을 목격한 적이 있는가? 때때로 당신의 "마법"의 입맞춤과 같은 간단한 "마법"이 놀라운 효과를 보여준다.

> 한 교사는 아이들의 스트레스를 완화시켜주기 위해서 "마력을 발휘하는" 깃털로 만들어진 먼지떨이를 교실 앞문 근처의 벽에 걸어두었다. 어느 날 아침 한 아이가 숙련된 교사가 이 기법을 사용하는 교실로 들어왔다. 집에서 가족들이 모두 급히 서두르며 소리를 지르는 것을 경험한 이 아이는 분노와 좌절감을 느끼고 있었다. 그 유아는 교실에 들어오자마자 교사에게 말했다. "Carol선생님, 마력을 발휘하는 깃털 먼지떨이로 나쁜 느낌들을 모두 사라지게 해주세요!"(Honig, 2004b).

그 아이디어에 익숙해진 아이들이 긴장과 분노를 느끼며 교실에 들어올 때 당신은 그 "마력을 발휘하는" 깃털 먼지떨이를 조심스럽고 부드럽게 사용하는 것을 기쁘게 생각하게 될 것이다. 어깨부터 시작하여 아래쪽으로 내려가면서 긴장을 풀어주기 위해 그들의 옷을 털어주어라.

질문을 사용하여 자아존중감을 지원하는 예술

아이들의 흥미 유발을 위해 소크라테스식 개방적인 질문 사용하기

교사들이 던지는 대부분의 질문은 네 또는 **아니오**라는 답을 요구하거나 한 가지 정답을 갖고 있다("화장실에 가고 싶니? 이 공은 무슨 색이니?"). 이런 질문을 수렴적 질문(convergent question)이라고 한다. 당신이 **소크라테스식** 혹은 개방적인(open-ended) 질문을 사용할 때(때로는 확산적 질문(divergent question)이라고도 하는) 아이는 좀 더 흥미를 갖고 도전할 가능성이 높다. Sigel과 Saunders의 연구(1979)에 의하면 확산적 질문은 아이가 현재의 실제 사건으로부터 **거리**를 두고 생각할 수 있도록 돕는다. 아이는 당신의 질문을 통해서 과거의 사건을 회상하고 묘사하거나 미래 일어날 수 있는 사건에 대해 생각해보는 동기를 부여받는다. 개방적 질문은 아이가 의사소통을 더 많이 하도록 자극하고 아이와 성인 간의 친밀감을 향상시킨다. "너는 어제 피크닉에서 무엇을 먹었니? 너는 울고 있는 Jimmy를 위로하기 위해서 무엇을 할 수 있을까? 너의 사촌이 놀러올 때 그녀와 함께 어떤 게임을 하고 싶니? 어떤 것이 너의 소중한 유희왕(Yu-Gi-Oh) 카드니? 이 카드들이 왜 그렇게 소중한 지 나에게 말해줄 수 있니? 카드에 관하여 나에게 가르쳐주어서 고맙다."

아이들은 어른들에게 애완 동물인 이구아나나 포켓몬 카드와 같이 자신이 관심을 갖고 소중히 여기는 주제에 관하여 설명해주는 것을 좋아한다. 부적절한 행동을 많이 하는 아이들도 자신이 좋아하는 주제에 대해 선생님이 진심으로 관심을 보일 때 그리고 특별히 어떤 주제에 관하여 자신이 선생님보다 더 많이 알고 있다고 느낄 때 자신의 생각과 흥미를 선생님에게 설명해주는 데 온전히 몰입하게 될 수도 있다. 당신이 지속적으로 소크라테스식 질문을 하면서 당신의 진심 어린 관심을 보여줄 때 그 아이들의 자아존중감을 높여준다.

특정 아이의 두려움에 대해 더 알아내기 위해 소크라테스식 질문 사용하기

유아들은 텔레비전의 무서운 프로그램에서 보았던 마녀, 강도, 혹은 못된 괴물에 관한 두려움을 갖고 있다. Levine(2004)은 우리에게 아이들이 힘들어하는 두려움을 존중해 주어야 하고 그들을 안심시킬 수 있는 방법을 찾아주어야 한다는 것을 일깨워 주었다. 그녀는 아이와 대화하는 것이 얼마나 중요한 지에 관해 설명했다.

> 4살인 Noah는 몇 달 동안 내가 있는 유치원에 다녔다. … 어느 날 아침 내가 교실에 들어갔을 때 그는 "나에게 가까이 오지 마세요!"라고 비명을 지르며 나를 피해 달아났고 나는 충격을 받았다. 그는 몹시 두려워하였다. 나의 새 신발이 문제인 것 같았다. 내 신발은 검정색이었고 Noah의 말에 따르면 마녀들은 검정색 신발을 신는다. [교사는 교실을 나가서 신을 벗고 양말만 신고 들어올 수 있었다. 그녀는 Noah와 함께 앉아서 조심스럽게 질문하였다.] 그는 내가 그 검정 신발을 신었을 경우에만 두려운 마녀라고 분명하게 말했다. 나는 그에게 단지 신말만 두려웠던 것인 지 물었다. 나는 그를 조심스럽게 격려하면서 내가 벗어둔 신발들을 보기 위해 현관으로 데리고 갔다. 나는 그에게 어떻게 그 신발이 누군가를 마녀로 변신시킬 수 있는 치에 대해 이야기해보도록 했다. "만일 남자가 그 신발을 신는다면 어떻게 될까?" "우리가 그 신발을 빨간색으로 칠한다면 어떻게 될까?" 나는 그 아이가 이 신발을 덜 무섭게 느낄 수 있는 방법을 스스로 찾아보도록 그에게 통제권을 주었다. 그는 자신이 그 신발을 신어보겠다는 아이디어를 제안했다. "왜냐하면 나는 내가 마녀가 아니라는 것을 알기 때문이에요"라고 그가 말했다. 그 아이는 이 신발이 나도 변화시킬 수 없다는 것을 알게 되었다. 그 후 나는 그 검정 신발을 다시 신을 수 있게 되었다. 나는 그에게 말도 안 되는 소리를 한다거나 다 큰 아이는 그 정도로 어리석지는 않다고 말한 적이 없다(Levine, 2004, p.1).

긍정적인 특성 말해주기

아이가 자신이 사랑스럽지 못하거나 실망스러운 존재라는 느낌 때문에 스트레스를 받을 때 교사는 이런 아이의 자신감을 높여줄 수 있는 소중한 후원자가 될 수 있다. 아이의 작은 긍정적인 행동과 성취도 주목하고 있다는 것을 보여주면서 아이의 **구체적인 행동들에 대해 즐거운 마음으로 언급**할 때마다, 당신은 아이가 자기 자신을 착하고 귀중한 사람이라고 느끼도록 돕는 것이다(Honig, 2004a). 당신이 "너는 정말 멋진 아이야!"와 같이 칭찬을 지나치듯 대충대충할 때 아이는 불편함을 느낄 수도 있다. 아이들은 자신이 가끔 실수를 한다는 것을 알고 있다. 그들은 자신이 항상 완벽한 아이가 될 수 없음을 걱정하게 만드는 성인들의 과도한 칭찬을 불편해하는 경향이 있다. 긍정적이고 **구체적인** 칭찬을 해주어라. 한 아이가 친구와 함께 나란히 앉아서 퍼즐을 할 수 있도록 자신이 앉아있던 긴 의자의 옆 자리를 내주려고 자리를 옮길 때 긍정적인 표현을 해주어라. 아이가 칠판을 조심스럽게 지우는 도움을 줄 때 칭찬해주어라. 긍정적인 특성을 구체적으로 칭찬해주는 것은 아이의 자신감을 북돋아준다. 집에서 형제와 비교하는 것이 아이에게 얼마나 스트레스를 주는 지 모르는 가족 구성원들이 아이를 더 똑똑하거나 더 예쁘거나 덜 말썽꾸러기인 형제와 비호의적으로 비교할 때 이 비교당하는 아이의 긍정적인 특성을 구체적으로 칭찬해주는 것은 특별히 더 의미가 있다.

걱정하는 아이와 일대일로 시간 보내기

걱정하는 아이들은 놀이에 집중할 수 없다. 그들은 교실에서 진행되는 협력 활동에도 집중할 수 없다. 거의 세 살이 된 Naffy가 아침에 아빠가 자신을 두고 가는 것을 슬퍼한다고 가정하자. 당신이 그 어린 아이를 보살펴주어서 안심시켜준 후 아이의 관심을 매력적인 활동으로 전환시켜주어라. 아이가 당신 옆에 기대어 앉아있을 때 장난감 차가 담긴 바구니를 끌어당겨라. Florida로 여행을 가는 것과 같은 아이가 많은 결정을 하는 친숙한 게임을 만들어라. 지난 가족휴가 기간 동안에 방문한 디즈니 월드는 그를 황홀하게 만들었다. "만일 우리가 디즈니 월드로 여행을 가고 싶다면, 그곳에 가기 위해서 무엇을 타고 가야하지? 오, 너는 기차를 타려고 하는구나. 알려주어서 고마워! 그리고 우리가 함께 플로리다로 여행을 가려면 나는 어떻게 가야 할까? 오, 고마워. 나도 역시 기차를 타야 한다는 네 생각이 아주 좋구나. 일단 우리가 플로리다에 도착하면 가장 먼저 무엇을 하면 좋을까?"

소크라테스식 질문에 더해진 존중과 진정성있는 깊은 개입은 스트레스를 받고 있는 아이가 당신의 특별한 따뜻함과 개별적 관심을 느낄 수 있게 도와준다. 이런 개입으로 인해 아이는 부모와의 분리를 받아들이고 보육기관이라는 세상에서 편안하게 안정감을 느끼면서 지낼 수 있는 능력이 생기는 것이다.

아이가 주도하도록 해주기

전화통화

아이에게 장난감 전화를 주고 또래나 성인과의 대화를 시작하게 해주어라. 아이는 자신이 원하면 언제든지 이 대화를 시작할 수 있고 끝낼 수도 있다. 아이는 양육자에게 자신이 원하는 유형의 대화를 하도록 지시한다. 어떤 집을 방문했을 때 한 5세 아이가 "잘못 걸려온 전화" 놀이를 하자고 했다. 그 아이는 자신이 장난감 전화의 버튼을 누르는 척하고 우리는 대화를 하는 일반적인 게임을 하곤 했다. 여러 번의 방문을 통해서 그 아이가 그 게임에 익숙해졌다는 것을 확인한 후에 나는 마치 내가 정육점 주인이나 헤어디자이너나 동물원 관리자인 것처럼 반응하면서 그녀에게 전화를 잘못 걸었다고 말하기로 결정했다. 아이는 자신이 그 전화 게임을 주도하는 느낌을 너무 좋아했다. 그녀는 "잘못 걸려온 전화게임을 하고 놀아요"라고 요청했다. 아이는 이 게임에서 내가 역할을 맡았던 각각의 잘못 걸려온 전화의 인물 중에서 그녀가 통화하기를 원하는 인물과 이유를 설명하기를 좋아했다.

구체적인 선택사항들을 제공하기

당신이 아이가 화를 내는 것을 보았을 때 아이의 의견에 진심어린 관심을 보여주어라. 선택권을 갖은 아이들은 자기행동결정을 더 잘할 수 있다. 만일 아이가 낮잠 시간에 침대에 누우려하지 않고 낮잠 자는 것을 거부한다면, 당신이 아이에게 포근한 담요를 덮어주기 전에 아이가 침대의 어느 쪽에 눕고 싶은 지 아이의 의견을 존중하는 마음으로 조용히 물어보아라.

까다로운 아이에게는 당신이 편안하게 생각하는 두 개의 해결책 중에 한 가지를 선택하게 해주어라. 각 아이에게 의사결정자로서의 권한을 주는 이런 행동은 아이를 진정시키는 데 도움이 되며, 아이로부터 더 많은 협조를 이끌어낸다. "너는 어느 것이 더 좋으니? 너의 빵을 바싹 구워줄까? 아니면 네가 땅콩버터와 잼을 바르기 전에 살짝 구워줄까?" "오늘은 너의 팬케이크에 시럽이나 꿀 중 어떤 것을 발라줄까?"

"나" 전달법 사용하기

언어능력이 있는 아이들은 자신이 어떻게 느끼는 지와 왜 그리고 무엇을 원하는 지를 말할 수 있을 때 더 강력한 힘을 느낄 것이다. 친구가 갑자기 자신이 가지고 노는 트럭을 잡아당길 때 "내 장난감이야!"라고 말하는 것은 어린 걸음마기 아이가 자기 자신을 주장하고 그 트럭을 계속 가지고 놀 수 있는 확실한 방법이다. 그의 표현은 간단했지만 자신이 원하는 것을 분명하게 표현했다. 유아는 "내가 먼저 그 트럭을 가지고 놀고 있었어," "내가 그림을 끝내려면 파란색 크레용이 더 필요해," "나는 누가 나를 미는 것을 싫어해. 나를 밀지 마!"라고 말할 수 있다. 친구의 행동으로 인해 침해나 스트레스를 받고 있다고 느끼는 유아가 교사에게 와서 불평을 할 때 교사는 유아에게 그 친구에게 가서 자신이 원하는 것을 말하라고 막연하게 말해주는 것보다 구체적인 "나" 전달법("I" statements)을 사용하도록 모델이 되어주고 격려해줄 필요가 있다.

I Can Problem-Solve 프로그램 사용하기

I Can Problem-Solve(ICPS) 프로그램을 사용해서 아이가 자기 스스로 사회적 문제에 대한 해결방안을 생각해낼 수 있는 힘을 키워주어라. 또래들 간에 문제가 생겼을 때 성인들은 교실에서의 의견충돌을 진정시킬 수 있는 합리적인 방법을 제안해주곤 한다. 그러나 이런 방식의 교사지원이 아이가 스스로 사회적 문제에 대한 해결방안을 생각해내는 데 도움이 되는가? Shure(1992, 1994)는 아이에게 부적절한 행동의 **결과**를 예측해보는 방법을 가르칠 것을 제안했다. 한 아이가 장난감을 두고 친구와 싸우고 있거나 더 어린 아이를 괴롭히고 있을 때 성인은 그 아이가 다른 사람들과의 사회적 긴장에 대한 자기자신의 해결방안을 만들어보도록 돕는다. Shure의 ICPS 프로그램은 교사들에게 아이들의 문제해결사고의 원리를 가르치기 위한 도구들을 제공한다. 아이들은 사회적 문제 상황에 대한 자신의 대안을 생각해보도록 도전받는다. 성인의 역할은 아이가 자신이 원하는 장난감을 얻기 위해서 친구를 때리고 장난감을 잡아채가는 방법이 아닌 다른 장난감과 교환하는 것과 같은 대안적 해결방안을 생각해낼 수 있게 해주는 것이다. 교사로서 당신은 아이들이 사고력을 사용해서 사회 정서적 문제를 해결하도록 자극하는 데 능숙해야 한다.

만일 걸음마기 아이가 당신에게 책을 들고 와서 지금 당장 읽어주기를 원한다면 그리고 당신이 매우 바쁘다는 것을 알고 화가 나서 얼굴을 찌푸리고 주먹을 불끈 쥔다면, "내가 **지금** 당장 너에게 책을 읽어주면서 동시에 Leanne의 기저귀도 바꿔줄 수 있을까? 라고 아이에게 부드럽게 물어본다. 당신은 아이에게 **나중에** 당신이 Leanne의 기저귀를 갈아준 후 바로 책을 읽어 줄 것을 약속할 수 있다.

어린 아이들이 사회적 갈등상황에 처해있을 때 **결과**에 대해 생각해볼 수 있는 질문을 하라. "Jenny가 그네의 속도를 늦춰서 내릴 수 있게 해달라고 소리를 지를 때 네가 계속해서 Jenny의 그네를 더 높이 민다면 그 **다음**에 무슨 일이 일어날 수 있을까?" "게임에서 Greg에게 강아지 역할을 시키려고 Greg를 때리는 것이 좋은 생각일까? 아니면 좋지 않은 생각일까?"

일부 시간 대 모든 시간도 ICPS 개념에 포함된다. Freddy의 친구는 Freddy가 원하는 것을 모든 시간이 아닌 일부 시간 동안 즐기며 놀아줄 수 있다. 그리고 차례로 Freddy도 친구가 제안한 놀이를 모든 시간이 아닌 일부 시간 동안만 지속하길 원할 수도 있다는 것을 Freddy가 이해하도록 도와줄 수 있다. 당신은 **전**과 **후**에 대한 ICPS 개념을 사용할 수도 있다. Tony는 자신이 블록으로 만든 빌딩을 Jim이 쓰러뜨린 **후**에 Jim을 때렸다. 아이들은 밖에서 세발자전거를 타고 놀기 **전**에 창고에서 세발자전거를 꺼내기 위해 함께 일할 필요가 있다. 그 동일한 개념은 한 아이가 좋아하는 게임을 친구가 놀아주기 **전**에 친구가 원하는 놀이를 하자고 제안함으로써 사회적 갈등을 완화시키는 데 적용될 것이다.

ICPS 대화를 연습한 교사들은 아이에게 성인의 입장에서 최선이라고 생각하는 것을 먼저 말해주지 않는다. 그 교사들은 아이들에게 자율권을 주어 친구의 마음을 읽어낼 줄 아는 정서적인 통찰력을 더 많이 경험하고 사회적으로 적합한 상호작용을 더 많이 시도해볼 수 있게 해준다. 다음에 제시한 대화표본(Shure & Spivack, 1978)은 부모와 아이를 위해 만들어진 것이다. 이 대화표본은 아이들이 그들의 강한 바램과 친구의 요구에 대한 공감 사이에서 타협을 하기 위해 힘겹게 노력하는 동안 ICPS 개념들이 아이들의 사회정서적 사고력을 자극해주는 것을 보여준다.

어머니: Robin, 누가 너를 때렸니?

아 이: Natalie(친구)가 때렸어요.

어머니: 무슨 일이 있었어? 왜 Natalie가 너를 때렸지? (어머니는 그 문제에 대한 아이의 관점을 이끌어낸다.)

아 이: 그냥 걔가 날 때렸어요.

어머니: 그러니까 네 말은 Natalie가 아무 이유 없이 너를 때렸단 말이지? (어머니는 아이가 원인을 생각해보도록 장려한다.)

아 이: 내가 먼저 때렸어요.
어머니: 무슨 이유로 네가 먼저 때렸어?
아 이: Natalie는 나에게 자기 책을 보여주지 않아요.
어머니: 네가 때렸을 때 Natalie는 어떻게 느꼈을까? (어머니는 아이가 다른 사람들의 감정을 생각해보도록 이끌어준다.)
아 이: 화가 나요.
어머니: 너는 왜 Natalie가 너에게 자기 책을 보여 주고 싶어하지 않는 지 알고 있니? (어머니는 다른 사람의 관점을 존중하도록 아이를 이끌어준다).
아 이: 몰라요.
어머니: 어떻게 알 수 있을까?
아 이: 내가 Natalie에게 물어볼 수 있어요.
어머니: 네가 이유를 알아 볼 수 있겠구나.
(어머니는 아이가 사실을 찾고 문제를 발견하도록 장려한다.)

(나중에)

아 이: Natalie는 내가 자기에게 내 책을 절대 보여주지 않을 거라고 말했어요.
어머니: 이제 너는 Natalie가 책을 빌려주지 않았던 이유를 알았구나. 이제 Natalie의 책을 보려면 네가 어떤 행동이나 말을 해야하는 지 생각해 볼 수 있겠니? (어머니는 아이가 해결 방안을 생각해 보도록 장려한다.)
아 이: 내가 Natalie과 놀지 않으면 돼요.
어머니: 만일 네가 그렇게 한다면 무슨 일이 일어날 수 있을까? (아이는 자신의 해결방안의 결과를 생각해보도록 장려된다.)
아 이: Natalie는 나와 친구로 지내지 않으려고 할 수도 있어요.
어머니: 너는 Natalie가 너랑 친구로 지내길 원하니?
아 이: 네.
어머니: Natalie가 계속 너의 친구로 지낼 수 있도록 네가 무엇을 할 수 있을지를 생각해볼 수 있겠니? (어머니는 문제 해결 사고를 장려한다.)
아 이: 내가 Natalie에게 내 책을 보게 해줄 수 있어요.
어머니: 그건 색다른 생각이구나(pp. 121-122).

아이가 자신의 문제를 스스로 해결하면서 이 힘든 사회적 상황을 해결해나가도록 격려되고 있다는 점을 주목하라. 이 기법은 인내와 연습을 필요로 하지만 어린 아이들이 사회적 갈등으로 인해 발생하는 자신의 긴장을 다룰 수 있는 능력을 향상시켜주는 훌륭한 방법이다. 교사들이 아이들에게 매일 그들의 사회적 문제를 해결하기 위한 다른 방법들을 생각해보도록 더 많이 격려할수록 3개월 후에 아이들의 공격적인 행동이 덜 나타난 것으로 집계되었다(Shure & Spivack, 1978).

ICPS 대화는 연습이 필요하지만, 모든 교사의 “사회적 전략 도구”로 적합하다(Honig, 1996, p. 9). 인내심을 갖고 매일 ICPS 대화를 사용한 결과, 교실의 화합이 증진되는 것을 경험한 성인들은 ICPS 대화를 사용하는 것에 만족할 것이다.

아이들의 걱정을 덜어주기 위해 나쁜 꿈에 대해 들어주기

아이의 나쁜 꿈에 대해 들어주는 것이 아이의 스트레스와 걱정을 덜어주는 데 도움이 될 수 있다. Jalongo(2003)는 꿈에서 본 괴물에 대해 이야기하는 아이에게 보여주는 교사의 진심어린 관심이 어떻게 아이가 꿈에서 본 상대적으로 덜 무서운 부분들을 소개하도록 이끌어주고 자신의 감정을 평화적으로 해결해나가도록 이끌어주는 지를 보여주는 다음과 같은 대화 표본을 제공했다(p. 124).

Jeremy : 괴물에 관한 꿈을 꾸었어요.
교　사 : 무서웠니?
Jeremy : 아니요, 우리는 친구였기 때문에 안 무서웠어요. 카드놀이를 했어요.
교　사 : 우리 괴물 그림을 그려보자.
Jeremy : 좋아요. (그리는 동안)
Jeremy : 이건 크고 뚱뚱한 괴물의 배에요. 이건 머리구요. 이건 발과 머리카락이에요. 그 괴물에게는 굉장히 아주 굉장히 큰 귀가 있어요.

교　　사 : 너는 어디에 있니?
Jeremy : 나는 여기 있어요 테이블 옆에. 우리는 여기서 카드놀이를 했어요. 이 카드 보이세요? 이건 괴물 카드구요. 선생님이 갖고 있는 것은 사람 카드에요.
교　　사 : 그 외에 무엇을 했니?
Jeremy : 우리는 탄산음료를 마셨어요 유리컵에.
교　　사 : 그 밖에 다른 것도 했니?
Jeremy : 우리는 흔들의자에 앉아 있었어요.

차분하게 안심시켜주는 어른과 함께 나쁜 꿈에 대한 이야기를 나누는 것은 어린 아이들이 환하게 밝은 낮에 그리고 진심 어린 관심을 보여주는 친밀한 성인의 보살핌 안에서 꿈에 대한 스트레스에서 빠져나올 수 있는 방법이다.

결론

이 장에서는 아이들을 진정시키고 교실을 평화롭게 만들 수 있는 다양한 전략들이 제공되었다. 그룹보육에서 노래를 부르며 서로 인사를 나누는 것은 아이들이 서로 그리고 교사와 깊은 유대감을 느끼면서 하루를 시작할 수 있게 도와주는 평화로운 방법이다. 위안을 주는 신체적 접촉, 감탄하는 말투, 마음을 편하게 해주는 말을 제공하는 것과 아이의 관점에서 바라보는 것 그리고 자기 위안을 위한 기회와 장소를 제공하는 것이 중요하다. 또 아이가 주도하도록 해주는 것도 좋은 아이디어일 수 있다. 아이들이 자기 위안을 위해서 "애착 대상물"을 사용할 때 수용해주어라. 아이의 이름을 자주 사용하고 아이의 긍정적인 특성을 확인시켜주는 것은 좋은 느낌과 자존감을 높여주는 것이다. 아이의 팔꿈치가 흔들리지 않게 잡아주는 것과 같이 신체적 지원을 눈에 띄지 않게 제공해 주어라. 그런 지원은 아이가 블록으로 만든 탑과 같은 어려운 구성물을 완성시키는 즐거움을 경험할 수 있게 해줄 것이다. 아이들에게 위안을 주고 스트레스를 줄여주는 조언을 제공해주기 위해서 질문하기의 예술과 자아존중감을 높여주는 방법들도 논의되었다.

연구문제

"애착 대상물"이란 무엇이며 그것이 어떻게 아이들을 위한 스트레스 감소 기법의 일부로 사용될 수 있는가?

당신은 당신의 교실에서 어떻게 아늑한 은신처를 만들 수 있는가? 왜 아늑한 은신처를 만드는 것이 중요한가?

당신은 어떤 방법으로 아이의 스트레스 요인들을 줄여줄 수 있는가?

I Can Problem-Solve 프로그램은 무엇이고 당신은 교실에서 그 프로그램을 어떻게 사용할 수 있는가?

CHAPTER 6

그룹을 위한 스트레스 감소 전략

교사들이 사용하는 대부분의 전략들은 개별 활동보다는 그룹 활동에 적용되는 경우가 많다. 교사들은 그룹 활동 시간을 사용하여 큰 원과 작은 원 또는 빨간 삼각형과 파란 삼각형과 같은 인지 개념을 가르친다. 또한 그룹 활동 시간은 교실의 평화를 유지하기 위해 아이들의 인지와 정서를 결합시키는 교육의 시간으로도 사용될 수 있다.

유아에게 *같음*과 *다름*의 개념 가르치기

4세 아이들은 일반적으로 **같음**과 **다름**의 개념을 인지적으로 이해하고 적용할 수 있다. 그 아이들은 다른 아이가 "나보다 더 많은 과자를 가지고 있어요, 선생님!"이라고 말한다. 일반적으로 교사들은 구체적 사물을 사용하여 인지적 개념을 가르친다. 교사들은 모양들이 어떻게 다른 지를 가르치고 각 아이에게 주어진 cheerios(시리얼의 일종)의 수가 같은 지 다른 지를 가르친다. 이 두 개의 강력한 개념은 또래와의 말다툼으로 인해 스트레스를 받은 아이의 분함과 비난의 감정을 진정시키기 위해 사용될 수도 있다. 친구가 좋아하지 않는 놀이를 하고 싶어하는 아이가 있다고 가정하자. 교사는 "너는 인형놀이를 하고 싶고 Sherry는 블록 쌓기를 하고 싶구나. Sherry는 너와 다른 생각을 가지고 있나봐. **같은 놀이**를 하고 싶을 때도 있지만 너희들은 지금 **다른 놀이**를 하고 싶구나! 너희 둘이 어떤 놀이를 먼저 하고 어떤 놀이를 나중에 할 건지 생각해볼 수 있겠니?"라고 말한다.

아이들이 차례를 지키고 함께 나누는 것을 배우며 그들의 첫 선택이 아니었던 게임을 하고 노는 것에 동의하는 것을 이해하기 위해서는 같음과 다름의 개념을 완전하게 이해하는 것이 매우 중요하다.

이혼으로 인해 양육권을 잃은 아버지가 나에게 그의 세 살 된 아이가 그의 집을 방문했을 때 그가 아이에게 옷을 입히거나 식사를 준비해주거나 목욕을 시키는 것을 포함한 모든 것을 어머니가 했던 방식으로 하지 않는다고 불평을 했다고 말했다. 나는 그 아이가 이러한 차이를 편안하게 받아들일 수 있도록 돕기 위해 그가 편안하게 대화하는 말투로 **같음**과 **다름**에 대한 개념을 설명해 줄 것을 제안하였다. 그 후에 그들이 백화점에 갔을 때 아버지는 어머니가 일반적으로 방문하는 매장이 아닌 다른 매장으로 아이를 데리고 갔다. 아이가 불평했을 때 아버지는 내가 제안한 그 기법을 시도했다. 그 어린 남자 아이는 귀담아들었다. 이것은 뭔가 생각해볼만한 새로운 관점이었다. 어머니들과 아버지들은 때로는 같은 방식으로 그리고 때로는 다른 방식으로 일을 하고 요리를 하며 장난감을 고르고 책을 읽어주며 매장을 둘러본다. 그 아이는 이 상황을 잘 받아들이는 것으로 보였다. 그 아

이는 더 이상 어머니와 아버지가 각자 자신의 특별한 방식으로 행동하는 것에 대해 불평하지 않았다.

이 기법은 보육기관에 있는 아이들이 가정보육과는 다른 그룹보육의 방식을 수용하도록 도와 줄 뿐만 아니라 친구들 가족의 다른 문화와 관습을 이해하고 수용할 수 있도록 도움을 주는 중요한 역할을 할 수 있다.

다양한 배경을 지닌 아이들과의 대화를 격려하고 이끌어내기

아이들이 집에서의 경험을 공유하는 대화를 하도록 격려해주어라. 특히 식사 시간에 아이들은 서로 다른 문화와 가족 생활양식에 대하여 알아가는 기회를 가질 수 있다.

센터에서 점심 식사 시간에 교사는 그룹의 아이들과 원형 테이블에 둘러앉아 있었다. 한 아이가 음식을 보고 얼굴을 찌푸리며 "이 핫도그는 우리 엄마가 만들어주는 것과 달라요!"라고 교사에게 불평하였다. 교사는 이 상황을 가르칠 수 있는 좋은 기회로 활용하였다. 그 아이의 불평은 테이블에 있는 모든 아이들이 그들의 가정에서 핫도그를 만드는 여러 다른 방식에 대해 돌아가며 말하는 기회가 되었다. 한 유아는 "우리 아빠는 핫도그에 겨자와 케첩을 발라주세요"라고 말했다. 또 다른 아이는 "나는 핫도그만 먹는 것은 좋아하지만 우리 오빠처럼 핫도그를 빵에 넣어서 먹는 것은 좋아하지 않아요."라고 말했다. 라틴 가정의 한 아이는 "우리 엄마는 핫도그를 프리홀과 함께 주세요."라고 말하며 행복하게 대화에 참여했다.

아이들은 친구들이 어떤 다른 방식으로 음식을 만들고 먹는 것을 즐기는 지에 대해 들었다. 아이들은 집과 보육기관에서 똑같은 방식으로 먹지 않고 식사 의식이 다를 수도 있다는 생각에 더 편안해졌다. 다른 음식을 맛보고 오랫동안 즐겨먹던 음식에 새로운 시도를 하는 것은 아이들이 다양성의 가치를 느껴볼 수 있는 좋은 기회이다.

다양한 배경을 지닌 아이들이 공통적으로 선호하는 것과 걱정하는 것을 함께 나눌 수 있는 대화를 이끌어내라. 다른 유형의 가정이나 문화 집단의 배경을 지닌 아이들임에도 불구하고 그들은 정서적으로 더 친밀하게 느끼면서 더 조화롭게 상호작용을 할 것이다. 공통점을 이끌어내라. 아이들과 함께 **공통의 관심사**와 **공통의 걱정거리**에 대하여 이야기하라. 만일 아이들이 어두운 밤에 천둥소리로 인해 잠에서 깬다면 그들은 어떻게 할까? 아이들은 그들 대부분이 침대에서 일어나 부모를 찾아가고 싶어 한다고 말하면서 서로 더 친밀하게 느낄 것이다.

그들이 **공통적으로 즐기는 게임**에 대하여 질문하라. 아이들은 좋아하는 TV 프로그램, 좋아하는 현장견학, 좋아하는 음식에 대하여 이야기하는 것을 즐긴다. 아이들은 서로 활발하게 이야기를 나눈 후 그들 모두 피자를 좋아한다는 것을 확인할 수 있다. 당신의 진심어린 관심은 아이들에게 함께 대화를 나눌 수 있는 권한을 주어서 그들이 좋아하는 것을 공유하면서 정서적으로 서로 더 가깝게 느낄 수 있도록 해준다. 아이들이 성인의 의견에 구애받지 않고 자신의 생각, 좋아하는 것, 추억, 열정을 안전하게 나눌 수 있는 시간을 갖게해주어라. 당신은 아이들이 즐거워했던 동물원 견학, 가족 소풍, 친척방문과 같은 특정주제에 초점을 맞추어 이야기를 나눌 수도 있다. 아이들은 좋아하는 사촌 형제나 놀이 친구에 대한 이야기를 나누고 싶어 할 수도 있다. 그리고 "만일 네가 잠시 동안 동물로 변할 수 있다면 어떤 동물이 되고 싶니?"와 같은 주제로 이야기 할 수도 있다. 많은 유아들은 극 놀이 시간에 새끼 고양이가 되는 놀이를 좋아한다. 만일 어떤 아이가 항상 상어나 거대한 호랑이와 같은 포식

동물의 역할을 맡고 싶어 한다면, 그 아이가 예측할 수 없는 상황에 처해있거나 안정감을 느끼지 못하고 있음을 나타내는 것일 수도 있다.

공격적인 행동을 다루기 위한 그룹모임 갖기

교사들은 교실이나 센터에서 공격적인 행동이 자주 발생할 때 아이들을 몇 개의 그룹으로 나누어 모이도록 할 수 있다. 이 모임에서는 공격성이라는 특정 주제를 다룰 수 있다. 교사들은 아이들에게 때리고 소리지르고 밀고 빼앗는 행동으로 자신의 문제를 해결하려고 할 때가 많은 것 같다고 설명해 줄 수 있다.

몇 년 전 Syracuse의 한 센터에서 교사들은 4세와 5세 아이들과의 모임을 갖고 때려서 다치게 하는 것에 관하여 설명하였다. 교사들은 아이들에게 때리거나 다치게 하지 않으면서도 자신이 몹시 화가 났거나 마음이 상했다는 것을 친구에게 전할 수 있는 방법을 생각해보게 하였다. 또한 교사들은 "너희가 좌절감(아이의 속상한 감정을 표현하기 위하여 배운 단어)이 들거나 놀이친구에게 몹시 화가 났을 때 너희가 어떻게 느끼는 지, 너희가 무엇을 원하는 지, 혹은 너희가 먼저 그 장난감을 가졌고 아직도 그 장난감으로 놀고 있다는 것을 그 놀이친구에게 이야기해 줄 필요가 있다"고 설명하였다. 또한 교사들은 아이들에게 다른 아이와 의견충돌이 있을 때 도와줄 수 있는 성인들이 그들 주변에 있다는 것과 **아이들은 교사의 도움을 요청할 수 있다**는 것을 상기시켜주었다.

그 모임이 있은 지 몇 주 후 한 교사는 두 명의 유아가 서로 마주보고 앉아있는 작은 테이블 중간에 큰 덩어리의 빨간 플레이도우를 준비해주었다. 그리고 그들은 그 플레이도우를 공유하기로 되어있었다. Brad는 놀이 상대인 Janey가 큰 덩어리의 빨간 플레이도우를 점점 더 자기 쪽으로 잡아당길 때 몹시 화가 났다. Brad는 화가 나서 얼굴빛이 어두워졌다. 최근에 경험한 그룹 대화 이후 Brad는 Janey에게 다가가 때리는 행동을 하는 대신 "선생님, Janey는 플레이도우를 같이 나누어 쓰지 않아요!"라고 큰 소리로 말했다. 교사는 조용히 다가와 그들을 안심시켜주고 다시 규칙을 설명해주었다.

그룹보육 환경에서는 다른 아이들을 괴롭히고 위협하는 행동이 가끔 발생한다. 집에서 성인들에 의해 압박과 통제를 너무 많이 받는다고 느끼는 아이들은 교실이나 놀이터에서 다른 아이들을 통제하려고 할 수도 있다. 집에서 비난을 많이 받고 자란 아이들은 블록으로 건물을 만드는 친구의 시도를 비웃거나 놀리고 그것을 무너뜨리겠다고 위협할 수도 있다. 어떤 친구가 너무 가깝게 다가오면 아이는 그 행동을 "위협"으로 간주하고 공격적으로 밀치면서 방어적으로 행동할 수 있다. 혼합연령 그룹에서 나이가 더 많은 아이는 더 어린 아이를 협박해서 그들이 원하는 것을 얻을 수 있다고 느낄 때 위협적인 행동을 사용할 수도 있다.

Alvin은 아이들과 함께 블록으로 건물을 짓는 프로젝트에 참여하고 싶었지만 그 아이들은 Alvin의 참여를 강하게 반대했다. 그 때 Alvin은 James에게 가까이 다가가 "우리 아빠는 크고 힘이 세서 너의 아빠도 이길 수 있어"라며 위협을 했다. 그러자 James는 "우리 아빠는 너희 아빠보다 더 큰 총이 있어"라고 대꾸하였다.

이야기 나누기 시간과 그룹 모임 시간에 아이들과 함께 그들이 친구의 위협을 어떻게 느끼는 지에 대해 이야기를 나누어라. 친구들이 위협을 할 때 자신이 느끼는 것을 다른 아이들도 똑같이 느낀다. 아이들에게 서로 위협하지 않고도 원하는 것을 얻어낼 수 있는 다른 방법들을 찾아보게 하라. 만일 한 아이가 "Alvin, 내가 너 대신 James를 때려줄 수 있어!"라고 큰 소리로 말해도 낙담하지 말아라. 새로운 방법으로 분노 감정을 조절하도록 가르치는 작업이 어떤 아이들에게는 더 오랜 시간이 걸릴 수도 있는 학습 경험이라는 것을 기억하라. 아이들에게 그들의 교실에서 잊지 말아야 할 특별한 생각은 모든 아이가 배려를 받고 있다고 느낄 수 있도록 문제를 해결하는 방법을 찾는 것임을 다시한번 분명하고 차분하게 상기시켜 주어라(Kobak, 1979). 평화롭게 갈등을 해결할 수 있는 방법들을 찾는데 주력하라. Kobak은 교사들이 아이들의 지능지수(IQ: intelligence quotient)뿐만 아니라 교실에서의 **배려지수**(CQ: caring quotient)도 높이기 위해 노력해야 한다고 조언한다. 아이들에게 교실의 목표를 상기시켜주어라. 우리는 모든 아이들이 교실에서 배제되거나 상처받지 않고 편안하고 평화적인 방법으로 지낼 수 있다고 느끼게 해주기 위해서 함께 노력하는 것이다. 감정이입과 배려하는 능력을 향상시켜주기 위하여 노력하라. 아이들은 배고픔을 호소하는 애완동물을 돌보아주면서 감정이입에 대하여 가장 잘 배운다. 어린 아이들의 삶에서 타인의 감정과 요구를 이해하는 것은 오랜시간이 소요되는 배움의 과정이다.

몇몇 그룹모임에서 아이들이 **대본에 있는** 질문에 의해 제기된 정서적 또는 사회적 갈등에 대한 그들 자신의 해결방안을 생각해낼 수 있는 능력이 있는 지 도전해보아라. 각 아이에게 아이들 간의 특정 문제를 해결할 수 있는 방안을 제시해보게 하라. 지금까지 교사가 의문점을 갖는 문제들 중 하나는 교사가 개입해야 하는 지 혹은 아이들이 스스로 힘겹게 노력해서 문제를 해결하도록 두어야 하는 지에 관한 것이다.

두 놀이 친구들 간의 갈등으로 인해 발생하는 문제들도 있다. Amy가

Jenna에게 물통에 있는 거르는 체를 빌려달라고 했고 Jenna는 그 체를 빌려주지 않았다고 가정하자. Amy는 Jenna가 체를 공유하게 하기 위해서 어떤 말을 해야 했을까? 체를 공유하도록 설득할 수 있는 생각들을 나눈 후 아이들은 가장 효과적인 방법을 선택한다. Shure(1992)는 이 기법을 "최상의 선택; 최악의 선택(Pick the best; pick the worst.)"이라고 한다. 아이들은 하나의 문제를 해결하기 위해 다양한 사회적 해결방안을 생각해낸다. 그 다음 아이들은 각 결정의 잠재적인 결과를 예측해보고 최상과 최악의 해결방안을 선택해 나가는 과정을 통해 결정을 내린다.

대본으로 구성된 정서 교육과정 시도해보기

매직 서클 프로그램은 매일 아이들의 대답이 정답이나 오답으로 판단되지 않고 그들의 반응도 비판받지 않는 특별한 이야기 나누기 시간으로 진행되는 교육과정으로 계획된 수업이다. 하루에 약 15-20분 동안 교사들은 아이들이 두 개의 원으로 앉을 수 있도록 준비한다(Bessell & Palomares, 1970). 안쪽 원의 아이들은 그날 매직 서클의 대화에 참여할 것이다. 바깥쪽 원에는 그 대화 과정이 편안해 지기까지 좀 더 시간이 필요한 아이들이 앉는다. 아이들은 이러한 순차적인 프로그램을 통해 점차적으로 감정을 표현하고 감정적 사건에 대해 이야기하는 것을 배울 수 있다. 이 프로그램은 아이들이 긍정적인 무언가에 대해 말하면서 시작된다. 아이들은 자신이 했던 무언가가 다른 아이를 행복하게 해주었던 경험이나 어떤 아이가 그들을 행복하게 해주기 위해 무언가를 했던 경험에 대하여 말한다. 이 정서교육과정은 점차적으로 누군가가 아이가 싫어하는 무언가를 했을 때나 아이가 다른 아이를 화나게 하거나 슬프게 만들었던 무언가를 했을 때와 같은 더 부정적이고 심한 스트레스 감정을 나누는 방향으로 이동한다. 아이들은 매직 서클에서는 감정적 사건에 관해 말해도 안전하다는 것을 알게 된다. 이 매직 서클의 중요한 점은 옳고 그른 답은 없다는 것과 실제 경험을 나눈다는 것이다.

감정에 대하여 이야기하는 그룹시간을 별도로 마련하기

부정적인 감정뿐만 아니라 긍정적인 감정도 주목하고 반응해 주어라. 어린 아이는 자신의 감정을 표현할 수 있는 단어들을 배울 필요가 있다. 심지어 어린 걸음마기 아이도 **화**, **슬픔**, **행복**이라는 단어들을 배워서 자신의 감정을 표현할 수 있다. 유아들은 **자부심**, **걱정**, **흥분**, **인내**, **좌절**, **당황**, **놀람**과 같은 훨씬 더 복잡한 감정을 표현하는 단어들을 배운다. 아이들은 부정적인 감정을 표현하는 단어들을 더 쉽게 배우는 것처럼 보일 수도 있다. "걔는 못됐다, 선생님!"과 같은 표현은 쉽게 들을 수 있는 아이들의 표현이다. 우리는 아이들이 도움을 주는, 관대한, 친절한, 함께 나누는, 친근한 존재로 또래들을 표현할 수 있는 단어들도 가르쳐 줄 필요가 있다.

한 2학년 교실에서 교사는 매일 아이들이 자신의 긍정적인 행동이나 반 친구들의 행동에 대해 주의 깊게 살펴보고 발표하도록 장려하는 이야기 나누기 시간을 진행하였다. 선생님은 아이가 표현하는 각각의 친절하고 배려하는 행동을 보상해주기 위해 차트에 별을 붙여주었다. 몇 백 개의 별이 붙여진 후 아이들과 교사는 교실에서 작은 파티를 열었다. 이 연구에서 연구자들은 그 프로그램이 실시되지 않는 반에 무작위로 배정된 아이들의 친사회적 행동도 기록하였다. 연구자들은 프로그램을 시작하기 전에 두 교실에 배정된 아이들의 친사회적 상호작용을 기록하였다. 그 결과 두 교실의 아이들의 친사회적 상호작용 수준은 유사하였다. 프로그램이 진행된 지 몇 주가 지난 후 프로그램에 참여한 아이들은 통제 교실의 아이들에 비해 식당, 교실, 강당에서 2배 정도 더 협력하고, 나누며, 친절하게 행동하였다(Honig & Pollack, 1990). 교사가 친구를 배려하는 아이들의 행동을 긍정적으로 지지하고 기뻐한다는 것을 명확하게 보여줄 때 교실 분위기는 더 평화로워진다.

누구나 가끔은 화가 난다는 사실을 깊이 생각하며 대화를 나눌 수 있는 그룹 시간을 별도로 정해놓아라. 유아들과 함께 **좌절**이라는 단어를 사용하라. 그 다음 아이들에게 그들이 화가 났거나 좌절했던 경험들을 공유하게 하라. 어떤 아이들은 신발 끈을 묶기 위해 열심히 노력하였으나 아직도 신발 끈을 묶을 수 없다는 이야기를 나눌 수도 있다. 어떤 아이들은 이웃과 친척들이 집에 방문해서 갓난 아기에게 지나치게 관심을 보이고 애정을 표현할 때 너무 속상하고 화가 난다는 이야기를 나눌 수도 있다(Simon, 1974).

아이들을 좌절하게 만들거나 화나게 만드는 상황을 공유하는 이 모든 시간이 교사들에게는 또 하나의 기회가 된다. 우리는 보이지 않는 아이들 내면의 정서적 세계에 대한 귀중한 통찰력을 얻게 된다. 아이들이 자신의 힘든 감정을 함께 나누는 이 시간, 성인들이 특정 문제를 지닌 아이들을 더 효과적으로 돕기 위한 방법을 생각해내는 기회를 제공해준다.

아이가 교사에게 집에서 소리를 지르거나 벌을 주는 부모로 인해 화가 난다고 말하면 어떻게 하겠는가? 그룹 공유 시간에 한 유아는 자신이 높은 곳에 설치된 선반을 향해 올라가고 있을 때 아버지가 자신에게 소리를 질렀다고 분에 찬 목소리로 말했다. 이런 공유 시간은 당신이 어린 아이들의 생각을 재구성하도록 도울 수 있는 훌륭한 기회를 제공한다. 부모가 마음 속 깊이 느끼는 실제 감정은 무엇일까? 부모는 큰 소리로 꾸짖었다. 그러나 무엇이 부모의 주된 감정이었을까? 부모는 화가 났었던 것인가 아니면 걱정하고 있었던 것인가? 부모는 아이가 떨어져서 다칠까봐 진심으로 걱정했을 수 있다. 그 성인은 걱정이 된다는 것을 말로 표현하지 않고 소리를 질렀다. 사람들은 화가 날 때 소리를 지른다. 그러나 사람들은 걱정할 때 소리를 지르기도 한다. 우리 모두는 재구성하는 기술을 배울 필요가 있다. 아이들이 감정에 대해 이야기할 수 있을 때 공유시간은 아이들이 부모뿐만 아니라 자신의 감정을 포함한 다른 사람의 감정에 대해 생각해보게 해주는 좋은 시간이다.

정서적 코치로서 당신의 재능 연마하기

어린 아이들이 스트레스의 주된 원인일 수도 있는 **기저 감정**(underlying emotion)에서 야기된 표면적인 분노 감정을 잘 해결할 수 있도록 도와주어라. 우리는 아이들의 인지 학습의 질을 높여주는 것은 물론 효율적인 정서적 코치로서의 역할도 해야 한다. 물론 기저 감정을 인식하는 것은 갈등이나 분노를 줄여주는 방법으로 스트레스를 다룰 수 있는 것과는 다른 것이다. 그러나 다른 사람이나 우리 자신의 내면의 감정을 인식하는 것은 성숙한 자기 통제를 향한 오랜 등반의 첫 걸음이다. 삶의 목표에 도달하기 위해서는 심한 스트레스 감정을 성공적으로 관리할 줄 아는 능력이 필수적이다(Goleman, 2006).

아이의 심한 두려움에 대해 공감해주기

성인들은 아이들의 두려움에 대해 공감해줄 필요가 있지만 감정적으로 무너져 내려서는 안 된다. 아이의 스트레스가 심할 때 평정을 잃지 않고 침착하게 도와주려는 노력이 필요하다. 아이가 자신을 돌보아주고 안전하게 지켜주던 신뢰하는 사람으로부터 버림을 받을 수도 있다는 것을 상상할 때 그 어린 아이가 느끼는 절망감을 성인들은 이해하기 힘들 수도 있다. 사람이 많은 백화점에서 잠시 동안 부모를 잃고 우는 어린 아이의 공포에 질린 얼굴을 떠올려 보아라.

여섯 살 된 한 남자아이가 자신을 너무 사랑해주는 입양가족과 함께 몇 년 동안 우리 동네에 살고 있었다. 매주 주말에 그 가족은 가까운 근교에 짓고 있는 새로 이사 갈 집의 공사가 어떻게 진행되고 있는 지 보기 위하여 건축 현장을 방문하였다. 마침내 집이 다 지어졌을 때 아이의 부모는 다음 주에 새집으로 이사 갈 수 있게 되었다고 기뻐하며 이야기하였다. 아이는 겁에 질려

눈물을 터뜨렸다. 아이는 만일 가족이 새 집으로 이사를 가면 자신은 어떻게 되는 거냐고 울면서 말했다. 아이는 그 집에 자기 혼자만 남겨졌을 때 어떻게 음식을 만들고 자신을 돌보아야 할 지 모르겠다고 친구들에게 말했었다.

이 일화에서 6세 아이가 느끼는 극심한 고통을 통해 우리는 어린 아이들에게 **성인의 계획을 아주 구체적으로 설명하는 것**이 얼마나 중요한 지를 깨닫게 된다. 아이들의 인지능력으로는 가족들이 새 집으로 이사갈 때 그 가족의 모든 구성원이 함께 이동한다는 개념과 같은 너무나 당연한 사회적 정보조차 이해하지 못할 수도 있다.

아이에게 번거롭거나 염려되는 상황을 설명할 때 구체적이고 단순한 단어를 사용하라. 어린 아이들에게는 아주 명확하고 구체적으로 말할 필요가 있다. 성인들은 아이들이 그들의 이야기를 들을 때 무슨 일이 일어나고 있는 지 이해할 것이라고 생각한다. 예전에 내가 한 가정을 방문했을 때 그 가정의 어머니는 남편이 언제 저녁 식사를 하러 집에 올 것인지에 대해 남편과 전화로 이야기하였고 남편의 답을 듣고 고개를 끄덕였다. 그리고 어머니는 어린 유아기 자녀를 향해 돌아서서 "음 … 아빠는 오늘 집에서 저녁식사를 하지 못할 거야. 아빠는 일이 너무 많아서 사무실에 묶여있어!"라고 말했다. 그 어린 남자 아이는 겁에 질려 울음을 터뜨렸다. TV 프로그램을 봐왔던 그 유아는 흉악범이 자신의 가엾은 아빠를 밧줄로 묶어서 포로로 감금하고 있다고 생각했다.

어린 아이의 **정서적 코치**로서 당신이 갖고 있는 특별한 능력에 자부심을 가져라. 각 아이에게 영향을 미치는 스트레스의 차이와 개인 또는 그룹 스트레스를 처리하는 각 아이의 능력의 차이를 인식하고 있어야 한다.

서클타임에 긴장을 이완시켜주는 신체운동하기

우리가 우리 몸의 긴장된 부분에 주의를 기울일 때 긴장은 우리 몸에서 빠져 나온다. 우리는 종종 귀찮게 하는 사람을 "그 친구는 목의 통증과 같은 존재야!"(That guy is a pain in the neck!)라고 말한다. 그러나 이런 표현은 상징적인 것만은 아닐 수도 있다. 가끔 힘든 사람들과의 상호작용은 목의 경직과 통증을 초래하기도 한다.

서클타임에 스트레스를 줄여주는 긴장 이완 게임하기

아이들이 맨발로 아이와 아이 사이에 충분한 공간을 두고 원형으로 앉아 안쪽을 향해서 발을 뻗고 앉게 하라. 먼저 발가락을 움직이게 하고 그 다음 발가락의 힘을 빼서 긴장을 풀어주도록 하라. 그런 다음 발목의 긴장이 완전히 풀렸다고 느껴질 때까지 천천히 발목을 돌리게 하라. 발뒤꿈치를 앞으로 내밀고 발가락을 몸 쪽으로 당기게 하라. 아이들은 종아리 근육이 펴지는 것을 느낄 것이다. 무릎을 구부리고 발바닥이 서로 닿은 상태로 앉게 하라. 그런 다음 아이들과 함께 몸을 앞으로 구부린다. 이 운동으로 허벅지 근육이 펴진다. 점차적으로 몸의 위쪽을 향해 이동하면서 근육을 긴장시키고 풀어주게 하여 몸 전체에 있는 각각의 근육에서 긴장이 빠져나올 수 있도록 도와주어라. 배 근육은 안쪽으로 집어넣은 다음 바깥쪽으로 내밀기를 반복할 수 있다.

아이들이 할 수 있는 만큼 팔을 천천히 앞쪽으로 뻗어주게 하라. 아래로 향한 손바닥이 발가락에 닿게 하라. 그런 다음 손바닥을 위로 향하게 하고 팔을 열 번 위 아래로 올리고 내린다. 팔을 천천히 들어 올려서 머리 주변에 닿게 하고 두 손을 머리 뒤로 깍지 끼어 잡고 두 팔꿈치로 머리를 감싸주게 하라. 아이들에게 두 팔꿈치를 천천히 펴게 하라. 그 다음 코끼리가 귀를 펄럭거리는 것처럼 앞뒤로 열 번 움직이면서 팔 아래 근육들이 펴지는 것을 느끼게 하라. 아이들이 팔을 등 뒤로 평행하게 뻗게

하여 다른 근육들을 느끼게 하라. 그런 다음 양팔을 각 허벅지에 하나씩 부드럽게 내려놓고 휴식을 취한다. 잠시 동안 천천히 숨을 쉬게 하라.

아이들이 원형으로 앉아있는 또 다른 시간에 한 번에 한 개의 주먹을 꽉 쥐는 연습을 하게 하라. 주먹을 더 세게 쥐게 하라. 훨씬 더 세게 쥐게 하라! 이제 그 주먹을 풀게 하라. 이 근육 단련 운동(isometric exercise)은 높은 연령의 아이가 짜증나게 말하는 아이를 주먹으로 바로 때리지 않고 그 꽉 쥔 주먹을 통제할 수 있게 도와준다. 친구들로부터 짓궂은 놀림을 당해서 화가 나 있는 한 아이가 또 다시 같은 반의 친구에 의해 놀림을 당할 때 충동적으로 주먹을 사용하여 때리기보다 주머니에 손을 넣고 마음이 풀릴 때까지 주먹을 꽉 쥐고 있을 때 이 운동이 도움이 된다는 것을 알게 된다.

손목은 회전될 수 있다. 다른 손가락들은 가만히 두고 새끼손가락만을 움직이는 것은 아직 어렵지만 손가락들을 모두 움직이게 할 수는 있다. 아이들은 자신이 얼마나 많은 근육을 통제할 수 있는 지를 느끼고 놀라게 될 것이다. 보통 어린 아이들은 “선생님, 내 근육을 만져보세요. 내가 얼마나 강한지 보세요.”라고 자랑하듯 말한다. 왠지 어린 아이들은 팔뚝 근육을 힘과 강인함의 상징으로 생각하는 것 같다. 이제 그 어린 아이들은 그들이 몸의 다른 많은 근육들을 움직이게 할 수 있다는 것을 발견해 가고 있는 것이다.

아이들이 조용히 앉아 있을 때 어깨를 살짝 늘어뜨려서 긴장을 풀 수 있게 해주어라. 아이들은 자신이 헝겊 인형인 척하며 어깨를 축 늘어뜨린 채로 천천히 숨을 들이마시고 내쉴 수 있다. 긴장감을 없애기 위하여 각 어깨를 한 번에 하나씩 돌려주는 연습을 하게 하라. 이제 각 아이는 몸을 돌려서 서로의 등을 보고 앉는다. 이렇게 하면 각 아이는 좌우로 팔을 펼 수 있는 공간적 여유를 갖을 수 있다. 모든 아이들이 각 팔과 손에서 불쾌한 감정과 걱정을 털어버리는 상상을 하게 하라. 팔을 흔들어 걱정을 떨쳐 버리고 그 걱정이 자신으로부터 멀리 날아가버리는 상상을 하게 하라.

이어서 얼굴과 목 운동으로 천천히 이동하게 하라. 머리를 앞에서 오른쪽으로 여러 번 돌린 다음 왼쪽으로 돌리게 하라. 각 아이는 머리가 다시 앞으로 올 때까지 다양한 방법으로 돌려준다. 머리를 충분히 돌려준 후에 앞으로 떨어뜨리면 머리가 편안해진 것을 느낄 수 있다.

아이들은 코를 씰룩거리고 입술을 이용해서 얼굴 표정을 짓는 것을 즐길 수 있다. 아이들이 이마를 반듯하게 펴는 방법을 찾게 도와주어라. 모든 아이들은 이마에서 상상의 걱정 주름을 어떻게 매끈하게 펴주는 지를 손바닥으로 느낄 수 있다. 미소 짓는 것과 활짝 웃는 것을 연습하게 하라. 눈살을 찌푸리는 것도 연습하게 하라. 아이들이 두 눈 사이의 깊은 주름이 걱정이나 분노의 사인이라는 것을 의식하고 있는가? 각 아이에게 얼굴을 찡그려서 두 눈 사이에 가상의 주름을 만들게 한 다음 손바닥으로 그 주름을 펴주게 하라.

아이들은 예측 가능하고 즐거운 일과를 더 편안하게 생각한다. 아이들은 근육을 긴장시키고 이완시키면서 자신의 신체 부분을 통제하게 해주는 특별 활동이 진행되는 서클타임을 기대할 것이다. 만일 당신이 일부 운동에 단순하게 반복되는 율동적인 곡조를 더해준다면, 아이들은 그 운동을 훨씬 더 즐겁게 할 수 있다.

수업 계획서에 신체 이완 운동을 할 수 있는 시간이 많이 할애되지 않았을 때에도 아이들이 매일 눈 마사지를 하도록 격려하라. 눈을 감고 눈 주위에 천천히 원을 그리며 부드럽게 마사지를 하게 하라. 나는 중국의 많은 학교에서 책상에 앉아있는 초등학교 아이들을 위해 이런 일상적인 운동으로 긴장을 이완시켜주는 것을 관찰한 경험이 있다.

아이가 마지막 남은 긴장까지 멀리 날려 보낼 수 있도록 자신의 부드러운 손으로 두피를 가볍게 마사지하게 하면서 이완 운동 시간을 마무리하라. 삶에서 긴장감은 분명히 다시 수면 위로 떠오를 것이다. 당신의 지도하에 다른 아이들과 함께 쉽게 천천히 하는 운동을 연습한 아이들은 그들 스스로 편안한 방법으로 몸의 긴장을 어떻게 제거하는 지를 알게 될 것이다. 아이들은 자신의 근육의 긴장과 이완을 통제할 수 있게 되면서 더 자신감을 갖게 된다.

서클타임에 춤으로 긴장 이완시키기

이완 운동이 몸의 긴장을 풀어주는 유일한 방법은 아니다. 춤도 놀라운 효과가 있다. 걸음마기 아이들이 느린 선율에 맞추어 꿈꾸듯 빙글빙글 돌면서 긴장을 풀 수 있도록 느린 스케이트 왈츠와 다른 무도곡을 틀어주어라. 어떤 유아들은 경쾌하고 쿵쾅대는 음악을 좋아한다. 그들은 그런 리듬감 있는 음악에 맞추어 춤을 추면서 뛰어 논다. 춤추는 아이들을 지켜보아라. 그들이 음악에 맞추어 움직일 때 긴장은 그들의 몸에서 빠져나온다.

어린 아이들의 놀라운 신체 에너지 수용하기

성인들이 뛰어놀고 싶어하는 어린 아이들의 활동적인 욕구를 스트레스로 받아들이지 않을 때 아이들도 스트레스를 덜 받게 된다. A. A. Milne의 고전인 Christopher Robin의 이야기들을 기초로 한 디즈니 동화책에서 Tigger는 지나칠 정도로 산만하게 뛰어다니는 등장 인물이다. Tigger는 자신의 친구인 Rabbit이 조심스럽게 모은 야채들을 담아 놓은 바구니들 사이에서 뛰다가 세게 부딪쳐서 바구니들을 사방으로 흐트러트려 놓았다. Tigger의 지나치게 뛰어다니는 행동은 그의 친구들을 몹시 화나게 만들었다. 그러나 그들에게 Tigger는 사랑스럽고 좋은 친구이다. 동물들은 그들이 어떻게 해야 할 지를 논의한다. 동물들은 Tigger가 산만하게 뛰어다니는 행동을 멈출 때까지 그를 피하기로 결정한다. 동물들이 Tigger와 함께 놀아주지 않을 때 Tigger는 너무 슬퍼하고 속상해한다. Tigger와 그의 친구들은 진심으로 서로를 배려한다. 다른 동물들은 다시 생각한다. 그들은 Tigger의 지나치게 활동적이며 산만하게 뛰어다니는 행동에 대해 계속 화를 내기보다 받아들이기로 결정한다.

격렬한 움직임을 위한 안전한 공간 제공하기

5세에서 16세까지의 아이들은 하루에 2시간 이상 활발하게 움직일 필요가 있다. 이 권장 사항은 거의 3,000명의 아이들을 대상으로 실험한 유럽 심장 연구(European Heart Study)(Anderson, et al., 2006) 결과에서 나왔다. 연구자들은 신체 움직임의 가속도를 측정하기 위하여 바깥놀이 시간에 아이들의 엉덩이에 작은 기계를 부착시켰다. 다른 아이들보다 더 활동적인 아이들은 아동 비만과 상관없이 혈압, 콜레스테롤, 인슐린에서 더 건강한 수치를 보였다. 아이 스트레스의 생리학적 지표를 감소시키기 위하여 바깥놀이를 계획하라. 심지어 아이들은 따뜻하게 옷을 입어야 하는 겨울의 화창한 날에도 바깥놀이를 즐긴다. 그들은 놀이터 뒤쪽에 높이 쌓인 눈 위에서 정상을 차지하기 위한 게임인 King of Mountain 놀이를 하면서 논다. 날씨가 더울 때는 너무 많은 햇빛으로부터 아이들을 보호하기 위해 부모들이 협력해서 놀이터에 차양을 설치하여 그늘을 만들어줄 수 있다.

아이들의 기질 특성에 맞게 조율하여 반응하면서 당신은 특별히 높은 수준의 활동 욕구를 지닌 아이들이 있다는 것을 알게 된다. 높은 수준의 활동 욕구를 지닌 아이들은 반 친구들과 함께 지내기가 어려울 수도 있다. 당신은 창의적인 방법으로 활기가 넘치는 아이들의 에너지를 발산시켜줄 수 있다. 걸음마기 아이 방의 구석에 견고한 흔들 목마를 놓아주어라. 그러면 에너지가 넘치는 걸음마기 아이는 필요할 때마다 흔들 목마가 있는 곳으로 달려가 즐겁고 격렬하게 목마를 탄다.

에너지가 넘치는 아이가 다가오면 두 손을 잡고 환하게 웃으면서 뛰는 게임을 하며 놀자고 제안하라. 아이가 제자리에서 점점 더 높이 뛰려고 할 때 아이의 손을 잡아 주어라. 당신이 체육관에서 아이들을 위한 안전한 신체 활동을 계획할 때 아이들의 흥분을 가장 잘 진정시켜줄 수 있는 세발자전거, 텀블링 매트, 목마를 충분하게 제공해 주어라.

나는 아침에 어머니가 떠난 후 우울해 보이는 어린 Wally에게 이야기책을 읽어주기를 원하는 지 물어보았다. 나는 Wally가 "One"이라고 말하는 것을 들었다고 생각했다. "오, 책 한 권을 읽어주길 원하니?" 나는 그를 보고 미소 지었다. "아니에요. won!" 그는 내가 한 말을 다급하게 수정하였다. 그가 하고 싶었던 것은 오랫동안 달리고 또 달리는 것이었다. 그러나 Wally는 아직 많은 걸음마기 아이들이 발음하기 힘들어하는 r을 발음할 수가 없었다.

우리가 아이들의 스트레스 극복 방법을 찾아내기 위해 노력하는 동안 아이들은 수많은 재미있는 일화들을 제공해주기도 한다.

자아존중감을 높여주기 위한 활동 선택하기

어린 아이들은 자주 자신이 무력하다고 느끼고 그들의 통제 영역을 확장시켜줄 교사를 필요로 한다. 아기들은 시리얼이 가득한 숟가락을 입에 넣기 위한 손목 통제가 어려울 수 있다. 발음에 어려움을 겪고 있는 걸음마기 아이들은 성인들에게 자신을 잘 이해시키지 못한다. 유아들은 신발끈을 묶기 위해 노력하다가 좌절하게 된다.

아이들은 자신의 보육장소를 선택하지 못한다. 심지어 요구할 경우에도 아이들은 자신이 갈망하는 사랑하는 친밀한 성인의 관심을 얻지 못할 수도 있다. 그들은 자신과 나이 차이가 나지 않는 동생을 갖기로 한 부모의 결정을 통제할 힘이 없다. 아이들은 몇 년 동안 항문과 요도의 괄약근을 거의 통제하지 못한다. 통제력이 부족하다는 느낌은 어떤 아이의 긴장을 증폭시키는 역할을 하는 중요한 요인이 되기도 한다. 어린 아이들은 가끔 낯선 성인이 예의바르게 행동하라고 요구할 때 "당신은 나의 부모가 아니에요!"라고 버럭 소리를 지르기도 한다. 아이는 자신이 자신의 삶의 통제권을 어느 정도 갖고 있다는 느낌을 고수하기 위해 필사적으로 노력할 때 반항적인 행동을 하기도 한다. 아이가 엄격한 규칙이 있는 가정에서 살고 있는 경우에 특히 더 그렇다. 근육 이완 운동은 아이들이 자신의 몸을 더 잘 통제할 수 있다는 느낌을 갖도록 도와줄 수 있다. 실무연수 교육기간에 아이들의 근육 이완 운동을 도와주고 공유할 수 있는 다른 기법들을 동료들과 함께 브레인스토밍 해보아라.

장난감을 이용한 양육 각본을 만들고 격려하기

교실의 극놀이 영역에 아기 인형이나 곰 인형의 침대로 사용할 수 있는 장난감 침대나 카드보드지로 만든 상자를 제공해 주어라. 부모들이 협력해서 교실에 있는 아기 곰 인형을 위한 요람용 담요들을 제공해 줄 수도 있다. 아이들과 함께 각본을 만들어라. 아기 곰은 배가 아프다. 또는 오늘 아기 인형이 정말 피곤하다. 아기인형이 열이 나거나 의사선생님이 놓아주신 주사 때문에 팔이 아플 수도 있다. 아이들이 장난감 동물이나 아기 인형을 자상하게 돌보아주도록 격려해 주어라(그림 1). 부러진 팔을 삼각건으로 고정시키고 있어서 낮잠을 재우기 위해 침대에 눕힐 때 특별히 조심스럽게 돌보아주어야 할 필요가 있는 아픈 곰 인형을 아주 잘 보살펴주고 있는 아이들을 칭찬해 주어라.

고무로 만들어진 아기 인형을 조심스럽게 목욕시킬 수 있는 물 테이블을 준비해 주어라. 비닐로 된 작업복을 착용해서 옷이 물에 젖지 않도록 보호해 주어라. 스펀지에 긴 자루가 달린 편리한 대걸레를 준비해서 바닥을 닦아라. 아이들이 인형을 어떻게 씻어주는 지 주의깊게 살펴보아

그림 1. 아기 인형을 돌보아주는 어린 여자아이의 예

라. 아이들은 아기 인형을 정성스럽게 보살피면서 비누칠을 해주고 물로 씻어주고 살살 두드려서 말려준다. 해변이든 놀이방이든 장소에 관계없이 물놀이는 항상 마음을 진정시켜준다. 인형을 돌보는 것과 물놀이를 결합시키는 것은 긴장을 풀어줄 수 있는 훌륭한 방법이다. 서로 다른 문화 집단을 대표하는 남자 인형과 여자 인형을 제공해 주어라.

흙 파기: 꽃과 야채 심기

아이들을 격려해서 식물과 교실에 있는 생물체를 보살펴주게 하라. 바깥세상은 성장해가는 생물체들을 돌보아줄 수 있는 기회뿐만 아니라 즐겁게 뛰놀 수 있는 기회도 제공한다. 새의 모이통을 채워주어야 한다. 식물들을 돌보아주어야 한다. 따뜻한 기후에서 사는 벌새가 먹이통에 있는 설탕 시럽을 조금씩 먹으러 올 때 아이들은 경외심을 갖고 바라볼 것이다. "날아다니는 보석"으로 불리는 나비들을 유혹하기 위하여 부들레야(butterfly bush)를 심어라. 추운 기후에서는 외부 창문턱에 설치된 새 모이통 속을 자세히 들여다보게 하라. 새들이 창밖의 새 모이통에 넣어

둔 씨앗들을 쪼아먹으러 올 때 아이들은 매료되어 창에 코를 박고 바라볼 것이다.

야외정원에 꽃과 야채를 심을 수 있는 공간을 만들어라. 아이들과 함께 흙을 파는 것은 아이들에게 활력을 불어넣어 주기도 하고 마음을 차분하게 가라앉혀 주기도 한다. 자신이 보살펴준 꽃이나 식물이 성장하는 것을 지켜보면서 아이들은 자부심과 경외심을 느낀다. 교실에서 생물체들을 돌보는 것은 따뜻한 마음을 불러 일으킨다. 교실에서 포테이토 바인(potato vine)을 키워라. 흙 파기, 식물 심기, 잡초 뽑기, 물 주기와 같은 보살피는 활동에 몰두하는 아이들은 몸의 긴장이 줄어들 것이다. 대부분의 아이들은 TV에서 Mr. Rogers가 매일 물고기에게 먹이를 주는 것을 보았을 것이다. 이제 아이들도 식물과 햄스터를 포함한 살아있는 생물체들을 보살펴줄 수 있는 기회가 생긴 것이다.

실수를 수용해주는 모델이 되어주기

옷을 더럽혔다는 이유로 꾸중을 들은 경험이 있는 아이들은 새로운 미술 활동의 시도를 두려워할 수 있다. 그런 아이들은 끈적거리는 옥수수 전분을 짜내거나 손가락에 물감을 묻혀서 그림을 그리는 것을 몹시 싫어한다. 심지어 어떤 아이들은 활동을 하다가 손이 끈적거리거나 질척해지면, 어른들이 무슨 말을 할 지 몰라 두려워하는 것처럼 손을 뒤로 숨기기도 한다.

어떤 아이들은 운동 처리 기술(motor processing skills)에 문제가 있다. 한 여자 아이가 가벼운 방망이로 큰 공을 치는 활동을 처음 시도했을 때 사람들이 그 아이의 서툰 동작을 비난했다고 가정해보자. 새로운 기술을 배우는 동안 우리는 모두 실수를 한다는 것을 어린 아이들이 깨닫는 것이 중요하다. 심지어 성인들도 무언가를 배운 후에 집중하지 않으면 잊어버릴 수 있다. 예를 들어 초콜릿 푸딩을 만드는 동안 불을 약하게 유지하고 계속 저어주어야 한다는 것을 배워서 알고 있는 성인도 푸딩을 덩어리지게 만들고 바닥에 눌러 붙게 만들어서 태우기도 한다.

만일 당신이 예의범절에 어긋난 행동을 하였고 한 유아가 당신에게 그것을 상기시켜주었다면, "얘야, 정말 네 말이 맞구나. 그 좋은 규칙을 내가 기억하고 지켜야 했네!"라고 기분 좋게 말하라. 언젠가 한 번 내가 하품을 했을 때 어떤 유아가 나에게 다가와서 하품을 할 때는 손으로 입을 가려야 한다고 알려주었다. 그 행동은 그 아이의 어머니가 정한 규칙이다. 그리고 나는 그 행동이 좋은 예의범절이라는 그 어머니의 생각에 동의했다. 배려를 하지 않거나 상처를 입히는 것과 같은 행동은 잘못된 행동이지만 실수를 하는 것은 잘못된 행동이 아니다. 어린 아이들은 의도적으로 규칙을 위반하는 행동과 아직 기술을 잘 배우지 못했거나 정보가 없어서 생기는 정당화될 수 있는 실수 간의 차이를 인식하지 못할 수도 있다. 걸음마기 아이들은 양을 강아지라고 부를 수도 있다. 이런 실수는 다른 사람들의 감정을 상하게 하거나 육체적으로 상처를 주는 것과는 현저히 다른 것이다. 아이들은 우리는 모두 실수를 한다는 현실에 익숙해질 필요가 있다.

내가 어떤 가정을 방문했을 때 어머니는 집에 없었고 그날 날씨가 따뜻해서 양말을 신지 않은 걸음마기 아이를 할머니가 돌보고 있었다. 그 아이는 "이 작은 아기 돼지는 시장에 갔어요(This little piggy went to market); 이 작은 아기 돼지는 집에 있었어요(This little piggy stayed home); 이 작은 아기 돼지는 구운 소고기를 먹었어요(This little piggy had roast beef); 이 작은 아기 돼지는 아무것도 안 먹었어요(This little piggy had none); 그리고 이 작은 아기 돼지는 잉 잉 잉 울면서 집에 갔데요.(This little piggy went 'Wee, wee, wee all the way home)"라는 음률에 맞추어 손으로 발가락을 만지며 노는 게임을 매우 좋아했다. 그 아기는 게임을 할 때마다 환하게 웃었고 그 게임을 몇 번이나 반복해서 하자고 했다. 하지만 엄마가 돌아왔을 때 그 아이는 엄마에게 이 친절한 분이 함께 재미있는 게임을 하며 놀아주었지만 "큰 실수"를 했다고 말했다. 그 아이와 엄마는 채식주의자였고 그 재미있는 게임을 하는 동안 그들은 **구운 소고기** 대신에 **두부**라는 단어를 사용했었던 것이다.

우리는 우리 자신의 실수에 대해 웃어넘길 필요가 있고 우리 자신의 실수를 통해 유아기에 대한 더 큰 통찰력을 얻게 된다.

평화로운 방법으로 질서있고 조화로운 교실 유지하기

어질러진 것과 무질서한 것을 혼동하지 마라. 사실 장난감들은 바닥에 흩어져 있기 마련이다. 그러나 아이들은 질서있게 정리된 교실에서 마음이 안정될 수 있다. Fiese(2006)는 아이들에게 어질러진 부엌과 식탁이 보이는 가족 사진들을 보여주었다. 그녀는 아이들에게 깔끔하게 제자리에 보관된 주방용품과 물건 그리고 정돈된 테이블 세팅에서 질서정연함을 느끼게 해주는 사진들도 보여주었다. 연구결과 아이들은 물건들이 질서있게 정리되어있을 때 더 안전하다고 느꼈고 그런 상황에 있는 가족들이 더 행복해보이고 더 사이가 좋아 보인다고 판단한 것으로 나타났다.

규칙적으로 식사 제공하기

어린 아이들은 배가 고플 때 스트레스를 받고 까다롭게 행동한다. 모든 아이의 식사량은 각기 다르다. 어떤 아기들은 2시간마다 수유해야 하고 어떤 아기들은 3-4시간 간격으로 수유해야 한다. 아이의 고통이 어디에서 비롯된 것인 지를 알아주는 성인이 없는 경우 배고픔은 아이를 짜증내는 아이로 변하게 만든다. 아이들이 선택하여 먹을 수 있도록 영양가 있는 간식들을 준비해 주어라. 어떤 어린 아이들은 익숙하지 않은 질감의 음식들을 계속해서 거부하기도 한다. 식사 전 아이가 식탁을 차리는 과정에 함께 참여한다면, 아이는 식사 공간을 더 예쁘게 만들고 도우미 역할을 멋지게 해낸 자신의 기술에 자부심을 느낄 것이다. 아이들은 스스로 작은 플라스틱 피처에 들어있는 주스나 우유를 컵에 따르면서 자부심을 느낀다. 아이들은 통밀 과자 위에 자신이 원하는 땅콩 버터와 젤리를 바를 수 있다. 음식은 아이들과 성인들 모두의 스트레스를 줄여줄 수 있는 훌륭한 방법이다. 아침과 오후에 건강에 좋은 간식을 제공해주어서 아이들이 자신의 욕구에 따라 필요한 시간에 먹을 수 있게 해주어라.

강박적 과식증은 양육자들이 주의 깊게 살펴보아야 할 또 다른 스트레스 사인이다. 한 4세 아이의 아버지는 주말에 자신이 아이와 함께 있을 때 어린 자녀를 돌보는 즐거움을 느끼기 위해서 아이에게 기저귀를 채워주었다. 그 아이의 어머니는 그가 화장실을 사용하는 기술을 배울 수 있도록 도와주고 있었다. 아이는 이런 당혹스러운 상황에 대처하는 방법으로 게걸스럽게 과식을 하였다. 아이는 모순된 부모의 기대 속에서 살고 있었던 것이다.

지속적인 음식 거부가 아이에게 스트레스가 있을 수 있다는 경각심을 불러일으키는 것처럼 과식도 스트레스 사인이 될 수 있다. 신경전달물질이며 주요 우울증 치료제인 세로토닌은 사람들의 기분을 좋게 만든다. 다크 초콜릿과 같은 위안 음식물은 세로토닌을 증가시킨다. 만성적인 스트레스가 있을 때 인체 내에 코르티솔과 인슐린의 분비가 증가된다. 이것은 식욕을 증가시키는 원인이 될 수 있고 아이가 고열량의 지방과 단 음식을 과잉으로 섭취하도록 유도할 수 있다. 학교에서 오직 "완벽한" 성적만 받기를 원하는 한 예민한 아이가 집에서 편식을 하고 조금씩만 먹었다. 그러나 그 아이의 부모는 부엌 장에 숨겨놓은 사탕이 자주 없어진다는 것을 알고 있었다. 음식에 대한 태도와 행동은 아이의 스트레스를 보여주는 것일 수 있다. 치료 전문가들은 학대나 방임으로 인해 장애가 있는 일부 아이들은 안전하고 새로운 환경에서 음식이 풍부하게 제공될 때에도 강박적으로 음식을 비축하려고 한다고 보고한다.

편안하고 조용한 낮잠시간 유지하기

충분한 수면은 훌륭한 스트레스 해소 방법이다. 아이들이 침대에 누워있을 때 부드럽게 천천히 등 문질러주기, 잔잔한 음악, 폭신한 담요, 희미한 불빛은 아이들이 더 편안하게 쉴 수 있게 해준다. 당신은 낮잠시간에 휴식을 잘 취하지 못한 아이들이 교실 일과에 안정적으로 참여하지 못하고 늦은 오후 시간에는 친구들과 잘 어울려 놀지 못한다는 것을 목격한 적이 있을 것이다.

의례적인 일들을 기념하고 축하해주기

예측 가능성은 아이의 불안을 줄여주는 중요한 교육과정의 구성 요인이다. 어린 아이들은 정확한 시간 개념을 갖고 있지 않다. 그들은 생일까지 여러 달이 남았음에도 불구하고 교사에게 "할머니가 내 생일을 축하해 주시기 위해 다음 주에 오실 거에요"라고 자신 있게 말한다. 언젠가 나는 식탁에서 함께 점심을 먹고 있던 한 그룹의 유아들에게 점심 식사를 마친 뒤 무엇을 해야 하는 지를 질문하였다. 당연히 우리는 매일 점심 식사 후에 세수를 하고 이를 닦고 담요를 가지고 침대로 가서 낮잠을 잘 준비를 했었다. "동물원에 가나요, 선생님?" 한 아이가 활기를 띠며 질문했다. "우리는 놀이터에 갈거야!"라고 다른 아이가 말했다. 예측 가능한 하루일과는 활동이 어떻게 계획되고 시간 별로 배열되는 지를 더 잘 알게 해주어 아이에게 안정감을 준다.

대부분의 교사들은 아이의 생일을 축하해주기 위해 특별한 의식을 준비한다. 이 특별한 생일 의식에서 아이들은 달콤하고 맛있는 것들이 준비되어있는 탁자에 앉아 한 명씩 돌아가면서 생일을 맞이한 아이에게 뭔가 좋은 말을 해주는 멋진 시간을 경험할 수 있을 것이다. 아이들이 각자 재미있는 놀이 활동을 선택하기 전에 아이들이 한 그룹으로 모일 수 있게 해주는 아침 인사 의식을 사용하라. 장난감을 정리하는 시간이나 마음 속의 소리를 사용하는 침묵의 시간을 알리는 특별한 노래들은 하루 동안 평온을 유지시켜주는 의식이다.

아이를 존경받고 인정받는 교실 도우미로 참여시키기

아이들의 돕는 행동을 구체적으로 칭찬해주어라. 자신이 살고 있는 가정과 교실의 공간을 더 안락하고 정돈된 곳으로 변화시키는 활동에 참여한 아이는 자신의 가정과 교실에서 더 편안함과 안정감을 느낀다. 아이들은 장난감들이 사방에 아무렇게나 던져져 있는 무질서한 공간이었던 그들의 환경을 더 행복하고, 더 쾌적하며, 스트레스 받을 가능성이 더 적은 환경으로 정리하고 만들어가는 자신의 어른스러운 능력을 매우 자랑스럽게 느낀다. 유아들은 성인들이 그들 곁에서 도와주고 그들의 노력을 칭찬해줄 때 훨씬 더 즐겁게 여러 가지 일들을 해낼 것이다. 교실을 행복한 장소로 지켜나가기 위해 필요한 여러 가지 일들을 논의하는 과정에 아이들을 참여시켜서 힘을 실어주어라. 유아들은 특히 계획하는 과정에 참여하는 것을 즐길 것이다. 유아들은 블록 놀이나 실내 등반을 할 수 있는 더 넓은 공간이 필요하다는 결정을 내릴 수도 있다. 그들은 블록을 더 편리하게 보관할 수 있는 방안을 제안할 수도 있다. 정리정돈 시간에 열의가 없고 쉽게 포기하는 아이와 함께 일할 때 당신이 아이 곁에 조용히 있으면서 안심시키는 낮은 목소리로 도움을 주면 아이의 힘든 마음은 줄어들고 유능감은 향상된다.

부모가 보육기관에 방문하는 것과 같은 특별한 행사를 계획할 때 아이들을 참여시켜라. 아이들은 미리 과자를 구울 수 있다. 아이들은 그들의 점토 작품을 어느 테이블에 놓고 그들의 그림과 콜라주 작품을 어디에 전시할 지를 결정할 수 있다.

아이들을 변화에 준비시키기

성인들의 계획이 구체적일 때 아이들의 불안감은 줄어든다. 어떤 아이들은 미지의 예측할 수 없거나 낯선 상황에 의해 쉽게 혼란스러워한다. 교사나 양육자들이 아이들에게 **무엇이, 언제, 어떻게** 발생할 지에 대해 더 분명하게 설명해줄수록 아이들의 스트레스는 감소된다. 보육기관에서 교사가 언제 발생할 지 모르는 화재에 대비하는 훈련을 준비할 때 이런 방식으로 준비하는 것은 흥미로운 일이다. 교사들은 빈틈없이 명확하게 지시한다. 교사들은 아이들에게 어디에서 무슨 일이 발생할 것인 지 안내해준다. 점심시간에 사용했던 종이접시를 치우는 것을 거부하던 아이가 다음에 무엇을 하고 왜 해야 하는 지에 대한 설명을 정확하게 해주었을 때 얼마나 더 협조적으로 행동하는 지 주의 깊게 살펴보아라. "애들아, 우리 손을 한 번 보자. 손에 마카로니와 치즈의 끈적거리는 소스가 묻어있네. 그래서 우리는 지금 손을 씻으러 갈거야." 명확하게 이야기하라. 천천히 이야기하라. 간단하게 설명하라.

아이들이 앞으로 일어날 일들에 대하여 마음의 준비를 할 수 있도록 안심시켜주는 목소리로 간결하고 사실적으로 표현하라. 이런 방법을 사용할 때 반항과 거부로 이어질 수 있는 불확실한 감정들을 줄여줄 것이다. 한 어린 아이가 완전히 겁에 질려서 견학을 가지 않겠다고 말했다. 아이들이 어떤 상황에 대해 심하게 걱정하는 것처럼 보인다면 부드럽게 질문하라. 언젠가 우리 센터에서 유아들을 데리고 공항에 방문할 계획을 세웠었다. 그 아이는 한 번도 지상에 세워져있는 비행기를 본 적이 없었다는 사실이 나중에 밝혀졌다. 교사들은 아이들에게 우리가 방문하는 동안 공항에 있는 친절한 분들이 비행기 내부를 볼 수 있도록 우리를 안내해줄 것이라고 말했다. 이 어린 유아는 그가 보았던 하늘 높이 날고 있는 비행기들은 너무 작아서 들어갈 공간이 없을 거라고 믿었다. 만일 우리가 그 아이를 비행기 안으로 들어가게 한다면, 그 아이는 자신이 짓눌릴 거라는 공포심을 느꼈을 것이다. 때때로 아이들의 스트레스는 간단하면서도 명확한 설명과 안심시키는 말로 제거될 수 있다.

아이들에게 교실에서 기대되는 행동의 이유 제시하기

한 걸음마기 아이가 교실에 있는 식탁 위로 힘들게 올라가서 기쁨의 환성을 지른다고 가정해보자. 그 아이는 테이블에서 내려오라는 당신의 부드러운 요청에도 속이 상할 수 있다. 그 아이가 내려올 수 있도록 도와주면서 테이블은 간식 시간에 우리가 먹는 음식들을 올려놓는 곳이라는 설명을 해주어라. 테이블은 깨끗하게 사용될 필요가 있다. "아래로 내려오자. 내가 도와줄게. 너는 테이블에서 떨어질 수도 있어. 이제 바닥에서 안전하고 재미있게 놀 수 있어." 보육기관에서 아이들이 요리 교실이나 다른 교실로 가기 위해 아래층으로 내려갈 때 난간을 잡아야 하는 이유를 여러 번 설명해야만 할 수도 있다. 아이들에게 요구되는 사항들이 합리적이라고 느껴질 때 아이들의 스트레스는 줄어든다. 매직 마커는 종이에 색을 칠하기 위한 것이다. 매직 마커는 벽에 낙서를 하기 위한 것이 아니다. "벽의 낙서를 지우기 위해 가서 스펀지와 그릇에 물을 담아서 가지고 오자. 그런 다음에 그림을 그릴 종이를 가져다줄게." 만일 한 아이가 친구를 괴롭힌다면 마음이 상해있는 아이를 대신해서 말해 주어라. "Jerry가 엎드려 있을 때 네가 Jerry의 등 위에서 트럭을 달리게 하는 것을 Jerry는 좋아하지 않을 거야. 너는 바닥에서 너의 트럭으로 멋지게 운전 할 수 있단다."

아이들에게 낙관적이고 긍정적인 정서반응 제공하기

교사나 부모와 같은 보육 제공자는 아이들의 모델이다. 아이의 삶에서 성인들이 비명을 지르거나 고함을 치거나 물건을 던지거나 신체적 폭행을 하거나 다른 사람들을 야유하는 경향이 있는가? 예상치 못한 성가신 사건들이 발생했을 때 성인들이 수용하는 모델의 역할을 하는가? 한 아이가 과일 주스를 쏟아서 사방으로 튀었을 때 교사는 차분히 스펀지들을 가지고 와서 모든 아이들에게 과일주스를 닦아내는 것을 도와달라고 요청하는가? 성인들이 아이들에게 자신의 화난 감정을 다스리기 위해 무엇을 어떻게 하는 지를 가르치는 것은 매우 중요하다. 화장실에 들어간 교사는 걸음마기 아이가 세면대에 종이수건을 가득 넣어서 세면대에 물이 넘치는 것을 발견했을 때 어떻게 반응하는가? 아이들과 당신 자신에게 스트레스를 줄 수 있었던 상황을 당신이 품위 있고 침착하게 다루었던 상황들을 생각해보아라. 블록으로 쌓은 탑이 무너졌거나 원하는 방식으로 장난감 놀이를 할 수 없어서 아이들이 심하게 좌절하고 화를 낼 때에도 당신이 그들에게 긍정적으로 밝게 이야기했던 시간들에 대해 생각해보아라. **엔돌핀**은 젊은 사람과 나이든 사람 모두의 기분을 좋게 만들어주는 신경전달물질이다. 그와 반대로 화가 나거나 두려울 때 **스트레스 호르몬**은 증가한다. **낙관적인 감정과 대화는 엔돌핀의 생성을 돕는다.** 아이들을 격려해 주기 위해 아이들이 매일 복용해야 할 낙관적인 대화와 명랑한 발언을 제공해 주어라. 아이들은 더 많은 에너지를 얻어서 스트레스를 극복할 수 있게 된다. 당신은 침착하고 마음을 위로해주는 언어전략을 통해 가벼운 스트레스 상황이나 힘든 스트레스 상황에 대처하는 모델을 제공하고 있는 것이다. 당신이 아이들의 모델이라는 것에 자부심을 가져라.

공격적인 상호작용을 간과하지 않기

교사들은 아이들 간의 문제 상황에 개입할 시기를 결정해야 한다. 사소한 의견 차이가 있을 때 교사가 잠시 기다리면 아이들은 그들 스스로 문제를 해결한다. 눈이 온 바깥 놀이터에서 눈사람을 만들고 싶었던 어린 Jacki는 자기보다 나이가 많은 유아들을 불러냈다. 처음에 그 유아들은 자신들이 만들고 있는 눈사람을 Jacki가 망쳐버릴까봐 두려워서 Jacki가 참여하는 것을 거부했다. 그 때 재치있는 Jacki는 눈이 쌓여있는 장소와 눈사람을 만들고 있는 장소 사이를 왔다 갔다 하며 수레로 눈을 운반

하는 도움을 주겠다는 제안을 했다. 그러나 아이들이 발로 차고 주먹으로 치고 서로에게 상처를 입힐 때 그런 공격성을 간과하는 것은 상황을 더욱 악화시킬 뿐이다.

4살인 Dina는 집에 와서 자신의 부모에게 친구를 때려도 괜찮다고 말했다. 깜짝 놀란 Dina의 아빠와 엄마는 그녀에게 물었다. Dina는 엄마에게 그녀의 선생님인 Mr. Jerson은 아이들이 싸울 때 신경을 쓰지 않았다고 말했다. 선생님은 때리는 것을 못 본 척했고 어떤 행동이나 말도 하지 않았다. 교실에서의 생활을 예리하게 관찰하던 Dina는 이 상황에 대해 생각했다. 그리고 Dina는 선생님이 보여준 행동에 비추어 볼 때 때리는 것이 허용되는 행동이라면 아이들은 그들이 원할 때마다 서로 때릴 수 있다는 결론을 내린 것이다.

교사들은 아이가 다른 아이들을 공격하지 않고도 화를 잘 다스리도록 돕기 위해서 많은 시간을 주의 깊게 관찰하고 독창적인 아이디어를 생각해낼 수 있어야 한다. 교사들이 사용하는 기법들은 때와 대상에 따라 효과가 다르게 나타난다. 교사가 아이들이 교실에서 매우 안전하다고 느끼고 개인적으로 사랑받고 있다고 느끼도록 도와줄수록 아이는 다른 아이들에게 상처를 입히지 않고도 분노를 다룰 수 있는 방법에 대한 교사의 제안에 더 귀를 기울이는 경향이 있다. 각각의 도전적인 상황에서 당신이 선택해서 사용할 수 있는 스트레스 감소 기법들이 들어있는 상상의(그러나 심리적으로 이용 가능한) 개인적인 게임 주머니를 만들어라(Honig, 2003b).

어떤 교사는 마치 사랑스럽게 으르렁대는 곰이 아이들에게 귀 기울여 들어 줄 것을 요청하는 것처럼 웃으면서 매우 낮은 목소리로 이야기 할 수도 있다. 다른 교사는 아이들에게 그룹에서 조용히 대화할 것을 일깨워주기 위해 자신만의 방법으로 손가락을 움직여서 의사를 표현할 수도 있다. 또 다른 교사는 그룹의 주의를 집중시키기 위해 브로드웨이식으로 노래를 큰 소리로 부른다. 또 다른 예로 교사는 프랑스어로 “Si'l vous plait!(제발)” 이라고 큰 소리로 말해서 아이들을 놀라게 하여 그들의 주의를 수업에 집중시킨다.

“분노에서 빠져나오게 해주는” 과자 굽기

Fred Rogers(아이들에게는 Mr. Rogers로 잘 알려져 있는)는 부모의 가장 중요한 역할 중 하나는 아이가 분노를 다스릴 수 있는 건강한 방법을 찾도록 도와주는 것이라고 믿었다. 그는 “우리는 우리 자신이 느끼는 분노에 어떻게 대처해야 하는가?”라는 질문을 통해 이러한 관심을 표현하였다(Rogers & Sharapan, n.d.). 그가 제안한 활동들 중 하나는 화가 난 아이와 함께 “분노에서 빠져나오게 해주는” 과자를 굽는 것이다. 그는 밀가루 반죽을 더 많이 찧을수록 더 맛있는 과자가 만들어진다고 아이들을 안심시킨다. 과자를 만드는 방법은 Mr. Rogers 이름으로 된 PBS Kids 웹사이트에서 이용할 수 있다(http://pbskids.org/rogers/parentsteachers/theme/1691.html).

아이들이 반죽하고 쥐어짜고 찧고 밀 수 있는 과자굽기 활동은 아이들이 분노 감정에서 빠져나오게 도와주는 좋은 방법이라는 것이 입증되었다. 오븐에서 굽는 동안 맛있는 냄새가 나고 다 구워지면 맛있게 먹을 수 있는 과자를 만들기 위해 아이들은 그들의 긴장된 근육들을 창의적인 방법으로 사용한다. 유대인 아이들이 다니는 일부 교실에서는 금요일에 모든 아이들이 부모들을 위해 할라(challah) 빵을 굽는다. 음식의 향, 의식, 반죽을 치대고 꼬는 즐거움은 모두 목적 의식과 평화 의식을 고취시킨다. 만일 당신의 시설에서 음식을 할 수 없다면 아이들에게 플레이도우나 찰흙을 쥐어짜고 찧게 해주어라. 아이들은 플레이도우를 찌르고 떼어내고 쥐어짜거나 플레이도우를 가지고 긴 뱀이나 용의 모양을 만들면서 그들의 예술적 창의성을 표현할 뿐만 아니라 그들을 괴롭히는 문제로 인한 울분도 발산시킨다. 찰흙이나 플레이도우를 내리치고 뭉개는 활동은 좌절감을 표출시킬 수 있는 안전하고 말없이 행해지는 치료방법 중 하나이다.

전이 시간의 문제를 완화시키기 위해 당신의 속도 늦추기

아이들은 서두르는 것을 싫어한다. 아이들은 그들 자신의 속도로 식사하는 것을 좋아한다. 유연하게 대처하라. 어떤 어린 아이들은 다른 아이들이 아직 식사하고 있는 동안에도 식탁에서 내려와 놀 수 있다. 어떤 아이들은 다른 아이들보다 훨씬 더 천천히 식사한다. 어떤 아이들은 식사 시간이나 놀이 시간을 급하게 끝내고 정리할 때 무척 속상해한다.

다른 전이 시간에 당신의 속도를 빠르게 하기

어린 아이들에게 점심 식사나 밖으로 나가는 기회를 참을성 있게 기다리는 것은 어려운 일이다. 교사들이 각 아이가 겨울 옷을 입는 것을 도와주는 동안 아이들이 줄을 서서 오랫동안 기다려야 한다면 참을성이 없고 까다로운 아이들은 다른 아이들을 밀고 당기기 시작할 것이다. 음식이 늦게 나와서 한참 동안 식탁에 조용히 앉아 있어야 할 때 아이들은 가만히 있지 못하고 들썩이거나 기다림에 지쳐 축 늘어진다. 떠들썩한 야외 놀이를 마치고 교실로 돌아왔을 때 모든 아이들이 갑자기 실내에서 사용하는 조용한 목소리로 말할 준비가 되어있는 것은 아니다. 일부 교사들은 아이들이 야외놀이에서 교실로 돌아오는 동안 더 조용한 걸음과 목소리로 바꿀 수 있도록 도와주는 게임을 능숙하게 만들어 낸다. 교사들은 아이들에게 가상의 이어폰을 착용할 것을 요청한다. 교사들은 건물 안으로 활기차게 뛰어 들어오는 아이들에게 쉿 하라고 말하거나 비난하는 것 보다 실내로 다시 들어오는 동안 아이들에게 꿈을 꾸는 듯한 우주음악(outer space music)을 듣는 것처럼 행동하라고 요청한다.

실내놀이에서 바깥놀이로 전이하는 동안 아이들이 하던 작업을 중간에 그만두어야 하는 상황에 대해 걱정한다면 그들의 작업이 안전하게 유지될 것이라고 안심시켜주어라.

> Martin이 높은 탑을 열심히 쌓고 있을 때 마침 Martin이 속해 있는 그룹이 놀이터로 나갈 시간이 되었다. 교사가 놀이터로 나갈 시간이라는 것을 알려주었을 때 Martin은 화가 나서 얼굴을 찌푸렸다. 교사는 Martin에게 "나가야 돼!"라고 크고 완고하게 말하기보다 그가 멋지게 만들고 있는 탑의 진가를 인정해주었다. 교사는 바깥 놀이 시간이 끝나고 돌아왔을 때 그가 계속해서 탑을 쌓을 수 있도록 그의 탑은 그 곳에 안전하게 남아있을 것이라고 약속했다.

교사들은 그와 같은 상황에서 능숙하게 창의성을 발휘한다. 교사들은 우스꽝스러운 노래를 부르거나 함께 리듬에 맞추어 탁자를 두드리면서 어린 아이들의 전이 시간의 문제들을 완화시켜준다. 점심 식탁에서 음식을 기다리는 동안 당신은 어떤 종류의 우스꽝스러운 노래를 지어내서 함께 부를 것인가? "우리는 벌레 튀김과 초콜릿을 입힌 개미를 기다리고 있는 거야. 우리가 기다리고 있는 디저트는 벌레 튀김과 부드럽고 쫄깃한 개미야!" 익살스러운 게임에 익숙해진 아이들은 활짝 웃으며 기이한 먹거리에 대한 그들 자신의 아이디어로 맞장구를 칠 수도 있다.

유머 사용하기

웃음은 심장에 좋고 엔돌핀의 분비를 촉진시켜준다. 수많은 상해를 입히는 영화를 볼 때 감소하는 혈류량이 코미디를 보면 증가한다. 유머는 교사의 스트레스도 완화시켜준다. 아기용 의자에서 이제 막 식사를 마친 걸음마기 아이의 입과 손을 닦아주는 것을 끝낸 당신이 아기용 의자의 선반에서 아이의 식사 그릇을 치우는 것을 잊어버렸다고 가정해보라. 당신이 뒤돌아보았을 때 아이는 이미 그릇에 남아있는 야채 스프를 그의 머리에 붓고 있었다. 당신 자신에게 고급 스파에서 식물성 샴푸로 머리를 감고 얼굴 마사지를 받으려면 엄청난 돈을 지불해야 할 것이라고 말하라. 힘들게 일하고 있는 교사들을 몹시 짜증나게 만들 수 있는 아이의 작은 사고를 유머로 받아 넘기는 것은 좋은 **재구성 기술들을** 반추하게 해주고 그 상황에 대한 스트레스를 줄여주며 심지어 그 스트레스 상황을 재미있게 느끼도록 해줄 수도 있다. 그런 일화는 나중에 친구들과 함께 웃으며 말할 수 있는 재미있는 이야기 거리가 될 것이다.

가끔 아이들이 웃을 수 있는 우스꽝스러운 농담을 하라. 교사는 걸음마기 아이들과 함께 간식용 테이블에 앉아서 크게 활짝 웃으며 다음과 같이 말했다: "오, 맛있어. 나는 내 간식을 다 먹을 거야. 그 다음 Jenny 것도 다 먹고, 그 다음 Louie의 간식도 먹고, 그 다음 모든 간식을 다 먹어버릴 거야!" 처음에 아이들은 걱정스러운 표정을 지었다. 그러나 바로 Louie는 얼굴에 안도의 웃음을 짓고 다음과 같이 말했다. "선생님, 농담이죠!" 선생님은 크게 미소를 지었고 그들은 모두 함께 행복하게 웃었다.

웃음은 긴장을 완화시켜준다. 그들의 삶에서 행복을 느끼는 아이들은 걱정이 많거나 분노에 찬 아이들보다 훨씬 더 많이 미소 짓고 웃는다. 진부한 농담을 하라. 농담 안에 있는 개념적 불일치를 이해하지 못하는 걸음마기 아이들도 익살스럽고 재미있는 구성 방식을 좋아한다. 당신이 knock-knock 조크를 할 때 그들은 바닥을 때굴때굴 구르며 웃는다. 유아들은 "왜 그 닭은 도로를 건너갔을까?"와 같은 조크에 끼어들어 터무니없고 우스꽝스러운 답을 추가하기를 원한다. 그들은 이해하기 쉬운 우스꽝스런 농담을 좋아한다: "차의 뒷자리에서 짖는 강아지를 어떻게 하면 짖지 못하게 할 수 있지? 그 강아지를 앞자리로 데리고 와!" "멍멍 짖으며 똑딱똑딱 소리를 내는 것은 무엇이지? 강아지 시계!"

어린 걸음마기 아이들은 몸을 사용해서 유머를 한다. 한 걸음마기 아이는 판지로 만들어진 원형모양의 오트밀 박스 안으로 그녀의 발가락을 밀어 넣고 활짝 웃으며 말한다, "신발!" 걸음마기 아이들은 친숙한 존재나 물건에 터무니없는 이름을 지어주고 재미있는 말장난을 만들어내서 주고 받는 것을 즐긴다.

두 살이 된 Shoshannah는 내 의자로 가까이 와서 말했다, "Alice 할머니, 할머니는 Sobaka야!"(그녀 집에 있는 개). 그녀의 짓궂은 웃음에 동조하면서 나는 미소를 지으며 "그리고 너는 Tasha야!"(그녀의 다른 할머니 집에 있는 개의 이름)라고 말했다. Shoshannah는 킥킥거리며 즐겁게 웃었다. 우리는 계속해서 그녀가 알고 있는 친척과 친구들의 여러 강아지들의 이름을 주거니 받거니 하는 게임을 하였다.

걸음마기 아이들과 유아들은 가끔 말을 터무니없이 길게 만들어서 유머를 표현한다(Bergen, 2006).

C.가 점심식사를 마칠 무렵 엄마는 그녀가 가게에 가려고 했고 그도 올 수 있다고 말했다. C.는 "그리고 C.도 올 수 있고 그리고 아빠도 올 수 있고 그리고 Fluffy도 올 수 있고 그리고 치즈도 올 수 있고 그리고 식빵도 올 수 있다"고 말했다(p. 148).

높은 연령의 아이들은 수수께끼에서와 같이 발음하기 힘든 말이나 이중적 의미를 가지고 있는 말을 사용하여 농담하기를 좋아한다: "질문: 왜 당신은 사막에서 굶어 죽을 수 없을까? 답변: 사막에 있는 샌드(모래와 과자이름) 때문에!"(Honig, 1988 p. 69).

날이 음울하고 아이들이 축 늘어져있거나 기분이 언짢아 보일 때 아이들을 보고 활짝 웃으며 선생님의 우스꽝스러운 장난을 따라해 보라고 하라. "발가락으로 미소 지을 수 있니?" "손가락으로 낄낄거리고 웃을 수 있어?" "팔꿈치로 어떻게 웃을 수 있는 지 나에게 보여줄 수 있니?"

노래와 운율을 사용하여 학습의 즐거움 높이기

학교에서는 여러 다른 문화에서 온 아이들의 욕구에 세심하게 주의를 기울여 주어야 하고 영어가 모국어가 아닌 어린 아이들이 즐겁게 배울 수 있도록 노력해야 한다. 교사들은 저학년 아이들이 영어를 제2언어로 배울 때 새로운 언어를 배우는 모험을 즐길 수 있도록 지원해 주기위해 재미있는 운율과 노래와 같은 행복한 방법을 찾는다. 글자 사람(The Letter People) 프로그램에서 알파벳의 각 글자는 재미있는 인물로 변한다. 그들이 그려내는 이미지들을 보고 웃으면서 아이들은 "B씨는 아름다운 단추를 가지고 있어요(Mr. B has beautiful buttons)" 혹은 "M씨는 오물오물 거리며 먹는 입이 있어요(Mr. M has a munching mouth)"라고 노래한다. 재미있는 운율이 있는 노래는 초조한 느낌은 줄여주고 더 즐겁게 배우는 경험이 될 수 있도록 도와준다. 아이들이 교실에서 무언가 새로운 것과 난해한 것을 배울 때 교사가 사용하는 리듬, 노래, 재미있는 운율, 생생한 이미지는 아이들이 느끼는 긴장감을 줄여줄 수 있다.

상상력 북돋아주기

"신기한 스쿨버스(Magic School Bus)" 시리즈에서 교사인 Ms. Frizzle은 아이들을 데리고 다른 행성과 바다 속 같은 거칠고 믿기 어려운 여행을 떠난다. 아이들은 친숙하고 안전한 일상을 좋아한다. 그러나 보육기관에서 그들이 일단 안전하다고 느끼면 그들은 바로 창의적으로 구상된 특별한 이벤트를 기대하고 즐길 것이다. 바깥 날씨가 음울하고 마음도 날씨처럼 우울한 날에 실내에서 할 수 있는 가상적인 상황을 창의적으로 계획하는 것은 아이들의 기분을 전환시켜줄 수 있는 기회를 제공해 준다. 이런 날은 가상의 소풍을 준비하는 날이 될 수도 있다. 물이 있는 연못을 나타내기 위하여 커다란 초록색 시트를 펼쳐 놓아라. 점심시간에 "물가"에서의 특별한 소풍이 있을 예정이라고 모두에게 알려라. 아이들이 협력해서 땅콩 버터와 잼을 바른 샌드위치나 다른 음식을 만들게 하라. 초록색 시트로 표현한 가상의 넓은 녹색 연못 근처의 공간으로 산책을 갈 때 그들의 팔에 끼고 갈 바구니에 바닥에 깔 천을 잘 접어서 넣도록 장려하라. 플라스틱으로 만들어진 얕은 놀이용 수영장에 모래를 채우고 초록색 시트 옆에 두어라. 작은 통과 삽을 준비하라. 몇 개의 작은 장난감 공룡들을 모래 속에 숨겨놓아라. 가상의 소풍놀이를 정리한 후 아이들은 가상의 연못근처에서 그들의 상상놀이를 확장시킨다. 그들은 공룡을 찾기 위하여 모래를 판다. 창의성은 인간에게만 존재하는 소중한 보물이다. 창의적인 활동은 긴장감 해소에 도움이 될 수 있다(Honig, 2001).

예술 활동을 통해 긴장을 감소시켜 주기

예술 활동은 아이들이 자신의 감정을 표현하는 또 하나의 방법이다. 한 아이가 흥건하게 젖은 붓을 들고 이젤 위의 종이에 칠해진 파란색 물감이 천천히 미끄러져 내려가면서 파란색의 긴 자국이 만들어지는 것에 매료되어 눈을 크게 뜨고 바라본다. 콜라주 재료들을 받은 아이들은 종이 전체에 다양한 색의 반짝이들, 찢어진 종이조각들, 스티커들을 배열하고 붙인다. 아이가 얼마나 자신의 예술 활동에 몰입하고 자신의 창작물을 심오하게 감상하는 지가 아이의 얼굴에 나타난다. 예술 활동은 슬픈 정서를 드러낼 수 있게 해준다. Lonnie는 버스 한 대를 그리고 나서 갈색 마커로 그 위에 마구 낙서를 했다. 교사는 당황스러웠다. 교사는 그의 낙서로 인해 실망한 것처럼 행동하지 않았다. 교사는 아이에게 그의 그림에 대하여 그녀에게 이야기해줄 것을 부드럽게 요청했다. 아이는 "우리 아빠를 병원으로 싣고 가는 응급차에요"라고 진지하게 설명했다.

Lonnie의 그림 위에 마구 그어진 갈색 낙서는 아버지의 병에 대한 그의 어둡고 두려운 감정을 표현한 것이다.

자신의 이혼한 부모가 서로 싸우는 것을 걱정하던 한 아이는 상담사의 요청에 따라 엄마와 아빠의 그림을 종이의 양쪽 끝에 그렸다. 그는 종이의 한 가운데에 있는 자신이 엄마와 아빠의 긴 팔을 잡아서 하나로 합치게 하는 그림을 그렸다. 그가 간절히 바라는 것은 두 부모가 평화를 찾고 함께 손을 잡는 것이다.

평화의 장미 사용하기

교실에 예쁘고 깨지지 않는 꽃병에 실크로 만든 꽃인 평화의 장미(Peace Rose)를 꽂아 두어라(Paulson, 1997). 만일 두 아이가 장난감이나 극 놀이의 역할이나 누가 먼저 할 것인 지를 두고 싸우고 있다면 평화의 장미를 사용하는 규칙을 세워라. 아이들 중 한 아이가 가서 평화의 장미를 꺼내든다. 누구든지 그 장미를 들고 있는 아이는 무슨 일이 일어났고, 그 일어난 일에 대해 어떻게 느끼며, 그 상황에 대해 무엇을 해야 했다고 생각하는 지를 말할 수 있다. 그 후 다른 아이가 장미를 들고 어떻게 느끼고 무슨 일이 일어났는 지를 말한다. 평화의 장미를 사용하는 아이들은 서로 이름을 부를 수 없다는 규칙을 지켜야 한다. 아이들은 그들의 문제를 해결하기 위해 직접적으로 상호작용을 해야 한다(Honig, 1999). 자신의 감정과 의견 차이에 대한 입장 표현을 마쳤을 때 아이들은 문제를 해결할 수 있는 방법을 찾게 된다. 그런 다음 그들은 모두 "우리는 평화를 선포한다"라고 말한다. 교사는 어떤 아이가 교실에서 발생한 상황에 대해 불평할 때 "너는 장미를 들 필요가 있다고 느끼니?"라고 물어볼 수 있다.

아이의 참여를 높이기 위해 인형 사용하기

인형극은 아이들이 안전한 연극 형태로 공연되는 사회적 폭력을 도취된 채 바라보게 하는 고대 예술이다. 프랑스 공원에서 어린 아이들은 인형들이 소리를 지르고 서로 때리는 인형극을 몰입해서 본다. 그러나 인형은 갈등을 평화적으로 해결하는 방법을 가르치기 위해 사용될 수도 있다. 우리는 친구가 화를 낼 때 어떻게 도와줄 수 있을까? 아이들과 이런 문제 상황에 대한 의견을 나누는 토의시간에 흥미를 더해주기 위해 Homer Helper와 Fannie Fixer와 같은 인형 캐릭터를 만들어라. 어떤 아이들은 교실에서 서로를 배려하는 것에 대하여 이야기만 나누는 것 보다 인형을 사용할 때 더 흥미를 보일 것이다. 인형을 사용해서 친절과 나누기와 돕는 행동을 장려하는 방법에 대한 아이들의 관심을 높여줄 수 있다. 아이들의 상호작용이 더 평화적일수록 스트레스를 덜 받는 교실의 분위기가 될 것이다.

자기통제를 지속적으로 격려하기

당신이 맡고 있는 반의 아이들이 위협하는 또래를 피해서 그 자리를 떠나 버리거나 그 또래에게 자신이 얼마나 화가 나는 지를 말로 표현하는 것과 같은 다양한 자기통제 기법을 배울 수 있게 해주어라. 아이들은 화가 날 때 육체적으로 공격하는가? 아이들이 심하게 우는가? 아이들은 분노 감정에 대한 반응으로 장난감들을 내던지는가? 교사들은 스트레스를 받았을 때 인내의 한계치가 낮아서 쉽게 화를 내는 아이들에게 어디에서 자기통제기술을 가르치기 시작해야할 지 알아내기 위해서 섬세하게 조율된 관찰기술을 사용한다. 교사들은 곧 각 아이의 스트레스 한계치를 알게 된다. 교사들은 분노, 두려운 감정, 또래 거부, 다른 좌절에 대한 반응으로 나타나는 각 아이의 행동 유형에 익숙해진다.

서로의 상처 치유를 돕는 아이들을 바라보고 기뻐하기

아이들이 놀이 각본을 직접 만들기 시작하면서 그들은 자발적으로 다른 아이들을 초대해서 자신이 만든 각본의 역할을 맡긴다. 심지어 고립된 아이도 또래의 놀이 각본에 반응을 보이고 그 놀이에서 우주 비행사, 아빠, 영웅, 가족의 아기와 같은 역할을 맡는 것에 동의할 수도 있다. 교실에서 모두 서로 도와가며 놀이를 즐기는 아이들에게 당신이 그들을 얼마나 자랑스럽게 느끼는 지 강조해서 표현해 주어라. 당신이 맡은 그룹에 있는 다른 아이들이 불안해하거나, 강박적이거나, 화가 나거나, 위축되어 있는 아이를 그들의 놀이에 참여시키고 상호작용하는 모습을 경이로운 마음으로 바라보아라. 아이는 놀이 주제를 공유하기 위해 어린 아이들만의 마법의 방법으로 고립된 아이를 그 이야기 세상으로 끌어들일 수 있다. 또 다른 아이들은 걱정하는 아이를 그들의 상상의 세계에 포함시켜서 그 아이가 놀이를 통해 치유가 되어 내면의 긴장을 덜어낼 수 있도록 도와준다.

아이들의 정서적 질문에 정직하고 간단하게 답하기

아이들은 성인들이 두려운 비밀을 가지고 있다고 생각할 때 불안해한다. 그들은 자주 깜짝 놀랄 만한 질문을 한다. Livia의 할머니가 돌아가신 후 Livia는 교사에게 "우리 아빠는 언제 죽나요?"라고 물었다. 아이들이 죽음에 대해 질문했을 때 그들이 안심할 수 있는 대답을 하도록 노력하라. 어린 유아들은 최후로서의 죽음을 이해하지 못한다는 것을 기억하라. 유아들은 Roadrunner와 같은 TV 프로그램에서 증기 굴착기에 치이고 그에게 쏟아 부어진 타르(끈끈한 검은 액체)를 뒤집어썼던 코요테가 다음 방송에서는 다시 살아서 나타나 싸울 수 있는 만반의 준비가 되어 있는 것을 시청해왔을 수도 있다.

장례식에 다녀온 어떤 아이가 다음 날 보육기관에서 선생님이나 자신의 엄마나 아빠가 죽을 것인지 그 여부에 대해 불안해하며 물어본다면 명료하게 그리고 위안을 주는 방식으로 반응하라. Furman(1974)은 아이가 자신을 돌보아주는 어른에게 "이런 일이 나의 엄마나 나에게도 일어날 수 있나요?"라고 물어볼 때 아이의 시간 개념을 고려해서 답을 해야 한다고 기록했다. 우리는 우리 모두가 결국에는 죽는다는 것을 잘 알고 있다. 그래서 어떤 성인은 "아니야, 나는 죽지 않아" 또는 "너의 엄마나 아빠는 죽지 않아"라고 말하기를 주저할 수도 있다. 그러나 만일 부모나 선생님이 "맞아, 나는 죽을 거야"라고 말한다면 아이는 내일이나 다음 주에 죽는다는 의미로 이해한다. Furman은 부모는 "아니야"라는 말을 강조하면서 "아니야, 나는 오랫동안 아주 오랫동안 죽지 않을 거야"라고 답하고 부모인 당신은 성인이 된 아이를 즐겁게 지켜보기를 기대한다고 덧붙여서 말할 것을 권하였다(p. 37).

공감하며 경청하기

2001년 9월 11일 대참사 이후 많은 유아들은 교실에서 그들이 블록으로 만든 높은 건물들을 비행기가 폭격하고 격돌하는 파괴 장면을 놀이로 재현하였다. 다른 아이들은 그들의 공포를 놀이뿐만 아니라 말로도 표현하였다. 어린 아이는 자신이 사랑하는 교사와 부모가 강해서 자신에게 해를 입히려고 하는 나쁜 사람으로부터 자신을 보호해줄 것이라는 것을 분명하게 말해줄 때 안도하게 된다. 아이의 불평, 걱정, 두려움, 상처받은 감정에 대하여 공감하며 경청하라. 당신이 아이들에게 집중된 그리고 존중이 담긴 관심을 기울이면 아이들의 스트레스는 줄어든다.

결론

교사들이 교실의 평화를 증진시키고 스트레스를 감소시키기 위해 사용할 수 있는 많은 전략들이 있다. 그런 전략들은 아이들의 말을 귀 기울여 듣는 것에서부터 긴장을 줄여주기 위해 춤, 놀이와 같은 재미있는 활동을 권장하는 것까지 다양하다. 이 장에서 기술된 많은 제안들은 필요와 상황에 따라 개개인의 특성에 맞게 사용될 수 있다. 시간이 지나면서 그리고 당신의 진정성있는 돌봄에 대한 아이들의 신뢰가 더 깊어지면서 아이들은 아이들 사이에 그리고 아이들과 당신 사이에 배려하는 관계를 넓고 깊게 하기 위해 당신이 새롭게 만들어내는 많은 신호와 이야기 그리고 활동과 기법을 받아들일 것이다. 아이들을 보살펴주고 아이들을 **위해** 늘 곁을 지켜주는 당신으로 인해 아이들에게 중요한 안도감과 안정감이 생기면 당신은 각 아이의 내면에 편안함과 행복감을 증진시켜줄 수 있는 더 많은 방법들을 새롭게 만들어낼 수 있는 자유를 선물로 받게 될 것이다.

연구문제

왜 **같다**와 **다르다**의 개념을 아이들에게 가르치는 것이 중요한가?

당신은 다양한 배경을 지닌 아이들과의 대화를 어떻게 격려하고 만들어내는가?

당신이 서클타임에 할 수 있는 긴장 이완 운동 방법으로는 무엇이 있는가?

아이들의 자아존중감을 높여 주기 위해 사용될 수 있는 활동으로는 무엇이 있는가?

전이시간 동안 언제 당신의 속도를 늦추는 것이 중요한가?

전이시간 동안 언제 당신의 속도를 빠르게 하는 것이 중요한가?

CHAPTER 7

아이의 스트레스를 완화시켜주는 스토리텔링

스토리텔링은 아이와 성인의 마음을 사로잡는다. 당신이 동화책을 읽어주거나, 특정 아이만을 위해 지어낸 이야기를 들려주거나, 당신의 어린 시절에 대한 이야기를 들려줄 때에도 그 스토리텔링에 맞는 유형의 목소리를 사용하라. 이야기는 걱정을 잊게 해준다. 스트레스가 심하고 힘들었던 시기에 도움을 받았던 다른 아이에 대한 이야기를 읽어주는 행위를 "독서치료"라고 한다. 독서치료로 사용되는 이야기들에는 긍정적인 해결방안이 포함되어 있다. 이야기를 읽어주는 목적은 아이가 위안과 용기를 얻을 수 있도록 도와주기 위한 것이다.

스토리텔링 구연기법 연마하기

어린 아이들이 음식이 나오기를 기다리거나 실외로 나가기 위해 기다리면서 소란을 피울 때 당신이 들려주는 스토리텔링이 기다림에 지친 아이들의 스트레스를 줄여줄 수 있을 것이다. 음식이 나오는 시간이 지연되서 아이들이 축 늘어져 있고 지쳐 보이는 점심시간에 아이들의 마음을 사로잡는 짧은 이야기를 들려주어라. 아이들은 당신의 이야기를 듣는 동안 스트레스를 덜 받게 될 것이고 당신의 이야기를 들으면서 활기를 되찾게 되면 더 잘 먹게 될 것이다. 다른 유아들은 점심을 먹기 시작했는데 다섯 살인 Carrie는 배가 고프지 않다고 말했다. Ms. Madeleine은 그녀 특유의 스토리텔링 목소리로 옛날이야기를 들려주기 시작했다. Shan Lewis(1989)는 1분 동안 읽어줄 수 있는 이야기들을 모아놓은 그녀의 책에 이 이야기를 다르게 각색해 놓았다.

옛날 옛날 아주 먼 옛날에 아름다운 Sheba 여왕이 귀한 선물들을 낙타에 가득 싣고 캐러밴을 타고 여행을 왔어요. 그녀는 솔로몬 왕이 세상에서 가장 지혜롭다는 소문을 듣고 그를 찾아 왔어요. 솔로몬 왕은 그녀를 정중히 맞이하고 연회를 열어 맛있는 음식을 많이 대접하고 다양한 여흥도 준비했어요. 솔로몬 왕의 환대를 받은 여왕은 그 보답으로 그녀가 가지고 온 값진 선물들을 왕 앞에 풀어 놓았어요. 그녀의 신하는 꽃으로 아름답게 수가 놓인 카펫을 바닥에 펼쳐 놓았어요. 그러자 미소를 짓고 있던 여왕은 솔로몬 왕에게 카펫 위에 정교하게 수놓아진 수 백 송이의 꽃들 중에서 진짜 꽃 한 송이를 찾아보라고 했어요. 왕은 이 수수께끼를 어떻게 풀어낼 수 있을까요? 왕이 이 화려하고 아름다운 선물을 살펴보았을 때 카펫 위의 꽃들은 모두 실물과 똑같은 매력적인 색을 뽐내고 있었어요. 왕은 신선한 공기를 들어오게 하기 위해서 하인 중 한명에게 왕이 있는 방의 창문을 열도록 요청했어요. 그러고 나서 그는 카펫을 매우 주의 깊게 살펴보았어요. 곧 그의 눈은 빛났고 카펫에 있는 하나의 꽃을

가리켰어요. 그리고 여왕에게 저것이 진짜 꽃이라고 말했어요. Sheba 여왕은 너무 놀랐어요! 그녀는 정말 당황했어요! 왕이 얼마나 지혜로운 사람인지 알아보기 위해서 여왕이 준비한 기발한 질문에 대한 답을 왕은 어떻게 찾아냈을까요? 창문이 열렸을 때 솔로몬 왕은 작은 벌이 가벼운 바람을 타고 창을 통해 날아들어 온 것을 조용히 알아챘어요. 물론 아기 벌은 양탄자에 수놓아진 모든 예쁜 꽃들은 거들떠보지도 않고 진짜 꽃을 향해 바로 날아갔어요. 그리고 그 벌은 곧 바로 창문 밖으로 날아 가버렸어요. 여왕은 그 모든 아름다운 가짜 꽃들 중 어떤 꽃이 진짜인지를 알아내야하는 수수께끼를 풀 수 있도록 왕에게 도움을 준 그 작은 벌을 보지 못했어요. 그 여왕은 솔로몬 왕이 세상에서 가장 현명한 사람이라고 확신하게 되었어요!

교사가 이 이야기를 천천히 그리고 극적으로 실감나게 들려주었을 때 Carrie는 점심을 먹지 않겠다고 고집하던 행동을 멈추고 그녀의 음식을 먹기 시작했다. 그녀는 솔로몬 왕이 재치있게 수수께끼를 풀어낸 이야기를 듣고 즐기는 사이에 푹 빠져들었다.

개인화된 이야기를 통해 특정 스트레스를 완화시키기 위한 긍정적 해결방안 제공하기

호주의 임상의인 Brett(1986)는 그녀의 딸인 Amantha가 스트레스를 받고 있다는 사실에 처음 직면했을 때 Amantha를 돕기 위해 사용했던 기법을 아름답게 기술하였다. 이제 세 살이 된 그녀는 몇 주만 지나면 학교에 다니기 시작해야 한다는 것을 알고 있었다. 그녀는 "엄마, 내 배에 두통이 있어요(Mommy, there's a headache in my tummy)"라고 말했다(p. 1). Brett는 Amantha의 힘든 상황을 지원해주기 위하여 이름과 가족상황(부모와 강아지를 포함한)이 Amantha와 유사한 Annie라는 작은 소녀에 대한 이야기들을 만들어냈다.

특정 아이의 특정 스트레스를 다루기 위한 맞춤 이야기를 만들어낼 때 교사들은 Annie 이야기 기법을 각색하여 이용할 수 있다. 이야기를 주의 깊게 들은 아이는 주인공과 자신을 동일시하고 이야기에서 나온 그 주인공이 스트레스를 줄이기 위해 사용했던 방법들을 시도해볼 수 있다. 예를 들어 만일 항상 자기 방식만을 주장하기 때문에 친구들을 잃는 아이가 있다면, 당신이 지어낸 Annie 이야기의 주인공은 새롭고 긍정적인 방법들을 사용해서 다른 아이들과 상호작용할 수 있게 해주어라. 당신은 Annie의 역할을 맡고 아이는 Annie의 반 친구가 되는 역할극을 통해 그 새로운 방법들을 직접 실연해 볼 수 있다.

Brett가 지어낸 Annie 이야기들 중 하나에서, Brett는 Annie가 마법의 힘이 있는 대모가 있다고 상상할 수 있는 그녀의 능력을 이야기에 결부시켰다. 한 에피소드에서 대모는 Annie와 함께 동네를 날아다니기 위해 그녀를 초대한다. Annie는 그녀의 부모에게 친구 집에서 열리는 생일파티에 가기가 두렵다고 말했었다. Annie가 이전에 그 친구 집에 놀러 갔을 때 그 집의 개가 많이 짖어서 그녀는 겁에 질렸었다. 그러나 Annie는 그 파티에 가기를 간절히 원한다. 대모는 Annie를 도와서 친구의 집 문 앞에 있는 그 작은 개는 Annie가 그에게 친근하게 대해주기를 원해서 짖는 것이라고 상상하게 해준다. 그 개는 그녀가 그를 좋아하지 않는다고 생각한다. Annie는 강아지와의 문제를 새로운 방식으로 다시 생각한다.

Annie 이야기들에서 처럼 성인은 아이의 걱정이나 두려움을 위로해주고 완화시켜줄 수 있는 마법을 사용할 수 있다. Brett의 딸이 악몽을 꾸었을 때 Brett는 그녀를 위하여 또 다른 Annie 이야기를 만들어냈다. 이 이야기에서 Annie의 엄마는 Annie에게 보이지 않는 마법의 반지를 주었고 Annie가 잠자리에 들기 전에 조심스럽게 그녀의 손가락에 가상의 반지를 끼워주었다. 엄마는 Annie에게 이 반지는 아주 강력한 마법의 힘을 가지고 있어서 그녀의 꿈속에서 어떤 괴물도 Annie를 괴롭힐 수 없다고 말해주었다. 이 기법은 Amantha에게 놀라운 효과가 있었다. Brett는 아이에게 크레용을 주고 스트레스를 받는 상황에 대한 아이의 느낌을 그려보도록 장려하는 것을 추가로 제안하였다.

아이가 당신에게 들려주는 이야기로 연극 만들기

Paley(1990)는 아이가 자기 자신의 이야기를 들려준 다음 자신의 이야기 속 등장 인물들의 역할을 실연할 아이들을 선택할 수 있는 권한을 갖게 해주는 기법을 고안해냈다. 교사는 모든 아이들에게 자신의 이야기를 말 할 수 있는 기회를 준다. 물론 어떤 어린 아이들의 이야기는 TV 등장 인물, 영웅, 괴물에 관한 것일 수도 있다. 교사는 각 아이의 이야기를 수용해준다. 아이들의 이야기에는 어린 아이들을 잡아먹는 무서운 늑대가 나타나지만 그 후 아이들은 어떻게든 모두 탈출해서 엄마가 있는 집으로 안전하게 돌아오는 것과 같은 터무니없는 모순이 담겨있는 경우가 자주 있다. Paley는 자신이 어떻게 각 아이의 이야기를 이끌어내고 써내려가는 지를 기술하였다. 그녀는 각 아이에게 자신만의 작은 연극을 공연할 아이들을 고를 수 있는 선택권을 주었다. Paley의 기법은 각 아이가 자신의 개별적인 스토리텔링을 만드는 노력을 통해 자신의 내적 갈등과 타협하면서 자기 스스로 치유할 수 있는 힘이 있다고 믿는 교사로서 아이에 대한 그녀의 깊은 존중이 반영된 것이다.

스트레스를 완화시켜주기 위하여 스토리텔링 사용하기

어린 아이들을 안심시키고 진정시키기 위해서 어린 아이들의 특정 문제, 걱정, 분노, 좌절을 다루고 있는 특별한 그림책들을 읽어주어라. 많은 그림책들은 어린 아이들의 삶에서 일어나는 특정 주제의 스트레스를 다루고 있다.

스트레스를 다루는 책 선택하기

아이들이 경험하는 여러 주제의 스트레스를 다루는 다양한 그림책들을 선택하라. 부모로부터 버려지는 것과 사랑하는 가족 구성원의 죽음 같은 두렵고 힘든 상황들을 다루는 어린 아이들을 위한 책들이 있다. You Hold Me and I'll Hold You는 아이들에게 위안을 주는 책으로 엄마가 가족을 떠난 어린 여자 아이에 대한 이야기이다(Carson, 1992). 그녀의 아빠는 자신의 여자 형제의 장례식에 그녀를 데리고 가야 한다. 그 작은 여자 아이는 교회에서 장례식이 진행되는 동안 울고 있는 모든 성인들을 지켜보면서 마음이 아프고 우울해진다. 그녀는 만일 자신이 아빠의 무릎에 앉아서 서로 꼭 껴안고 있으면 마음이 편안해지고 기분이 좋아질 수 있다고 판단한다.

어떤 그림책들은 사랑하는 할아버지의 뇌졸중과 같은 병을 다룬다(dePaola, 1981). 다른 책들은 가족이 아이의 가장 친한 친구가 사는 동네를 떠나 멀리 이사를 갈 때와 같은 부모에게는 가벼워 보일 수도 있는 스트레스들을 다룬다.

Scholastic 출판사에서 발행한 일련의 책들에서 Metzger는 또래들이 "나는 너의 친구가 아니야!"라고 선언할 때 학교에 가는 것을 두려워하거나 괴로워하는 것과 같은 작은 공룡들의 속상한 감정들을 다룬다. 그리고 작은 공룡이 "내가 대장이야!"라고 공표할 때 교실에 있는 다른 공룡들의 분한 감정들을 다룬다. Metzger(1998)의 또 다른 이야기에서 작은 공룡인 Tara는 아이들과 함께 해변에 갔을 때 바다를 두려워하였다. 그녀는 물에 들어갈 용기가 나지 않았다. 그 때 Tara의 선생님은 Tara가 용감하게 행동했던 시간들을 생각해보라고 하였다. 다른 아이들은 애완동물 가게 주인이 학교에 가지고 온 도마뱀을 만지고 싶어하지 않았을 때 Tara는 도마뱀을 손으로 잡고 즐겼던 것을 기억하였다. Tara는 곧 미소를 지었고 다른 아이들과 함께 이리저리 첨벙거리며 놀기 위해 선생님의 손을 잡고 물속으로 들어갔다.

Don't Touch는 할아버지의 낚시도구를 만지지 말고 삼촌이 갓 구운 케익을 만지지 말라는 등의 말을 계속해서 듣던 한 아이의 분노를 다룬다(Kline, 1985). 그 아이는 자신의 놀이방에서 좌절감을 떨쳐버릴 수 있을 때까지 플레이도우를 두드리고 모양을 만든다. 그 다음에 그는 놀이방 문에 "접근금지!"라는 사인을 붙여놓는다. 이 남자아이는 부정적인 명령을 받아온 자신의 좌절스러운 경험들을 극복해내기 위해서 바로 그와 똑같은 부정적인 명령의 사인을 다른 사람들이 보도록 자신의 방 문 앞에 붙여놓는다.

사전에 미래의 스트레스에 대비하게 도와주는 책 선택하기

어떤 책들은 미래의 스트레스에 대한 사전대비에 도움이 된다. 당신이 아이들에게 읽어주기 위해 이런 책들을 선택할 때 당신은 아이가 경험할 미래의 상호작용에 있어서 아이의 공감, 배려, 친절, 도움을 장려하고 있는 것이다. 당신이 선택해서 읽어주는 책들을 통해 아이들은 미래의 스트레스를 생각하고, 대처하고, 줄이기 위한 최선의 방법들을 배울 수 있다. Nick Butterworth(1996)가 쓴 영국 책들은 공원을 관리하는 Percy가 주인공으로 나온다. Percy는 그의 공원에서 고통스러워하고 있는 작은 동물들을 기쁜 마음으로 친절하게 도와준다. 고슴도치는 그의 날카로운 가시 털들이 그가 생일파티에서 받은 풍선들을 터뜨려서 울고 있다. Percy는 지혜로운 해결방안을 생각해 낸다. 그는 코르크가 들어있는 박스를 가져와서 코르크로 고슴도치의 날카로운 가시를 하나하나 조심스럽게 씌어준다. 이제 고슴도치는 생일파티에서 행복하게 풍선을 잡고 있을 수 있게 되었고 풍선은 터지지 않고 산들바람에 따라 안전하게 위 아래로 움직인다.

또 다른 영국이야기인 Dogger에서 한 가족의 아기인 Dave는 꼭 껴안고 다니는 그의 오래된 Dogger가 없이는 잠을 잘 수가 없다(Hughes, 1989). 어느 날 Dave의 엄마는 그를 유모차에 태우고 그의 누나인 Bella를 데리러 학교 운동장으로 간다. Dave는 뜻하지 않게 그의 장난감 강아지인 Dogger를 잃어버린다. 취침시간에 그의 가족들은 모든 곳을 찾아보았으나 그와 오랫동안 함께 한 포근하고 소중한 강아지를 찾을 수 없다. 너무 속이 상한 Dave는 잠을 잘 이루지 못한다. 그러나 다음날 우연히 학교 운동장의 보행로에서 발견된 Dogger는 축제가 열린 학교에서 장난감을 파는 탁자 위에 다른 장난감들과 함께 놓여 있었다. Dave의 누나는 그 장난감 강아지를 구입한 소녀를 조용히 살펴보았다. Bella가 애원해도 그 여자 아이는 Dave의 동물 장난감을 되돌려주지 않을 것이다. 그래서 Bella는 Dogger를 돌려받기 위해 매우 관대하고 친절한 무언가를 하기로 결정한다. 그녀는 방금 전 축제에서 예쁜 헝겊으로 만들어진 곰 인형을 상으로 받았다. 동생에게 Dogger를 돌려주기 위하여 Bella는 그녀의 예쁜 곰 인형과 Dogger를 맞바꾼다. Bella는 Dogger를 그녀의 아기 남동생에게 주고 Dave는 안심하고 다시 행복을 느낄 수 있게 된다.

Seuss 박사의 책들은 유쾌한 운율과 삽화들을 이용하여 Horton이라는 코끼리를 소개한다. Horton은 Horton Hatches an Egg(Seuss, 1954)라는 책에서 믿음직스러운 코끼리로 등장한다. Horton은 어미 새가 짧은 휴가를 가는 동안 그녀의 알을 돌보아 주기로 한다. 그러나 그녀는 몇 달 동안 나타나지 않는다. 참혹한 날씨와 외로운 시간들 속에서도 Horton은 그의 약속을 지키고 알을 돌보아준다.

Horton Hears a Who(Seuss, 1956)라는 책에서 Horton은 꽃잎 위에 사는 작은 생물들을 돕는 진정한 친구이다. 도움을 요청하는 작은 생물들의 소리는 관심을 갖고 신경을 쓰는 Horton만이 들을 수 있었다. 원숭이들과 다른 동물들이 작은 생물들을 구하려는 Horton의 고집을 조롱하여도 Horton은 그들을 돕기 위해 노력한다. Little Bill: The Meanest Thing to

Say(1997)이라는 Bill Cosby의 책은 학교에서 친구들을 괴롭히는 아이가 다른 아이들에게 서로를 향해 점점 더 비열한 말을 하라고 요구할 때 아이들이 할 말("내가 왜 그래야 하는데?")을 제공해 준다.

큰 어른들과 나이가 많은 형제들의 세계에서 주눅이 들거나 무력하다고 느끼는 작고 어린 아이들에게 자존감을 높여줄 수 있는 이야기들을 선택하라. 6살인 Roy는 Seuss 박사의 The King's Stilts(1955)라는 책을 읽어주는 것을 좋아했다. 이 이야기에서는 궁전에 있는 왕의 작고 용감한 어린 사환이 땅속에 묻힌 왕의 대말들을 파내기로 결심한다. 고약한 고관이 궁전에서 그 대말들을 훔친 후 땅에 묻어버렸다. 왕은 너무 슬퍼하였다. 왕은 매일 늦은 오후에 하던 일을 멈추고 그의 어린 사환과 함께 대말을 타고 놀면서 행복해 했었다. 왕이 대말을 타고 돌아다니는 것은 바쁜 국왕의 하루를 마감하면서 여가를 즐기고 긴장을 풀 수 있는 방법이었다. 두려움을 느낄 수 있었음에도 불구하고 한 작은 소년이 용감하게 행동했다는 이 책의 메시지는 Roy에게 반향을 불러일으켰다. 그는 몇 주 동안 거의 매일같이 그 이야기를 들려달라고 했다.

The Little Engine that Could라는 그림책은 어린 아이들의 마음을 사로잡는다(Piper, 1997). 큰 기관차는 산 너머에 있는 아이들에게 장난감을 가져다주는 도움 요청을 거절한다. 그러나 꼬마 기관차는 아이들이 실망하는 것을 원하지 않는다. 그 작은 꼬마 기관차는 헉헉거리며 아이들을 위한 장난감을 실은 객차를 끌고 산을 넘기 위해 힘겹게 노력한다. 언젠가 Madeleine 선생님이 몇몇 아이들에게 이 이야기를 읽어주는 동안 몰입해서 듣고 있던 5살 된 한 아이는 꿈을 꾸는듯한 표정을 지으며 그의 엄지 손가락을 빨고 있었다. 그녀가 책을 읽어 줄 때 그 아이는 엄지 손가락을 입에서 빼고 그 작은 엔진에 대해 만족스러운 듯 고개를 끄덕이며 "그 작은 엔진은 아주 멋진 일을 했어! 아주 멋진 일을!"이라고 작은 소리로 말했다.

Hiawatha's Kind Heart(월트 디즈니 제작, 1986)는 섬으로 가기 위해

카누의 노를 젓기 시작한 어린 북미 원주민 소년에 대한 이야기이다. 그 소년은 그의 부족의 용감한 남자들이 사냥하는 방식 그대로 자신도 활과 화살로 사냥할 수 있다는 것을 증명해 보이고 싶어한다. 그러나 마음이 따듯한 Hiawatha는 사냥을 하는 대신에 그가 만난 아기 다람쥐, 어미 자고새, 어린 사슴과 같은 동물들을 구해주고 보호해 준다. Hiawatha가 덤불에서 맛있는 산딸기를 먹고 있는 동안 성난 큰 곰은 그 덤불이 자기 것이라고 주장한다. 그 성난 큰 곰은 Hiawatha를 뒤쫓는다. 그 때 Hiawatha가 이전에 위기 상황을 모면하게 해주었던 모든 동물들이 힘을 합쳐서 Hiawatha가 곰으로부터 안전하게 도망쳐서 카누로 되돌아갈 수 있도록 도와준다. 다람쥐들은 성난 곰을 향해 도토리를 던지고 비버는 곰을 넘어뜨리기 위해 통나무를 갉아서 떨어뜨린다.

Grahame(1983)의 책인 The Reluctant Dragon은 유치원 연령대의 아이들을 위해 세인트 조지와 용의 이야기를 완전히 다르게 해석하였다. 시를 쓰는 용과 차분하고 합리적이며 문제를 해결할 수 있는 좋은 아이디어들을 가지고 있는 한 어린소년은 친구가 된다. 마을사람들은 세인트 조지에게 그들이 살고 있는 마을로 와서 산에 올라가 그 용을 죽여 달라고 부탁한다. 그 소년은 그의 친구인 용과 세인트 조지가 싸우는 것처럼 위장하고 세인트 조지가 싸움에서 이긴 것처럼 보이게 하는 작전을 세운다. 용도 세인트 조지도 다치지 않는다. 결국 모두가 큰 승리의 축제를 즐기기 위해 행진하면서 마을로 내려간다.

좋지 않은 감정으로 고심하는 아이들을 위한 책 선택하기

어떤 책들은 나이 많은 형제들이나 친구들이 함께 놀아주지 않을 때 느끼는 좋지 않은 감정으로 고심하는 어린 아이들에 관한 이야기를 담고 있다. Jamaica Tag-Along은 오빠가 자신의 친구들과의 놀이에 끼워주지 않는 아프리카계 미국 소녀인 Jamaica에 관한 이야기이다(Havill, 1989). 나중에 Jamaica는 모래상자에서 홀로 모래성을 쌓으며 논다.

Jamaica는 모래상자에서 자신과 함께 놀고 싶어하는 한 어린 아이에게 오빠가 자신에게 했던 말을 똑같이 하며 가까이 다가오지 못하게 하는 자신을 발견한다. Jamaica는 갑자기 그 어린 남자 아이가 자신만큼 슬퍼한다는 것을 깨닫고 그 작은 남자 아이를 자신의 놀이에 초대한다. 오빠는 친구들과의 공놀이를 마치고 Jamaica가 있는 곳으로 와서 Jamaica가 쌓아놓은 모래 탑들을 보고 관심을 보인다. 오빠가 자신도 모래 쌓기놀이에 참여할 수 있는 지 물어 볼 때 Jamaica는 미소를 짓는다. Jamaica는 기쁜 마음으로 자신의 놀이에 오빠를 초대한다.

Hoban(1994)의 Best Friends for Frances라는 그림책에서 오소리인 Frances도 이와 같은 문제로 고심한다. 그녀는 놀이에서 제외된 것을 분하게 느끼고 속상해한다. 이 이야기도 긍정적인 결정을 내리면서 끝이 난다. 처음에는 제외된 것에 대하여 보복하기로 결심하지만 나중에 Frances는 모든 동물들이 함께 놀고 함께 소풍을 가는 것이 모두에게 더 재미있을 것이라고 판단한다.

어떤 그림책들은 아이가 느낄 수 있는 구체적인 분함, 분노, 걱정에 초점을 맞춘다. 흑인 영어 사투리를 사용한 Clifton(1975)의 따뜻하고 매력적인 이야기를 담고 있는 My Brother Fine with Me는 부모님이 일하시는 동안 여름내내 매일 같이 어린 남동생을 돌보아야 하는 한 여자 아이의 지치고 좌절스러운 감정을 묘사한다. 남동생이 그녀에게 가출할 예정이라고 말했을 때 그녀는 순간적으로 남동생의 가출을 반가워하는 자신을 발견한다. 심지어 그 여자아이는 동생이 짐을 싸는 것을 도와주기도 한다. 그러고 나서 그녀는 혼자 추억에 잠기며 어린 남동생에 대한 좋은 점들을 기억해내기 시작한다. 동생을 찾기 위하여 문을 열고 나갔을 때 바로 문 앞 계단에 앉아있는 동생을 보고 그 여자 아이는 얼마나 마음이 놓였겠는가!

부모의 요구나 결정에 의해 마음이 상할 때 가족 중에서 자신을 돌보아 주는 또 다른 어른을 찾는 어린이들의 능력이 Something from Nothing (Gilman, 1992)에서 아름답게 비춰지고 있다. 유대인 촌(전쟁 전에 유럽에 있던 유대인의 마을)을 배경으로 사랑스러운 그림들이 그려져 있는 이 이야기에서 할아버지는 Joseph이 태어났을 때 Joseph을 위한 담요를 만들어주었다. Joseph이 너무 자라서 담요가 작아졌을 때 Joseph의 엄마는 이제 담요를 버릴 때가 되었다고 말했다. 양복 재단사인 할아버지를 향한 굳건한 신뢰감을 갖고 있는 작은 소년은 매번 할아버지는 그것을 고칠 수 있다고 말하고 도움을 청하기 위하여 할아버지가 있는 곳으로 거리를 따라 뛰어 내려간다. Joseph의 친절한 할아버지는 수년에 걸쳐 아직 남아있는 그 천을 코트, 자켓, 조끼, 손수건, 그리고 마지막으로 단추 덮개로 변형시켜준다. 그런데 그만 그 단추를 잃어버리고 만다! 그러나 작은 소년은 자기만의 창의적인 아이디어로 위안을 찾는다. 그는 할아버지와 자신만의 모험담은 자신의 학교 친구들과 나눌 만한 충분한 가치가 있는 "재료"라고 생각하고 그 재료로 이야기를 만들기로 결심한다. 아이들은 이 이야기의 운율, 친절함, 그리고 특별한 가족 구성원이 아이의 속상한 마음을 이해해주고, 그 사랑하는 아이를 도와주기 위해서 경이로운 일을 해낼 것이라는 느낌을 사랑한다.

등장인물의 스트레스가 반영된 친숙한 고전 이야기들에 대한 아이 자신의 감정 토의하기

대부분의 어린 아이들은 각색된 고전 이야기들에 익숙해져있다. 각각의 아이들에게 그 등장 인물들이 어떻게 행동해야 했는 지 물어보아라. 어린 아이들은 The Three Billy Goats Gruff, Goldilocks and the Three Bears, The Three Little Pigs와 같은 무서운 상황이 발생하는 이야기의 문제에 대해 어떻게 느끼는가? 한 유아는 "Goldilocks는 아기 곰에게 그녀의 미안한 마음을 표현하는 편지를 써야 했어요."라고 제안했다. 다른 아이는 Goldilocks가 곰의 가족을 그녀의 집으로 초대해서 과자와 우유를 대접해야 한다고 말했다. 아이들은 자신이 읽은 이야기가 얼마나 무서운 지에 대하여 말하고 그 "무서운 부분들"에 대해 자신의 생각을 반영해서 말할 때 교사들은 아이들의 두려움에 대한 통찰력을 얻게 된다.

아이들을 매료시키는 몇몇 이야기에는 아이들이 보고 듣기에 너무 힘든 장면들이 있다. The Wonderful Wizard of Oz(Baum, 2000/1900)에서의 사악한 마녀와 The Chronicles of Narnia(Lewis, 1994/1956)의 Lion Aslan은 둘 다 일부 유아들이 교사에게 보거나 듣고 싶지 않다고 말하는 등장 인물들이다. 당신은 이 이야기들을 너무 듣고 싶어하는 아이들이 있을 때 어떻게 이 이야기를 읽어주면서 동시에 무서워하는 아이들은 안전하게 느낄 수 있도록 도와줄 수 있는가? 만일 한 아이가 아버지가 그녀에게 어떤 이야기를 읽어주려 했는데 그 이야기가 너무 무서웠다고 당신에게 말한다고 가정해보자. 그녀를 제외한 나머지 아이들에게 그 이야기를 읽어주는 동안 당신은 그녀가 다른 활동을 선택해서 안전하게(당신이 지켜볼 수 있는 거리 안에서) 놀 수 있도록 해줄 수 있다. 찰흙, 인형, 작은 블록, 퍼즐과 같은 것을 가지고 노는 활동으로 대체할 수 있다. 아이에게 선택권을 주는 것은 아이 스스로 결정할 수 있는 힘을 갖고 있으며 불안한 마음으로 "무서운" 이야기를 듣지 않아도 된다는 위안을 느끼도록 도와줄 것이다. 우리가 옷이나 음식에 대한 아이들의 취향을 배려하는 것처럼 이야기에 대한 아이들의 취향도 배려해줄 수 있다.

몇몇 책들은 아이의 딜레마에 선택적인 결말들을 제공한다. 아이들은 그들 스스로 스트레스가 심한 상황을 어떻게 해결할 지를 생각해낼 수 있다. Crary는 그러한 책들을 시리즈로 만들었다. Willy's Noisy Sister(2001)는 어린 여동생 때문에 짜증이 나있는 아이의 이야기를 다룬다. Crary는 대체할 수 있는 반응들을 제공해 주어서 그 이야기를 듣고 있는 아이들이 그 오빠의 스트레스가 심한 상황을 해결하기 위해 그 오빠가 무슨 행동을 해야 할 지를 대신 결정할 수 있게 해준다.

시 읽기

시는 영혼을 달래줄 수 있는 놀라운 힘을 가지고 있다. 시는 어린 아이들의 걱정, 희망, 여러 감정들을 생생하게 표현하는 힘도 가지고 있다. Robert Louis Stevenson의 모음집인 **A Child's Garden of Verses** (1924)에는 **My Bed is a Little Boat**라는 그의 독특한 시가 있다. 이 시는 어린 아이들이 잠자리에 들 때 규칙적인 순서와 방법으로 침대에 들어가서 가상의 이야기를 상상하며 그들이 원하는 것을 이야기하면서 잘 수 있도록 도움을 받는 것이 어린 아이들에게 얼마나 위안이 되는 지를 표현해 놓았다.

나의 침상은 조그만 배;
(My bed is like a little boat;)

나 이 배에 오를 땐 유모가 거들어 주지;
(Nurse helps me in when I embark;)

선원 코트로 나를 감싸서
(She girds me in my sailor's coat)

떠나보내네, 캄캄한 어둠 속으로.
(and starts me in the dark.)

밤이면 나는 이 배에 올라
(At night I go on board and say)

뭍의 동무들에게 인사하고:
(Good-night to all my friends on shore:)

눈을 꼭 감고 떠나면
(I shut my eyes and sail away and)

아무것도 안보이고, 안 들린다네.
(see and hear no more.)

때로는 물건도 싣고 가지,
(And sometimes things to bed I take,)

조심성 있는 항해자처럼;
(As prudent sailors have to do;)

어쩌면 케이크 한 조각이나,
(Perhaps a slice of wedding-cake,)

어쩌면 장난감 한두 개 쯤을.
(Perhaps a toy or two.)

밤새껏 어둠 속을 항해하다가;
(All night across the dark we steer;)

새 날이 끝내 돌아오면;
(But when the day returns at last;)

나의 방안 옆에는
(Safe in my room, beside the pier,)

내 배가 무사히 닿아 있다네.
(I find my vessel fast.)

그의 또 다른 시는 옛날에도 다른 아이들의 간섭 없이 자기 자신의 물건을 가지고 놀기 원하는 아이의 욕구를 솔직하게 표현한다.

내가 인간의 재산으로 성장할 때
(When I am grown to man's estate)

나는 매우 자랑스럽고 대단하게 될 것이다;
(I shall be very proud and great;)

그리고 다른 소녀 소년들에게 아야기하라
(And tell the other girls and boys)

내 장난감들을 가지고 간섭하지 말라고!
(Not to meddle with my toys!)

Sheriff of Rottenshot(Prelutsky, 1982)에 포함되어 있는 시들처럼 시끌벅적한 운율을 담고 있는 시는 카펫 위에서 가만히 있지 못하고 들썩이던 아이들도 집중하게 만들 수 있는 행복한 웃음을 선사한다. 이 시들은 아기 캥거루들이 항상 자신의 주머니 밖으로 떨어지는 엄마 캥거루의 딱한 처지; 마침내 재단사가 그녀의 주머니에 깔끔한 지퍼를 달아줌으로써 그녀의 문제를 해결해주는 것과 같은 우스꽝스러운 상황들을 설정한다. Prelutsky의 엉뚱한 유머는 바나나가 아닌 바나나의 껍질만을 먹는 그리고 안에 있는 초콜릿 캔디보다 포장지만을 먹는 등장인물에 대한 시에도 담겨있다.

결론

스토리텔링은 활용할 수 있는 많은 아이디어를 가지고 있는 교사들은 스트레스를 받고 있는 아이들을 도와줄 때 더 큰 힘을 발휘할 수 있다. 성인들은 스토리텔링을 통해서 통찰력을 갖게 된다. 그리고 이런 통찰력을 지닌 성인들은 아이들의 문제를 다루기 위해 자신이 선택한 방법을 각 아이에게 맞게 개별화시킬 수 있다. 이 책의 마지막 부분에는 앞에서 언급된 아동 도서의 목록이 있다. 이러한 자원들은 아이들에게 일상생활에서 직면하는 스트레스를 다루기 위해 더 많은 대처기술들을 배우고 시도해보게 하는 강력한 영감을 줄 수 있다.

연구문제

왜 당신이 스토리텔링 구연 기술을 연마하는 것이 중요한가?

당신은 아이들의 스트레스를 완화시켜주기 위해서 어떻게 이야기들을 개인화시킬 수 있는가?

당신이 아이들의 스트레스를 완화시켜주기 위해서 스토리텔링을 사용할 수 있는 몇 가지 방법으로는 무엇이 있는가?

왜 당신이 아이들에게 이야기를 들려 줄 때 시를 포함시켜야 하는가?

CHAPTER 8

보육기관과 학교에서 성인의 스트레스 해소법

부모, 직원, 가정방문 상담원, 원장, 정신건강 전문가 및 상담가와의 협력

매일 아이들과 함께 일하는 성인들은 많은 대인관계적 요구와 지적 요구가 수반되는 이 특별한 직업에 자신의 가정생활의 요구가 더해져 심한 스트레스를 받는다. 그들은 자신의 스트레스를 다룰 수 있는 독창적인 생각이 필요하다. 영아, 걸음마기 아이, 어린 아이를 돌보는 것은 육체적으로나 정서적으로 힘든 일이다. 교사들은 수시로 느끼는 스트레스를 어떻게 줄일 수 있을까? 성인들은 스트레스를 긍정적으로 다룰 수 있는 방법을 찾는 데 놀라울 정도로 창의적일 수 있다. 어떤 이들은 명상을 한다. 어떤 이들은 요가를 시작한다. 어떤 이들은 아침식사 전에 수영을 하거나 오랫동안 달린다. 어떤 이들은 자신의 머리를 손질한다. 그들은 자신이 더 예뻐 보인다고 생각할 때 기분이 더 좋아진다.

대부분의 성인들은 마사지가 스트레스를 진정시켜준다는 것을 안다. 자신을 지원해주는 소중한 배우자와 사랑을 나누는 것도 스트레스를 완화시켜준다. 어떤 사람들은 벽난로에 사용할 장작을 패는 것과 같은 격렬한 일로 긴장을 푼다. 또 어떤 이들은 밖으로 나가서 가까운 친구들과 흥을 돋우기 위해 판돈을 적게 걸고 밤새 포커 게임을 한다. 노인을 위한 상담자들은 우울증과 같이 나이가 들면서 경험하게 되는 스트레스와 걱정으로부터 지켜주는 친한 친구들의 중요성을 강조하였다.

보육기관에서 다루어야 할 성인 스트레스로는 어떤 것들이 있는가? 직원 문제가 발생할 수도 있다. 어떤 스트레스는 가족 구성원들과의 회의나 상호작용으로 인해 발생한다. 일로 인해 생긴 현재의 스트레스가 지나간 과거의 개인적인 불쾌한 기억을 다시 떠오르게 하는 계기가 되어 발생하는 스트레스도 있다.

직원으로 인한 스트레스 다루기

가끔 두 직원 간에 문제가 발생한다. 새로 들어온 교사가 마치 자신이 가장 최신의 방법으로 교실을 디자인하거나 특정 수업을 가르칠 수 있는 것처럼 행동한다고 가정하자. 그 기관에서 더 오랜 시간 근무해온 동료 교사들은 화가 나고 심리적으로 옆으로 밀리는 느낌을 받을 수도 있다. 또 신임 교사의 입장에서는 다른 교사들은 모두 오래된 친구들이라고 느낄 수 있다. 그 신임 교사가 운동장에 모여 있는 교사들을 향해 걸어갈 때 그 교사들은 갑자기 대화를 중단하는 것처럼 보인다. 여유를 가져라. 우리는 모두 새 동료에게 익숙해질 시간이 필요하다. "일시적인 가면"을 쓰도록 노력하라. 서로 편안해지기 시작하고 당신이 교사 중의 한 명으로 편안하게 받아들여질 때까지 좀 더 여유있게 행동하라.

같은 기관에서 일하는 특정 성인이 당신에게 불쾌한 지적을 하거나 다른 사람들에게 당신에 대해 거짓된 이야기를 한 것이 당신에게 전해졌다고 가정하자. 반드시 날짜를 기록하고 각각의 사건을 자세하게 적어두어라. 당신의 사건을 고용주에게 보고하기 전에 각 사건을 기록해 놓은 증거문서들을 보관하고 있을 필요가 있다. 당신의 불만을 해결하기 위해 먼저 직원 안내서를 읽고 규약에서 지정한 담당자를 찾아가도록 하라.

새로 부임한 원장은 직원들이 자신에게 비우호적이라는 느낌을 받을 수 있다. 직원들은 전임 원장에게 익숙해져있다. 심지어 그 직원들은 이 사람이 전임 원장의 자리를 빼앗은 것이 아닐까 생각하기도 한다. 이것이 **투사**(projection of evil)의 한 예다. 원장의 교체는 전임 원장이 새 직장을 구했기 때문에 이루어졌고 신임 원장은 그 선택에 전혀 연루되지 않았기 때문이다. 직원들이 새 책임자를 편하게 느끼도록 해주는 최선의 방법은 시간과 인내심일 것이다. 신임 교사가 교실에서 즐겁게, 일관되게, 전문가다운 방식으로 일하고 협력할 때 동료교사들은 그 교사를 점점 더 받아들이고 환영하게 될 것이다.

부모로 인한 스트레스 다루기

때때로 교사의 스트레스는 교사에 대한 부모의 불공정한 비난에서 비롯된다(Gillespie, 2006).

Judith는 오늘이 힘든 하루가 될 것이라는 것을 알았다. 지난 주에 20개월이 된 Jason이 3명의 아이들을 물었다. 오늘 Judith는 그의 부모를 만날 것이다. 그의 부모가 도착했을 때 Judith는 그들에게 인사를 하고 마실 것을 제공하며 하루를 어떻게 보냈는 지 물어본다. 그녀는 "최근에 Jason이 친구들을 많이 무는데 그의 이런 행동을 멈추게 하기 위해 우리가 도울 수 있는 방법을 찾아 볼 필요가 있습니다."라고 말하면서 회의를 시작한다. Jason의 아버지는 즉각적으로 반응한다: "글쎄

요, Jason이 집에서는 절대로 무는 행동을 하지 않아요. 무언가 이곳에 문제가 있나보군요!" Judith는 당황해서 어떻게 반응해야 할 지 몰라 한다(p. 53).

부모들을 상대할 때 스트레스 감소 기법

누군가에게 되갚아 주고 싶은 분노, 걱정, 격분, 충고의 감정을 가라앉히기 위해서 당신은 개인적으로 어떤 기법들을 적용시킬 수 있는가?

능동적 경청: 당신의 가장 강력한 도구!

만일 당신이 어떤 부모가 당신을 비판하거나 자신의 자녀를 폄하하거나 비난하는 말을 한 것 때문에 걱정을 하고 있다면, Gordon에 의해 시작된 **능동적 경청**(Active Listening: AL) 기법을 시도하라(1970, 2000). 그 부모가 얼마나 상심했을 지 이해하려고 노력하라. 그 부모는 낯선 사람들에게 아기를 맡기고 가는 것에 대해 죄책감을 느낄 수도 있다. 아버지가 아기를 데리러 갔을 때 아기가 교사인 당신의 품에 있고 싶어하고 자신의 품으로 달려오지 않는 것을 목격한 아버지는 화도 나고 죄책감도 느낄 수 있다. 비판이나 비난을 하기보다 부모의 걱정을 먼저 생각하라.

불평하는 부모 위로해주기

자신의 자녀를 당신이 운영하는 가정보육에 맡기는 한 어머니가 매일 당신에게 무언가에 대해 불평한다고 가정하자. 그 어머니를 위로해주려고 노력하라. 가족을 위해 집 밖에서 일을 하며 돈을 벌 뿐만 아니라 어머니로서 가족을 돌보는 일도 해야 한다는 것을 깨닫고 묵묵히 해내는 어머니의 용기에 대해 존경심을 표현하라. 부모의 스트레스를 지원해주고 두 가지 일을 감당하기 위해서 열심히 노력하고 있는 그녀가 얼마나 용감한 지를 표현해 주어라.

발달 규범을 배워서 불안해하는 부모들 안심시켜주기

일부 부모들은 자녀가 같은 연령의 다른 아이들이 하는 것을 반드시 해야 한다고 생각하며 매우 불안해한다. 그 부모들은 만일 밤에 자기, 배변 훈련하기, 말하기, 신발 끈 묶기와 같은 자녀의 행동이 다른 아이들보다 더 늦는다고 생각되면, 스트레스를 받는다. 만일 어떤 부모가 당신에게 자녀의 행동에 대해 걱정하면서 좌절스러운 속마음을 털어 놓는다면, 경청하고 그 부모의 숨겨진 메시지를 깊이 생각해보아라.

어떤 부모는 자녀가 같은 연령대의 다른 아이들만큼 일찍 걷지 못하는 것을 걱정할 수도 있다. 만일 당신이 발달 규범을 잘 알고 있다면, 그 부모를 안심시켜줄 수 있는 정보를 제공해 줄 수 있다. 이가 나는 것처럼 걷는 것도 유전적으로 계획된 것이라고 부모를 안심시켜 주어라. 주변을 기어 다니고 견고한 가구를 잡고 일어나는 경험을 해본 아이들은 일반적으로 6개월에서 18개월이라는 넓은 시간대 안에서 언젠가 걷는 것을 배운다. 만일 유아가 가위를 잘 다루지 못하다면, 집에서 소근육 기술을 연습할 수 있는 기회가 얼마나 많이 있었는 지 물어 보아라. 그 부모들은 어린 아이를 위한 안전한 가위가 있다는 것을 모르고 지금까지 자녀가 가위를 만지는 것을 금지해왔을 지도 모른다. 부모들이 안전한 가위를 구입하는 것에 대해 편안하게 느끼도록 도와주어라. 부모들은 집에서 아이가 오래된 신문지를 여러 가지 흥미로운 모양으로 자르는 것을 즐기도록 격려할 수 있다. 부모는 자녀가 지금 안전하게 연습하는 기회를 갖는 것만으로도 안심이 된다. 부모가 드러내 보이는 각각의 불안 스트레스를 해소시켜주기 위해서 부모가 걱정하는 그 기술을 배울 수 있는 기회가 자녀에게 주어졌었는 지를 알아보아라.

내가 어떤 가정을 방문해서 머물러있는 동안 어머니는 부재중이었고 할머니는 걱정스러운 얼굴을 하고 있었다. 왜냐하면 내가 할머니의 11개월 된 손자와 함께 게임을 하기 위해 즐겁게 노래를 부르며 손바닥을 마주 치려고 노력하는 동안 아기가 그 게임에 참여하지 못했기 때문이다. 할머니는 아기에게 무슨 문제가 있는 지 물어보았다. 나는 이 게임이 그 아기에게 익숙하지 않기 때문일 수 있다고 설명했다. 나중에 그 할머니가 자신의 딸인 아기의 엄마에게 물어보았을 때 그녀는 어린 아들과 단 한 번도 그 게임을 해본 적이 없다고 말했다. 성인들이 아기와 이런 게임을 해본 적이 있었다면, 아기는 열정적으로 게임에 참여했을 것이다. 항상 부모들에게 자신이 걱정하는 기술이나 정보에 대해 어린 자녀들이 배울 수 있는 기회가 있었는 지를 물어 보아라.

부모와 함께 생각해보기

만일 부모들이 당신이 교실에서 다루었던 어떤 문제에 대해 걱정하며 만나길 요청한다면, 그 부모들과 함께 생각해보아라. 부모들이 어떻게 느끼는 지 알아보기 위해 정중하게 질문하라. 그들은 그 상황을 어떻게 보는가? 그들은 어떤 생각을 하고 있는가? 부모들에게 당신과 **함께** 생각해볼 것을 요청하라. 그 과정을 통해 부모와 교사는 모두 무엇이 무는 행동과 같은 문제를 일으키는 지 그리고 그 아이의 고통을 줄여주기 위한 가장 좋은 방법은 어떤 것인 지를 이해하기 위한 시도를 할 수 있다. 걸음마기 아이는 좌절을 표현할 수 있는 언어가 부족하다. 그 아이는 자신이 느끼는 좌절을 표현하기 위해 무는 행동을 사용한 것일 수도 있다. 또 다른 경우, 교실환경이 아이에게 너무 자극적일 수도 있다. 그리고 어떤 아이는 한 명의 성인이 담당하는 아이들의 수가 지금보다 더 적은 보육 상황에 있을 때 스트레스를 덜 받을 수도 있다. **함께 생각해보는** 과정을 통해 교사와 부모는 모두 아이의 문제 행동의 원인이 되는 긴장이나 스트레스에 관한 통찰력을 얻을 수 있다. 또 함께 생각해보는 과정은 교사와 부모 모두에게 아이가 스트레스를 덜 느낄 수 있는 방법을 생각해보게 도와준다. 때로는 해결방안이 TV 시청 시간을 줄이고 더 일찍 자는 것과 같이 간단할 수도 있다. 그러나 때로는 염려하는 성인들이 해결방안을 찾기까지 더 오랜 시간의 노력이 필요할 수도 있다.

부모가 자녀의 긍정적인 특성을 찾도록 지원하기

당신이 자신의 자녀를 폄하해서 말하는 어떤 부모에 대해 걱정하고 있다고 가정하자. 언젠가 부모그룹 회의에서 나는 부모들에게 자녀의 어떤 면이 그들을 화나게 만드는 지에 대해 두 번에 걸쳐 돌아가면서 말하도록 요청했다. 다음 라운드에서는 부모들이 좋아하는 자녀의 특성을 돌아가며 말했다. 어머니들은 모두 유아기 자녀의 특정 행동에 대한 혼란스러움이나 분노를 다소 강하게 표현했다. 그러나 자신의 자녀에 대해 칭찬하고 싶거나 행복하게 느낀 점을 하나도 생각해낼 수 없었던 어머니들은 소수에 불과했다. 자녀에 대한 부정적인 감정만을 표현하는 부모를 주의하라. 그 부모는 성인 스트레스가 심하다는 것을 드러내 보이는 것이다. 당신은 어린 아이를 양육하다보면 몹시 화가 날 때도 있다고 공감해줄 수도 있다. 그러고 나서 그 아이에 대한 개인적 일화를 덧붙여서 말해주어라. 교사로서 당신이 실제로 감사하게 느끼는 그 아이의 유쾌한 면이나 친절한 면 또는 창의적인 면을 말해주어라.

만일 어떤 부모가 당신에게 자신의 자녀를 깎아 내리는 말을 한다면, 당신은 그 부모를 안심시키면서 친절하게 "아이를 키운다는 것은 정말 많은 인내와 유머를 필요로 하지요"라고 말할 수 있다. 우리는 냉정을 유지하고 아이는 아이일 뿐이라는 것을 기억할 필요가 있다. 아이들은 가끔 우리 마음에 거슬리는 행동을 한다. 그러나 감사하게도 우리는 성인이다. 우리는 무슨 일이 있어도 아이들을 사랑한다. 그러나 가끔 우리는 더 많은 인내심을 간구하기 위해 기도할 필요가 있다!

부모들에게 당신의 관점을 부드럽게 설명하기

만일 어떤 부모가 당신에게 교사로서 당신이 아이를 위해 발달적으로 부적합하다고 생각하는 것을 요구한다면 어떻게 하겠는가? 어떤 부모는 자신의 걸음마기 자녀가 집에서 좀 더 일찍 잘 수 있도록 보육기관에서 낮잠을 재우지 말라는 불평을 할 수 있다. 그 걸음마기 아이가 점심 식사 후에 얼마나 졸리고 피곤해하는 지를 부드럽게 설명하라. 낮잠을 잔 후에 아이가 얼마나 생기를 되찾고 놀고 싶어서 몸이 근질거려하는 지 그리고 친구들과 놀 때는 얼마나 유쾌한 아이가 되는 지를 부모와 함께 공유하라.

만일 어떤 부모가 당신에게 몇 주 안에 아이가 기저귀를 차지 않게 해 줄 것을 요구하고, 그렇게 해주지 않으면 아이를 보육기관에 보내지 않겠다고 한다면 어떻게 하겠는가? 자녀가 대소변을 가리게 되었을 때 그 느낌이 얼마나 좋은 지에 대해 동의하라. 교사들은 아이가 배변훈련을 시작할 **준비**가 되었는 지를 알려주는 신호 행동을 기다리고 있다는 것을 설명하라. 준비된 아이들이 보이는 몇몇 신호 행동을 부모와 함께 공유하라. 그 걸음마기 아이가 **응가**와 **쉬**라고 말할 수 있는가? 그녀는 몇 분 동안 가만히 앉아있을 수 있는가? 그는 응가가 나오려고 할 때 자신의 몸의 신호를 민감하게 알아차리는가(Honig, 1993)? 부모와 **함께** 하라. 당신과 부모는 모두 이런 초기의 준비 신호 행동들을 지켜보고 격려하게 될 것이다. 그 후 당신과 부모가 함께 전제 조건이 갖추어졌다고 판단할 때 그 아이는 실제로 배변훈련을 시작할 준비가 되어 있을 것이다.

부모의 생각 경청하기

당신은 부모에게 요청하여 아이의 스트레스 대처에 도움이 되는 **부모의 좋은 아이디어들**을 공유할 필요가 있다. 어떤 부모는 아침에 아이를 두고 떠날 때 아이의 긴장을 풀어 줄 수 있는 특별한 의식을 반복적으로 해줄 것을 제안할 수도 있다. 그 부모는 교사가 아이를 안고 창가로 와서 자신이 직장으로 가기 전에 건물 밖에서 손을 흔들고 몇 차례에 걸쳐 키스를 보내는 모습을 어린 자녀가 바라볼 수 있게 해주길 원할 수도 있다. 어떤 문제들은 가족들과의 협력 하에 더 쉽게 해결된다. 보육기관으로 전이하는 영아와 걸음마기 아이들은 분리로 인해 심한 스트레스를 느낀다. 인내하라. 조부모를 포함한 가족구성원들에게 분리와 그룹보육으로의 전이로 인한 스트레스를 완화시켜줄 수 있는 아이디어들을 요청하라(Xu, 2006).

부모들이 자녀와 일대일로 놀이를 하는 방법을 배우도록 지원하기

일부 보육기관은 다행히도 사회복지사나 부모 자원봉사자를 직원으로 두고 있다. 보육기관에 들어온 지 몇 주가 지난 후에도 우울해하거나 긴장된 반응을 보이며 보육기관에 들어오는 아이를 목격할 때 당신은 자원봉사자 직원들의 도움을 받고 싶어질 것이다. 그들의 노력은 아이의 스트레스 감소에 매우 긍정적인 역할을 할 수 있다. Caribbean의 가난한 가족들을 대상으로 진행된 한 연구(Dickinson, 2006)에서는 9~24개월의 아이들을 4개의 그룹으로 나누었다; 우유보조를 받는 그룹, 자신의 어머니와 함께 매주 놀이자극을 받는 그룹, 우유보조와 놀이자극을 모두 받는 그룹, 아무 것도 받지 않는 그룹. 그 아이들이 청소년으로 성장했을 때 그들의 정신 건강 기능이 평가되었다. 심리사회적 평가 결과에 의하면 그 청소년들이 5세 미만이었을 때 **어머니가 그들과 개별적으로 놀아주는 방법을 배웠던** 청소년들 사이에서 분노, 우울증, 반사회적 행동이 덜 나타난 것으로 밝혀졌다.

봉사 활동가들은 어머니들에게 어린 자녀와 개별적으로 놀이하는 방법을 가르쳤다. 그 후 어머니들은 피곤함을 나타내는 아이의 신호 행동이나 너무 격렬한 놀이에 당황한 아이가 표현하는 저항에 관심을 기울였다. 그 어머니들은 장난기 가득한 상호작용 속에서 진정한 기쁨을 보이는 아이의 표정을 찾아냈다. 부모들에게 자녀를 지켜보도록 장려하는 것은 자녀의 발달에 대한 그들의 진심어린 관심을 향상시켜준다. 이 **주목하는 기술**은 가족들이 힘든 상황에 처해있을 때에도 자녀들의 삶의 스트레스를 감소시켜주는 훌륭한 촉매제 역할을 한다.

당신의 목표는 아이를 돕는 것임을 기억하기

어떤 부모들의 스트레스는 너무 심해서 중재 프로그램들의 최선의 노력에도 불구하고 그 부모들을 위한 충분한 위로와 지원을 제공해줄 수 없다. 심지어 훈련된 봉사활동 직원도 부모들이 원하는 만큼의 스트레스와 걱정을 줄여주지 못 할 수도 있다. Turkey의 한 중재 프로그램은 장애아 부모들의 우울증을 감소시키는 데 성공했다(Kucuker, 2006). 당신의 주요 목표는 어린 아이들의 삶을 향상시켜주는 것임을 기억하라. 좀 더 적합한 가족 형태로 변화시켜주기 위한 지원은 이 분야의 전문기관 및 전문인력에게도 도전이 되는 일이다.

성 문제와 관련된 스트레스 다루기

성인들이 지니고 있는 성 영역에 대한 개인적인 심리적 장애가 아이에게 괴로움을 더해 줄 수 있다. 어떤 아이들은 낮잠시간에 침대 위를 뒹굴며 잠이 들기 전까지 자신을 달래기 위해 성기를 가볍게 만진다. 어떤 성인들은 아이들에게 성적인 욕구가 있다는 것을 불편하게 생각한다(Honig, 2000). 그런 성인들은 불빛이 희미하고 아이에게 이불이 덮어져 있으메도 불구하고, 긴장하고 있을 수도 있다.

사적인 신체 부분과 아이들의 성적 욕구에 대한 개인적인 수치심 다루기

한 교사가 나에게 자신은 걸음마기 아이들의 손을 이불 밖으로 내놓고 잠을 자게 해서 그들은 자신의 "아래 부분"을 만지지 못했을 것이라고 자랑스럽게 말했다. 그 교사의 말은 성기나 자위행위에 대한 자신의 강한 불편함을 드러낸 것이다. 교사들은 아이들의 성적 행동에 대한 자신의 심리적 장애를 솔직하게 직면할 필요가 있다. 성인들은 아이가 실제로 염려할 만한 스트레스를 받고 있다는 것을 나타내는 강박적인 행동과 규범적인 행동을 분리해서 생각할 필요가 있다.

어린 아이들의 몸에 대한 호기심 수용하기

어린 아이들은 끊임없이 서로의 몸에 매료된다. 그들은 다른 걸음마기 아이의 배꼽을 보고 감탄한다. 그들은 각자의 변기에 앉아서 함께 소변을 보는 것을 매우 편안하게 여긴다. 프랑스의 어느 어린이집에서 나는 20명의 걸음마기 아이들이 동시에 각자의 변기에 다정하게 앉아있는 것을 목격한 적이 있다. 어린 아이들은 성인처럼 신체 부위에 대해 민감하거나 수치심을 느끼지 않는다. 실제로 한 정신과 의사의 걸음마기 딸은 밤에 이불을 잘 덮고 자도록 보살펴주고 있던 아빠에게 자신의 외음부를 가볍게 치면서 "여기가 내가 최고의 기분을 느끼는 곳이야"라고 말했다. 아이들의 호기심에 대한 당신의 강한 긴장감을 해결하기 위해 노력하라. 물론 아이들이 서로의 신체 부위를 함부로 만지게 둘 수는 없다. 신체 부위는 사적인 부분이다. 성의 차이와 성과 관련해서 발생할 수 있는 여러 걱정들을 어린 아이들이 이해할 수 있는 쉬운 용어로 설명해주는 이해하기 쉬운 책들을 선택하라(Gordon & Gordon, 1974a, 1974b).

성인으로서 우리는 성인의 몸에 대한 수치심과 관련된 스트레스를 제거하는 것이 쉽지 않다는 것을 잘 알고 있다. 아동 심리학자인 Erikson의 연구(1950)는 자신의 몸과 자기 자신에 대한 느낌을 위축시키는 수치심이 얼마나 큰 손상을 입힐 수 있는 지에 관해 밝혔다. 수치심은 아이의 영혼을 부식시킨다! 어린 아이들은 성인들이 얼굴을 붉히거나 충격을 받을 수 있는 행동을 한다. 언젠가 한 유아가 자기 코에서 빼낸 "코딱지"를 먹었다고 나에게 자랑스럽게 알려 준 적이 있다.

어린 아이들은 매력적인 방법으로 추론하고 흥미로운 행동들을 한다. 교사들은 그런 아이들의 행동을 관심을 갖고 지켜보면서 그들로부터 더 많은 것을 배울 수 있도록 차분하게 준비되어 있어야 한다. 심지어 성인들은 때로는 흠칫 놀라게도 만들고 재미있게도 해주는 아이들의 행동을 즐길 수도 있다. 한 걸음마기 아이는 자신의 음낭 아래 부분이 가려워서 긁기 위해 아무 생각 없이 잠시 바지 속으로 손을 넣는다. 배가 가려운 한 어린 여자아이는 그 가려운 곳을 긁기 위해 치마를 팬티 위로 올린다. 교사들은 몸의 성기 부분과 관련된 아이의 예상치 못한 행동과 부딪혔을 때 그들 자신의 스트레스를 진정시켜줄 수 있는 창의적인 방법들을 생각해낼 필요가 있다.

한 대학원 학생이 자신의 연구에 대한 이야기를 하기 위해 나를 찾아왔다. 그녀는 세 살이 된 자녀를 데리고 왔고 아래층에서 근무하는 Daisy에게 그 어린 아이를 지켜봐 줄 것을 간곡히 부탁했다. 두 사람은 자주 그 건물을 방문했었고 그 아이는 Daisy와 친숙해져 있었다. 잠시 후 Daisy가 급하게 위층으로 올라와서 나의 사무실 문을 두드렸다. 그녀는 유령처럼 하얗게 질려보였고 흥분한 어조로 나에게 사무실 밖으로 나와 볼 것을 요청했다. 그녀는 거의 떨고 있었다. 그 어린 소녀는 바지를 내리고 자랑스럽게 엉덩이를 불쑥 내밀고 약간 몸을 구부린 상태로 아래층에 있는 접견실을 이리 저리 과시하듯 걸어 다니고 있었다. 나는 내 연구실 안으로 머리를 들이밀고 그 학생에게 잠시 후에 돌아오겠다고 차분하게 말하고 문을 닫았다. 그런 다음 나는 아래층으로 내려가 작은 소녀를 반기면서 태연하게 말했다. “와우, 애야, 너는 우리에게 너의 엉덩이와 네가 응아를 하는 곳을 보여주었구나. 네가 Ms. Daisy에게 그것들을 꽤 오랫동안 보여주었더구나. 자, 이제 바지를 올리자. 그리고 나는 네가 그림을 그릴 수 있도록 종이와 크레용을 찾아 줄게.” 그녀는 실제로 자신의 신체 부위를 충분히 보여주었음을 인정하는 나의 말에 만족해하면서 바지를 올렸다. 그리고 종이와 크레용을 받아서 그녀의 어머니와 나의 대화가 끝난 후 우리에게 보여줄 그림을 그리기 위해 앉았다.

문제가 되는 성적 행동 분별하기

교사가 아이의 성적 행동을 걱정하고 주의해야 할 때가 있는가? 그렇다! 강박적인 성 행동은 아이가 심하게 스트레스나 학대를 받고 있다는 징후일 수 있다. 만일 당신이 낮잠시간이 아닌 낮 동안에 강박적으로 자위행위를 하거나 성에 대해 성인 수준의 지식을 갖고 있는 것으로 보이는 어떤 아이가 걱정이 된다면, 원장과 상의를 해야 한다. 아이가 성추행을 당하고 비밀로 할 것을 맹세했다고 밝혔을 때 대처 방법에 관한 기사와 책을 읽어라(Wachter, 1983).

문제가 되는 신체적 학대의 사인을 어떻게 분별해야 하는가? 만일 당신이 아기의 기저귀를 갈아주면서 상당히 걱정할 만한 멍이나 외음부나 항문에 삽입한 흔적을 발견하면, 반드시 당신이 관찰한 것을 상세하게 기술하고 날짜도 적어두어라. 그 다음 원장에게 당신의 기록을 제출하라. 당신은 원장과 함께 그 아이에 대한 심층적인 관찰을 더 해보거나 성문제 전화상담원에게 전화를 하기로 결정할 수 있다. 교사는 아동학대의 보고자로 지정되어있다. 모든 교사는 성적 학대의 의심이 가거나, 아이의 등에 회초리로 인한 줄 모양의 상처가 보이거나, 엉덩이나 손에 담배로 지진 자국이 보일 때 의무적으로 보고해야 한다.

가정 방문 상담자의 스트레스 다루기

어떤 프로그램에서는 교사들 모두가 일정 수의 가정 방문을 해야 한다. 다른 프로그램에서는 가정 방문 상담자를 독립된 전문 그룹으로 구성한다. 상담자가 방문하는 모든 곳이 다 안전한 것은 아니다. 그럼에도 불구하고 이 가정 방문 상담자들은 아이들이 센터나 학교에서 뿐만 아니라 가정에서도 잘 성장할 수 있도록 가족들을 지원해주는 접촉을 형성하고 유지하는 재능이 있다. 가정 방문 상담자들은 센터 내의 직원과 유사하면서도 다른 스트레스를 경험한다.

한 가정 방문 상담자는 가족 발달 연구 프로그램(Family Development Research Program) (Lally, Mangione, & Honig, 1988)의 주간 직무 회의에서 그녀가 그 주에 어떤 가정을 방문하는 동안 얼마나 불안했었는 지를 털어놓았다. 그녀가 한 어머니와의 약속 시간에 맞춰서 아파트 문을 두드렸을 때 어머니는 집에 없었다. 한 낯선 남자가 문을 열어주었고 씩 웃으며 그녀 뒤에 있는 문을 잠가버렸다. 가정 방문 상담자는 빠르게 생각했다. 그녀는 어머니와 걸음마기 아이를 방문한 것임을 설명했고 어머니가 어디 계신 지 알려줄 것을 부탁했다. 처음에 그는 정보를 주는 것도 문을 열어주는 것도 거부했다. 그녀가 그 남자에게 맥주를 가져다주겠다고 제안했을 때 그 상황은 완화되었고 어머니를 찾을 수 있는 주소도 받을 수 있었다.

스트레스가 심한 잠재적 사건에 대한 역할극을 실무연수에 포함시키기

지도교사와 함께 역할극을 하고 경험을 나누는 것은 가정 방문 상담자의 스트레스 감소에 도움이 된다. 한 가정 방문 상담자가 자신이 담당하고 있는 여러 가정들 중 한 가정의 집 앞에 도착했다. 텔레비전은 큰 소리로 켜져 있었다. 할머니는 출입구를 막고 서서 어머니가 집에 없다고 말했다. 이 사례에서 실무 연수 기간 동안 연습한 역할극이 실제로 도움이 되었다. 가정 방문 상담자는 반응할 준비가 되어 있었다. 그녀는 자격증을 보여주었다. 그녀는 이 시간에 어머니와 만나기로 약속했다는 것을 할머니에게 차분하게 확인시켜 주었다. 그 다음 그녀는 어머니가 돌아올 때까지 앉아서 기다릴 수 있는 지를 공손하게 물어보았고 어머니는 바로 돌아왔다.

또 다른 가정 방문 상담자는 어떤 가정을 방문할 때마다 스트레스를 받았다. 그 가정은 집안의 앉을 수 있는 모든 자리에 더러운 기저귀나 다른 지저분한 것들이 어수선하게 널려 있었기 때문이다. 다음 방문에서 그녀는 초인종을 눌렀고 어머니에게 눈과 진흙이 많이 묻어서 지저분한 것이 뚝뚝 떨어지는 그녀의 부츠를 아파트 문 밖에 두고 올 수 있도록 오래된 신문지를 가져다 줄 것을 간곡하게 부탁하였다. 그녀는 어머니가 신문지를 주셔서 자신의 지저분해진 부츠로 아파트를 "더럽히지" 않을 수 있게 해주셔서 감사하다고 말했다. 이 상담자의 창의적인 행동은 감탄할 만한 결과를 가져왔다. 그 다음 이루어진 몇 번의 가정 방문동안 그 어머니는 주거 공간을 조금씩 정리하기 시작했다. 상대방에게 관심과 감사를 표현할 때 그 상대방은 그 호의에 보답하는 행동을 하게 된다. 이 기법은 전문가로서 당신이 **친절 교환 시나리오**(kindness-exchange scenario)를 설정한 것을 다른 사람이 인식하지 못할 때에도 효과가 있을 수 있다. 어떤 가정 방문 상담자는 어머니와 편하게 앉아서 대화하기 전에 그녀의 눈에 띈 싱크대 안에 쌓여 있는 지저분한 접시들을 씻어서 건조시키고 정리해 주었다. 그 날 그녀의 방문 목적은 취침 시간에 짜증을 내는 자녀의 문제를 해결하기 위한 아이디어를 어머니에게 제공하기 위한 것이었다. 스트레스를 받고 있는 아이나 성인이 가외의 이해와 친절을 받고 있다고 느끼게 해줄 수 있는 방법을 찾는 것은 그 사람의 마음을 차분하게 해주고 기분이 나아지도록 도와줄 가능성이 높다. 이런 차분한 태도는 상호작용의 관계가 의심하거나 적대적이거나 방어적인 유형에 갇혀있게 하기보다 앞으로 더 나아갈 수 있게 만들어 줄 것이다.

실무 연수 훈련기간에 실시되는 **역할극**은 스트레스가 심한 사건이 발생하기 전에 문제들을 예측하고 다룰 수 있는 방법들을 고민해보는 창의적인 방법이다. 그런 역할극은 상담자가 어떤 가정을 방문하고 있는 동안 부모가 자신의 자녀에 대한 상담자의 계획에 대해 비판적으로 말할 때 긴장한 가정 방문 상담자가 **긍정적 문제해결 사고**(positive-solution thinking)를 할 수 있도록 도와준다.

스토리텔링 기법 사용하기

Ms. Honey는 13개월이 된 자녀가 있는 미혼모를 방문했다. Ms. Honey는 Curious George라는 동화책을 준비해 왔다. 잠시 어머니와 대화를 나눈 후 그 가정 방문 상담자는 책을 들고 마룻바닥에 앉았고 아기는 그녀 옆에 앉았다. 어머니는 그 책을 바라보면서 자신의 어린 딸이 책을 찢어 버렸고 아직 책을 읽을 준비가 되어 있지 않아서 모든 책들을 서랍장에 숨겨 놓았다고 날카롭게 말했다. 가정방문 상담자는 몸을 돌려서 어머니를 바라보았다. "괜찮아질 거에요," 그녀는 위로해주는 목소리로 어머니를 안심시켰다. 그런 다음 그녀는 그 아기에게 적합한 수준으로 책을 읽어주었다. "멋진 원숭이 좀 봐! 예쁜 원숭이네. 원숭이 꼬리가 보이니? 이게 원숭이 꼬리야. 원숭이는 밤색 털이 아주 많이 있단다. 원숭이의 몸 전체를 덮고 있는 밤색 털을 느껴보렴. 그리고 그는 두 개의 반짝이는 눈을 갖고 있어. 그의 눈을 가리켜 볼 수 있니? 잘했어. 그리고 그의 다른 눈은 어디 있지? 그래. 그의 다른 눈이 거기 있구나. 네가 찾아냈구나!" 그 책장에서 많은 시간을 보낸 후 가정 방문 상담자는 다음 책장에 자신의 손가락을 넣고 아기에게 그녀를 위해 책장을 넘겨 줄 것을 부탁했다. "책장을 잘 넘겼구나" 그녀는 아기를 칭찬해주었다. "와우, 이 책장에는 무엇이 있는 지 보자. 또 다른 원숭이가 있구나! 안녕, 멋진 원숭이야. 털이 있는 긴 꼬리를 찾을 수 있겠니?" 그 어린 여자 아기는 아주 놀라워하며 각 책장에 나오는 또 다른 원숭이를 행복하게 발견하고 가리키면서 책읽기는 상당히 오랫동안 지속되었다.

이 책읽기 기법은 아기의 발달 수준을 존중한다. 성인은 아이를 사로잡고 매료시킬 수 있도록 **이야기를 각색**한다. 성인의 그림책 공유 기법(Honig, 2003a)은 실제로 어린 연령의 아이도 책에 주의를 기울이고 즐길 수 있다는 것을 부모에게 확인시켜준다. 교사들은 영아와 걸음마기 아이들이 이야기에 관심을 가질 수 있도록 도와주는 책임이 그들 자신에게 있다고 생각할 필요가 있다. 아주 어린 아이들에게는 극적으로 과장해서 읽어주어라. 이야기를 자유롭게 바꾸어라. 이야기를 기록된 대로 읽어줄 때 짜증을 내고 가만히 있지 못하고 꼼지락거리는 아기의 관심을 사로잡으려면 단순화시켜라. 원본에 충실하려고 하기보다 특별한 단어들을 첨가하고 관심을 끄는 목소리 톤을 사용하라. 위에서 기술한 가정 방문 상담자의 방문 후 그 어머니는 근처에 있는 지역 도서관에 가서 어린이 전문 사서의 조언과 도움을 받아 많은 책을 빌려오기 시작했다. 그녀의 어린 자녀는 책을 찢거나 소홀히 하는 대신 어머니와 책을 공유하는 시간을 즐기기 시작했다. 그들이 함께 책을 공유하는 이 새롭고 특별한 시간은 어머니의 자신감을 향상시켜주었고 어린 걸음마기 아이와 어머니 간의 애정적인 상호작용의 경험도 증가시켜주었다.

아이들이 높은 관심을 보이는 책 선택하기

당신에게 어린 자녀가 책에 관심이 없는 것 같다고 말하는 실망한 부모의 걱정을 덜어 줄 수 있는 아이디어가 있는가? 당신은 학령기 아동과 자녀의 난독증(dyslexia) –글자, 의미, 본문을 해독하는 것을 배우는 데 문제가 있는– 으로 걱정하는 가족을 어떻게 도와줄 수 있는가? 한 연구에서 아동기의 심각한 장애를 성공적으로 극복해낸 성인들과의 인터뷰를 시도하였다. 그 결과 아이가 개인적으로 높은 관심을 보이는 재료로 만들어진 책과 특별하게 매력을 느끼는 주제의 책을 선택하는 것이 책읽기로 고전하고 있는 아이에게 열심히 노력하고자 하는 동기를 부여해준다는 것이 밝혀졌다(Fink, 2006). 그 아이는 여전히 다른 재료로 만들어진 책을 읽을 때 어려움을 겪을 수도 있다. 난독증이 있는 아이가 읽기를 시도했을 때 좀 더 성공할 가능성을 높여주기 위해서 열정적으로 관심을 보이는 주제의 책을 선택하라. 당신의 특별한 노력은 아동의 낙담은 줄여주고 자존감은 높여줄 것이다. 개인지도가 도움이 된다. 연구 결과, 어떤 아동들은 소리를 듣는 능력이 지연된다는 것이 밝혀졌다. 아동들은 일부 유아들이 발음하기 힘들어하는 street 같은 단어에서처럼 혼합소리의 발음에 어려움을 느낀다. 읽기 학습에서 일부 아동들은 b와 d 또는 p와 q를 혼동한다. 성인들이 언어 문제를 더 일찍 인식하고 도움을 구할수록 아이가 초등학교에 다니는 연령이 되었을 때 읽기에 어려움을 느낄 확률이 더 줄어든다. 이런 성인의 노력은 아이의 지적인 능력만을 위한 도전이 아니다. 단어를 발음하는 데 어려움이 있는 아이들은 유치원 놀이친구들에 의해 방치되고 심지어는 거부될 수도 있다. 읽기학습에 장애가 있는 아이들이 학령기에 도달했을 때 그들은 좌절감을 느끼고 자존감도 낮아진다.

아이들에게 정서적 스트레스가 있다는 것 인식하기

아이들의 학습 준비도를 향상시켜주는 것은 아이들의 인지적 능력은 물론 사회정서적 행복을 보장해주는 방법이기도 하다. 따라서 아이들의 스트레스를 해소시켜주기 위해서는 아이들의 학습준비도를 향상시킬 수 있는 모든 방법을 창의적으로 생각해보는 것이 필요하다.

원장, 정신건강 전문가, 상담사와 협력하여 스트레스 다루기

교사는 스트레스가 심한 아이들을 위해서 정신건강 전문가의 협조를 보다 더 적극적으로 요청할 필요가 있다. 교사의 예리하고 면밀한 관찰을 통해 교실에서의 지속적인 보살핌만으로는 아이의 스트레스를 완화시켜주기 어렵다는 확신이 들 때 교사가 맨 처음 취해야 할 조치는 행정가와 원장의 자문을 구하는 것이다. 대부분의 원장은 도움을 받을 수 있는 지역사회의 자원에 관한 정보를 갖고 있다. 여러 대학의 일부 임상 프로그램들은 아동보육기관 및 학교기관과 협력하기를 절실히 원한다. 이 대학 프로그램들은 대학원생들을 인턴쉽(보통 500시간에 달하는 임상 서비스를 요구하는)에 배치할 필요가 있다. 이 과정을 통해서 훈련중인 임상의는 자신이 배우고 있는 임상기술을 보육기관이나 학교 교실에서 연습하고 심화시킬 수 있다. 그런 서비스는 아동보육기관이 정신건강 서비스를 위한 여분의 재정이 없거나 상담 비용을 부과하는 전문가들과 접촉할 기회가 없을 때 특별히 도움이 된다.

가끔 학교는 인근에 있는 병원과 비공식적인 협력 관계를 맺어서 정신의학 훈련을 받아온 젊은 레지던트들이 학교에 와서 교사들에게 조언을 해주거나 스트레스로 힘들어하고 있는 가족들과 아이들을 상대로 상담을 해줄 수 있다.

언제 전문가의 지원을 구하는 것이 필요한 지 결정하기

우리는 자신이 돌보고 있는 아이가 끔찍한 상실이나 정신적 외상을 겪고 있는 상황에서 전문적인 지원을 구하게 된다. 특히 부모가 암에 걸려서 혹은 가장 친한 친구가 끔찍한 자동차 사고로 부상을 당해서 슬퍼하고 있는 아이들을 위해 교사는 특별한 지원을 받기를 원할 수도 있다. 때로는 아이의 곤혹스러운 행동을 이해하기 위해서 전문가를 참여시키는 것이 도움이 될 수도 있다. 어떤 센터의 옷장 안에서 한 어린 여자 아이가 남자 아이 위에서 마치 "남자아이와 성교"를 하는 것 같이 행동하는 모습을 목격한 교사들은 충격을 받고 당황스러워하면서 이 사실을 보고했다. 방문한 상담가는 여러 질문을 통해 어린 소녀의 할아버지가 몇 주 전에 돌아가셨다는 것을 알아냈다. 아무도 심지어 어머니조차도 교사들에게 말해주지 않았다. 그 아이는 교사들에게 자신의 혼란스러운 감정을 가상의 성적 행위로 드러내 보인 것이다. 그 소녀에게 할아버지는 유일한 성인 남자였다. 방문한 심리학자와 일하면서 교사들은 성적인 것이 아닌 슬픈 상실감이 이 아이가 연출한 행동의 이유였다는 더 큰 통찰력을 얻게 되었다.

이러한 새로운 사실을 알게 된 교사들은 조부모의 죽음이나 사랑하는 애완동물의 죽음에 관해 읽어줄 수 있는 **독서치료** 책에 대해 적극적인 관심을 갖게 되었다. 교실에서 교사들은 아이들과 함께 만일 할아버지가 돌아가신다면 얼마나 슬플 지에 관한 이야기도 나누었다. 교사들은 다른 아이들에게 친구를 위로해 줄 수 있는 방법을 생각해보도록 했다. 이 어린 소녀는 할아버지를 너무 많이 사랑했었고 돌아가신 후에 슬퍼하고 있었던 것이다.

학교 내부에 있는 다른 전문가들의 협조 구하기

어떤 경우에는 외부의 도움이 필요하지 않을 수도 있다. 학교에는 어려움에 처해있는 아이에게 특별한 지원을 제공해줄 수 있는 잘 훈련된 학교 심리학자나 상담자가 있다. 부모의 격렬한 이혼 싸움이 학생의 공격적인 행동을 증가시킬 뿐만 아니라 성적에도 영향을 미칠 때 교사는 **바나나 스플리트(Banana Splits)**라는 널리 개설된 학교 프로그램의 지원을 받게 해 줄 수 있다. 이 프로그램은 학교 안의 사회복지사나 다른 정신건강 전문가로 구성되어있다. 이 전문가들은 가족 분리나 이혼 그리고 양육권 분쟁으로 인해 스트레스를 받고 있는 그룹의 아이들을 만난다. 아이들은 그들의 이야기와 감정을 나눈다. 성인 리더는 아이들이 결혼 파경의 원인이 아니라는 것을 이해하도록 돕는다. 리더는 아이들이 자신의 고통을 서로 나누는 방법과 상처와 슬픔을 치유하는 방법을 찾아내도록 도움을 줄 수 있다. 많은 지역사회의 기관들은 부모의 싸움과 헤어짐을 이해하고 그로 인한 고통을 극복하려고 노력하는 어린 아이의 힘든 투쟁을 지원해주고 있는 성인들을 돕기 위한 자원들을 구축하고 있다(Marquardt, 2005).

부모와 다른 전문가 간의 관계 구축하기

때때로 부모들은 아이의 정서적 문제나 언어 발달에 대해 심각하게 걱정한다. 부모들은 아이를 위해서 교사들이 제공하고 있는 훌륭한 보살핌의 보육을 넘어선 가외의 전문화된 지원을 원한다. 한 센터에서 어떤 부모는 자녀의 발음 문제가 친구를 사귀는 데 방해가 되서 크게 걱정된다고 하였다. 그 아이는 수줍음이 많은 편이었고 게다가 그의 친구들은 그의 말을 이해할 수 없었다. 전문가를 초빙해달라는 가족의 요청과 가족이 추가 경비를 지불하겠다는 제안으로, 원장은 사회기술은 물론 언어 분야에서도 전문가인 심리학자에게 연락했다. 원장은 전문가가 센터에 와서 자유놀이 시간 동안 아이를 관찰할 수 있는 기회를 제공해 주었다. 심지어 원장은 전문가가 아이와 개별적으로 작업할 수 있도록 센터의 작은 공간을 제공해주기도 했다. 그 부모들은 안심하게 되었고 이 추가 서비스를 위한 경비를 기꺼이 지불하였다. 그 아이는 다른 기관에 가지 않고 바로 그 센터에서 자신의 또래들과 새로운 기술들을 연습할 수 있었다. 다른 전문가들에 대한 그 원장의 관대함, 긍정적인 초빙, 존중은 그 센터가 어린 아이들을 위한 질적인 보육을 제공하는 것은 물론 전문가들이 센터로 와서 특수한 상황에 있는 아이를 관찰하고 함께 작업할 수 있도록 기꺼이 허용해주는 기관으로도 유명해지는 결과를 가져왔다.

가족의 상실로 인한 아이 스트레스에 외부의 도움 주선해주기

때로는 외부 전문가의 도움을 찾는 것이 긴급하게 필요하다. 어린 아이에게 가장 심각한 상실과 스트레스는 사랑하는 부모의 죽음으로 인해 발생한다. 만일 당신의 보육기관에 있는 아이에게 이런 가슴 아픈 일이 생긴다면, 그 슬픔에 잠겨있는 아이를 위한 전문적인 지역사회 프로그램들이 있는 지 알아보아라. 호스피스 단체들이 지원해 준다. New York의 Liverpool에 있는 호스피스와 함께하는 Center for Living with Loss에서는 이런 스트레스를 겪고 있는 아이들을 위한 학교 방과 후 프로그램을 제공한다. 여름에 며칠 동안 마음을 치유하는 캠프(Camp Healing Hearts)라고 하는 프로그램에서는 아이들에게 캠프 경험을 제공한다(Haus, 2006). 매일 캠프의 첫 시간에 아이들은 치유 서클에 참여한다. 치유 서클에서 아이들은 매일 너의 이야기를 해보아라, 너의 감정을 알기 위해 노력하라, 너의 감정을 어떻게 처리할 것인지 결정하라와 같은 다른 목표에 집중한다. 마지막 일정은 극복기술과 희망에 대한 이야기에 집중한다.

아이가 가외의 전문적 기술이 필요한 장애가 있을 때 도움 요청하기

통합교실에서 도뇨관 삽입(catheterization)이나 작업치료(occupational therapy)와 같은 특별한 도움이 필요한 아이를 만났을 때 그들을 도와줄 수 있는 기관들과 접촉하라. 몇몇 아이들만이 지니고 있는 특별한 문제임에도 불구하고 그런 기관의 지원을 받는 것은 중요하다. 왜냐하면 이런 서비스가 제공되었을 때 교사의 스트레스 수준은 더 낮아지고 교사는 모든 아이들이 다 잘 자라도록 돕는 일에 더 안정적으로 헌신할 수 있게 되기 때문이다. 그렇지 않으면 통합은 단지 명목에 불과하다. 한 교실에서 뇌수종을 앓고 있는 걸음마기 아이가 몇 시간 동안 자신의 침대에 누워있다. 그는 자신의 큰 머리를 들어 올릴 수 없다. 교사와 다른 걸음마기 아이들은 그 아이가 누워있는 침대 가까이에 있는 테이블에서 흥미로운 활동을 하였다. 중증 장애가 있는 걸음마기 아이는 그 활동에 포함되지 않았다. 교사가 테이블 가까이에 벨트로 안전하게 아이를 고정시킬 수 있는 경사판을 사용하였다면, 그 장애가 있는 아이는 즐겁게 작업하고 있는 아이들을 잘 볼 수 있었을 것이다. 전문가인 조력자들은 통합교실을 창의적으로 만들어가려는 교사의 헌신을 지지해줄 도구 설치와 아이디어들을 제안해줄 수 있다.

다양한 위급상황에 대비해서 상담사들의 목록 비치하기

모든 기관장은 학교나 보육 기관에서 위기 상황이 발생할 때 지원을 요청할 수 있는 전문기관이나 전문가들의 목록을 비치하고 있어야 한다. 이 목록에는 의학 건강 전문가뿐만 아니라 정신 건강 전문가 그리고 전문적 서비스를 제공하는 지역사회 기관들이 포함된다. 부모들이 소방훈련규칙이 만들어지고 연습되고 있다는 것을 알고 다행스럽게 생각하는 것처럼 그런 관계가 구축되어 있다는 것을 알게 되면 안도감을 느낄 것이다. 만일 응급사태가 발생하기 전에 그런 관계가 구축된다면, 아이의 극심한 스트레스 상황에서 전문가들의 도움을 받아 교사와 행정가와 가족은 더 수월해질 것이다.

결론

매일 아이들과 함께 일하는 성인들은 아이나 직원이나 부모나 원장을 상대하든 혹은 다른 상담사와 정신건강 전문가를 상대하든 간에 매일 같이 다루어야 할 다양한 스트레스가 있다. 스트레스는 피할 수 없는 환경적인 문제에서도 발생할 수 있다. 센터의 막힌 변기는 교사들에게 스트레스를 주는 원인이 되거나 몇 명의 교사들이 아침에 갑자기 전화로 알리는 병가의 원인이 될 수 있다. 교사의 소진을 피하기 위해서는 일상적인 스트레스를 줄이기 위해 노력하는 것이 중요하다. 당신은 아이들 삶의 귀중한 자원이며 특별히 신뢰받는 존재이다. 영아, 걸음마기 아이, 유아를 돌보는 것은 육체적으로나 정서적으로 힘든 일이지만 대단히 중요한 일이다. 이 장은 교사로서나 가족을 지원하는 자원 봉사자로서 일상생활에서의 다양한 스트레스를 어떻게 다룰 지에 관한 몇 가지 기법들과 긍정적인 전략들을 제공한다.

연구문제

부모들을 상대할 때 발생하는 스트레스를 줄일 수 있는 기법으로는 무엇이 있는가?

당신은 문제가 되는 아이들의 성적 행동을 어떻게 분별할 수 있는가?

당신은 언제 아이들을 위한 전문적인 지원을 구할 필요가 있는가?

왜 부모와 전문가 간의 관계를 구축하는 것이 중요한가?

CHAPTER 9

아이를 돌보는 성인을 위한 개인적인 스트레스 해소 아이디어

교사 자신의 가정에서나 아동 보육 기관이라는 세상에서 다른 사람들과 함께 사는 것은 불가피하게 좌절과 스트레스가 수반된다. 교사와 보육제공자는 자신의 스트레스를 줄일 수 있는 개인적인 방법들을 확보해둘 필요가 있다.

자기성찰을 위한 시간 갖기

자기 성찰을 위한 시간을 가져라. 당신이 사람들 사이에서 일어나는 사소한 일과 문제에 어떻게 접근하는 지에 대해 생각해 보아라. 당신은 초조하거나 화가 날 때 속에서 끓어오르는 분노가 단지 현재 상황으로 인해서 발생되는 것인 지 그 여부를 알아보려는 시도를 하는가? 그런 시도는 당신을 모욕, 학대, 실망을 경험했던 아주 오래 전 상황으로 다시 되돌아가게 하는가? 우리가 강하게 부정적인 감정으로 반응하는 자신을 발견할 때 이런 반응은 자신의 과거를 다시 반향하면서 느끼는 스트레스의 결과물일 수도 있다.

> 한 아버지는 유치원에 다니는 아들이 초조할 때 엄지손가락을 빠는 것을 자신이 얼마나 싫어하는 지에 대해 심각하게 설명했다. 그 아버지는 아주 강하게 분노를 표출했다. 그는 자녀에게 화를 내며 입에서 엄지손가락을 뺄 것을 명령하였다. 그의 명령에도 불구하고 아이는 엄지손가락을 빠는 행동을 멈추지 않았다. 우리는 함께 이 강한 수치심과 분노가 어디에서 발생되는 것인 지를 천천히 탐색해보았다. 오래전에 그 아버지의 부모는 그가 자신의 성기를 가볍게 만지는 것 때문에 그를 꾸짖고 수치심을 주는 말이나 행동을 하였다. 어린 시절에 자신의 성적 행동으로 수치심을 느껴야 했던 그의 오래 전 경험이 자신의 아들에게 벌을 주는 현재의 방식에 반향된 것이다.

우리는 어린 아이들이 스트레스로 인해 성적인 행동을 할 때 크게 화를 내는 우리 자신을 발견하곤 한다. 이런 상황에서 우리는 수치를 당했거나 처벌을 받았던 우리 자신의 어린 시절 경험의 울림에 귀를 기울일 필요가 있다. 우리는 아이들과 상호작용하는 현재 우리의 방식에서 이러한 유령들을 떨쳐버릴 용기가 필요하다.

우리 자신의 목소리 톤을 들어보자. 그리고 우리의 위, 치아, 어깨 혹은 다른 신체 부위의 긴장을 느껴보자. 그런 후에 우리는 호흡과 다른 이완 기법들(relaxation techniques)을 더 잘 연습할 수 있다. 우리는 우리 자신의 취약점을 포함한 자신의 모든 것에 대해 아주 잘 안다고 자부할 수 있다. 그러나 당신은 부당한 대우를 받았던 시간들을 어떻게 다스렸는가? 당신은 지금도 가슴 속에 아픔을 지니고 있는가? 당신은 상처를 준 사람을 신랄하게 비난했었는가? 당신은 당신의 가슴 속 깊이 묻어둔 수치심이 현재 어린 아이들과의 상호작용에 어떻게 영향을 주는 지에 대해 생각해보는 것을 피해왔는가?

인상깊은 한 연구결과가 제시되었다. 이 연구는 고등학교를 중퇴하고 아기를 낳은 어린 미혼모들을 대상으로 실시되었고 그 결과 자기성찰이 어머니를 변화시킬 수 있는 중요한 촉매역할을 한다는 것을 증명하였다. 어떤 어머니들은 우수한 가정방문 프로그램이 실시되는 그룹에 무작위로 배정되어서 아기와의 긍정적인 정서관계에 도움이 되는 지식과 조언을 제공받았다. 다른 어머니들은 통제그룹에 배정되었다. 몇 개월 동안 전문가가 가정을 방문해서 정보와 지원을 제공해준 어머니들보다 자신이 어린시절에 받았던 학대에 대한 생각을 많이 할 수 있었던 어머니들이 자신의 아이에게 더 애정을 갖고 대해주겠다는 결심을 하였다. 자기성찰을 한 어머니들의 아기들은 다른 아기들보다 생의 첫 해 동안 더 건강하게 잘 자란 것으로 나타났다(Brophy & Honig, 1999). 성인과 아이들과의 관계에서 성찰은 아이들에게 애정적인 상호작용은 더 많이 하게 하고 스트레스는 덜 주도록 활성화시키는 중요한 요인이다.

당신이 충분한 수면을 취하고 있는 지도 성찰하라. 교사들은 만성적 피로로 인해 소진될 수 있다. 늦은 밤까지 TV를 시청하는 것이 잠자는 시간을 얼마나 많이 단축시킬 수 있는 지 가늠해 보아라. 마음을 차분하게 해주는 책들을 찾아보아라. 밤에 좀 더 쉽게 잠에 들 수 있도록 도와주는 책들을 침대 곁에 두어라.

당신의 몸 어느 곳에 스트레스가 자리 잡고 있는 지 유의하라. 당신 자신만의 독특한 스트레스 표현방식에 맞추어 조율하라. 당신의 눈썹 사이에 찡그린 흔적이 깊게 파여 있는가? 당신은 스트레스가 어디서 어떻게 당신의 일상생활의 기능을 손상시키고 있는 지를 알아낼 수 있는 가장 적합한 사람이다. 화가 날 때 당신은 스트레스가 어느 신체 근육으로 표출되는 지 자각할 수 있는가? 속이 상할 때 당신은 목이 조여 오는 것을 느끼는가 아니면 이를 악물고 있는가? 긴장이 당신 몸의 어느 곳에 잠복해있는 지를 알아낼 수 있는 가장 적합한 사람은 당신 자신이다. 당신은 아이들과 함께 근육 이완 운동이 아이들은 물론 당신의 긴장도 완화시켜 준다는 것을 발견할 수도 있다. 만일 당신의 어깨가 아프면, 사랑하는 사람에게 어깨와 등 마사지를 부탁하고 그에 대한 보답으로 당신도 마사지를 해주어라.

심호흡 연습하기

우리는 화가 나거나 긴장할 때 더 얕은 호흡을 한다. 만일 누군가가 당신을 비난하거나 당신에 대해 냉정하게 말한다면 코로 숨을 조용히 깊게 들이마셔라. 그 다음 당신의 입으로 숨을 천천히 길게 내뱉어라. 당신이 화가 나서 심하게 비난하거나 비꼬는 대응을 하고 싶은 마음이 간절할 때에도 심호흡을 하라. 당신의 생각과 감정은 당신에게 달려있다. 긍정적인 생각과 감정은 생리적으로 스트레스를 덜 받게 한다. 한편 스트레스 상황을 개선시키기 위한 **행동**은 실제로 당신의 긴장감을 증가시키거나 감소시킬 수 있다.

바른 식이요법 하기

아침식사로 제공된 주스와 도넛은 당을 빠르게 높이고 곧 바로 혈당수준을 급격히 떨어뜨린다. 이런 아침 식사를 한 사람들은 아침과 점심식사 사이에 몹시 허기가 져서 행동이 느려지거나, 기운이 빠지거나, 짜증을 낼 가능성이 높다. 반면에 혈당 수준이 일정한 사람들은 좋은 기분을 느끼게 될 가능성이 높다. 복합 탄수화물, 단백질, 약간의 지방을 균형있게 섭취할 때 혈당 수준은 몇 시간에 걸쳐서 점차적으로 올라간다. 주스와 커피뿐만 아니라 달걀과 같은 단백질, 통곡물 시리얼이나 빵, 그리고 약간의 버터를 포함한 아침식사로 하루를 시작하라. 이런 식사는 아이들과의 아침 활동 시간에 발생할 수 있는 스트레스를 극복하는 데 필요한 에너지를 충분하게 공급해줄 것이다.

계절성 정서장애(seasonal affective disorder: SAD)는 몇 개월간 지속되는 어두운 겨울에 느끼는 스트레스와 우울한 기분의 원인이 될 수 있다. 일정한 혈당 수준을 유지하는 것은 이런 기분을 완화시켜준다. 세로토닌(serotonin)의 체내 생산을 증가시켜주는 햇빛을 매일 충분히 쐬는 것도 좋다. 세로토닌은 높은 에너지가 요구되는 활기찬 기분에 필수적인 신경전달물질이다. 교실에 자연채광과 유사한 조명기구를 설치하는 것도 좋은 방법이다.

긴장을 상징적으로 떨쳐버리고 멀리 보낸 것으로 시각화하기

스트레스를 줄일 수 있는 개인적인 방법들을 당신의 목록에 기록해 둘 필요가 있다. 밤에 당신의 침실과 같은 사적인 장소에서 스트레스가 당신의 발가락에서부터 당신의 몸과 팔을 통해 점진적으로 이동하며 올라온다고 상상하라. 그 다음 그 불안한 기분을 없애기 위해 각 팔을 밖을 향해 털어주면서 스트레스를 날려버려라. 긴장감이 반대 방향으로 날아올라 당신에게서 멀리 떠나가 버리는 장면을 시각화하라.

점진적인 근육이완 시도하기

만일 어떤 사람이 당신을 함부로 폄하해서 몹시 화가 난다면 당신의 손을 주머니에 넣고 주먹을 꽉 쥐어라. 숨을 내쉬고 나서 꽉 쥔 손을 풀어라. 이 동작을 몇 번 반복하라. 이렇게 신체의 일부를 강하게 긴장시킨 후 다시 이완시키는 동작은 당신이 그 사람에게 신체적으로 보복해서 문제를 일으키지 않고도 그 상황에 대처할 수 있는 좋은 방안을 생각해낼 수 있도록 시간적 여유를 제공해준다. 이 동작은 이미 당신이 아이들과 함께 사용하고 있는 신체이완 기법(isometric)의 일부분일 수 있다.

오랫동안 마음속에 맺혀 있는 감정에서 자유로워지기

만일 과거에 당신이 다른 사람들로부터 모질고 혹독한 일을 당했었다면 어떻게 해야 하는가? 당신은 이런 힘든 사건들이 발생했을 때 이미 많은 시간을 슬퍼하며 보냈다. 당신의 마음 속에 오랫동안 나쁜 감정을 품고 있던 사람을 당신이 변화시킬 수는 없다. 그러나 당신은 당신 자신을 조금씩 변화시키는 도전적인 작업을 시작할 수 있다. 심한 스트레스를 극복하기 위해 노력할 때 당신은 두 개의 상징적인 산을 올라가야 할 것이다: 슬픔의 산과 분노의 산. 우리가 삶의 풍요롭고 경사가 완만한 초원에 도착해서 꽃향기를 음미할 수 있으려면 커다란 스트레스를 경험하고 극복해내는 두 개의 산을 터벅터벅 걸어서 올라가야 한다. 슬픔과 분노의 두 산을 모두 정복할 때까지 계속해서 노력하라.

과거에 당한 모욕적인 일에 집착하지 않기

잔혹한 과거의 유령들이 "당신 마음속의 공간을 차지"하지 못하도록 하라(Honig, 2005). 가끔 우리는 과거의 모욕, 비난, 배신, 실망에 집착한다. 우리는 바로 지금 우리가 하고 있는 것의 긍정적인 측면 -특별히 당신의 따뜻한 돌봄으로 어린 아이들이 행복하게 성장하도록 돕는 것- 보다 부정적인 측면에 대한 생각을 더 많이 한다.

이미지 유도법 사용하기

과거에 경험한 부정적인 상호작용이 당신의 머릿속에 지속적으로 자리를 차지하지 못하게 하라. 조용한 공간에서 부드러운 음악을 들으며 스트레스를 완화시켜주고 긴장을 없애줄 수 있는 이미지를 만들어내는 것을 연습하라. 과거의 부정적인 사건들과 상처받은 말들을 가상의 커다란 쓰레기 봉투에 넣어라. 당신의 상상 속에서 근처에 있는 쓰레기장으로 천천히 걸어가라. 그 다음 그 쓰레기 봉투를 내던져라. 짐들을 내려놓아라. 당신은 자유로워지는 것을 느낄 것이다. 당신 마음속의 저택을 더 이상 과거의 부정적인 느낌으로 혼잡하게 두지 마라.

용서하는 것 연습하기

만일 누군가가 냉소적이거나 잔인한 말을 한다면, 그 사람을 향해 온화한 미소를 짓고 그 자리를 떠나라(Knutson, Enright, & Garbers, 2008). 당신은 머리를 저으며 친절한 미소를 보인 후 그 자리를 떠나버릴 수도 있다. 용서의 미소는 특별한 유형의 가면이다. 평화를 추구하는 목적이 있는 성숙한 가면은 내면의 주 감정을 분노, 두려움, 억울함으로 들끓게 만드는 대인관계 상황에서 성인이 안전하게 항해할 수 있도록 돕는다. 스트레스를 줄이기 위해 **용서의 가면**을 쓰는 것을 연습하라. 당신이 용서할 수 있는 마음이 생길 때 스스로를 자랑스럽게 생각하라. 자제력을 잃고 잔인하거나 무례하게 말하거나 행동하는 사람들에 대해 측은한 마음을 갖도록 노력하라. 당신 가족의 사랑, 당신 자신의 노고, 당신의 신앙공동체의 지지가 당신을 관대하고 사랑을 베푸는 성인으로 성장해서 살아갈 수 있게 해준 것을 진심으로 기뻐하라. 잔인하거나 무례한 말이나 행동에 대해 긍정적으로 다양하게 반응할 수 있는 자신을 자랑스럽게 생각하라. 낙관적인 사고를 하는 사람들이 더 건강하고 스트레스를 덜 받으며 삶에서 다른 사람들과의 긍정적인 경험을 더 많이 한다.

어떤 성인이 일시적으로 자제력을 잃어버릴 때 대응하여 소리 지르기보다 그 자리를 벗어나라. 당신의 그런 행동은 화를 낸 그 사람이 충동을 억제하는 능력이 부족해서 실수로 그런 행동을 했다는 것을 당신이 이해한다는 것을 충분히 품위있게 보여주며 대응한 것이다. 충동억제는 부모와 교사가 자신이 돌보는 아이들에게 강화시켜주려고 노력하는 중요한 목표들 중의 하나다. 한 종단적 연구에서 충동억제 능력이 더 높은 아이들은 이후 학령기에 교실에서 문제를 덜 일으키고 십대에 마약이나 술을 현저하게 덜 하는 경향이 있다는 결과가 보고되었다(Wong et al., 2006).

비난에 주의하기

만일 우리 집을 방문한 손님이 비난을 한다면 성인으로서 우리는 어떻게 반응해야 할 지 생각해보아라. 손님이 우리 집에 와서 책상이 지저분하고 물건이 정리되지 않은 채 쌓여있는 것 같다는 지적을 한다고 가정해보자. 또는 방문한 친척들이 우리 아이들이 식사를 하는 동안 계속 점잖게 앉아있지 않고 그들이 원하면 바로 식탁에서 일어나 뛰어다니는 행동을 고쳐야 한다고 우리에게 말할 수도 있다. 비난은 한 사람의 자아에 상처를 입히는 행동이다. 대부분의 사람들은 비난으로 인한 스트레스에 어떻게 반응하는가? 어떤 사람들은 비난에 대한 반응으로 분노를 터뜨린다. 또 어떤 사람들은 만일 그들이 비난을 받으면, 별 생각없이 듣고 대수롭지 않게 여긴다. 그들은 사람들이 느끼고 말하는 것에 크게 신경쓰지 않고 자신의 관점을 유지하고 자신의 행동방침을 고수한다. 다른 사람들은 엄청난 충격을 받는다. 십대들은 만일 또래들에 의해 놀림을 당한다면, 옷을 입는 방식이나 듣는 음악도 바꿀 것이라고 말했다. 언젠가 나는 한 십대 아이에게 십대들이 담배를 피우는 이유에 대해 나에게 설명해줄 것을 요청했다. 그녀는 나에게 "친구들이 주는 압박감" 때문이라고 즉각적으로 대답했다. "만일 당신의 친구들이 당신을 좋아해주길 바란다면, 그들이 멋지다고 생각하는 것을 시도해보세요!"라고 그녀가 덧붙여서 말했다.

어떤 사람들은 자신의 단점이나 실수로 비난을 받을 때 매우 방어적으로 행동한다. 우리 대부분은 비난받는 것을 즐기진 않는다. 그러나 어떤 사람들은 그들이 한 행동이나 하지 못한 행동에 대해 냉소적으로 반응하면서 강하게 감정적으로 방어하기 시작한다. 어떤 사람들은 스트레스로 인해 경험할 수 있는 부정적인 감정을 미연에 방지하기 위하여 예상되는 부정적인 사건이 발생하기도 **전**에 먼저 대응하는 행동을 함으로써 그 스트레스를 조율한다. 서로 사귀는 남녀 중 한 사람이 상대에게 버려지는 두려운 사건이 발생하기 **전**에 관계를 정리하는 것을 본 적이 있는가?

흥분하지 말자. 비난에 침착하게 대처하자. 그래, 책상이 지저분하다. 그리고 어떤 사람들은 정리가 더 잘된 집에 산다. 그것이 삶이다. 우리는 우리에게 주어진 바쁜 삶에서 우리가 할 수 있는 최선을 다해서 사랑하고 친절을 베풀고 우리가 생활하는 공간을 대체적으로 괜찮은 형태로 유지하려고 노력하며 살고 있다는 것을 편하게 받아들이고 인정할 필요가 있다!

활발한 신체 활동으로 긴장에서 빠져나오기

당신이 규칙적으로 운동할 때 동맥 세포계는 산화질소(nitric oxide)의 생성을 촉진시킨다. 산화질소는 동맥을 매끈하게 유지시켜주고, 넓혀주며, 막히지 않게 해준다. 운동은 당신의 혈관을 통해 분출되는 피의 양을 증가시키고 동맥 내벽(the arterial lining)의 새로운 세포를 만들어내도록 자극시켜준다. 동맥의 유연성이 증가되면 노화를 늦추고 혈관에 염증이 생기는 것을 감소시켜주며 스트레스를 줄여준다.

신체 운동과 즐거운 성생활은 몸에 신호를 보내서 엔돌핀을 방출하게 만든다. 이 화학물질은 기분을 밝게 만들어주고 행복한 느낌이 들도록 도와준다. 자신에게 적합한 운동을 선택하라! 오랫동안 자전거를 타라. 수영을 하면서 마치 당신 내면의 불쾌한 느낌을 베어내는 것처럼 강한 팔 젓기로 물이 튀게 하라! 오랫동안 산책을 하면서 당신의 팔을 돌려주어라. 정원에서 흙을 파고 꽃을 심어라. 빙상 스케이트나 태권도나 카약을 시작하라. 볼링 팀이나 동네 공원에서 하는 배구 게임에 참여하라. 만일 당신이 영아나 걸음마기 아이들을 돌보고 있다면, 일하는 동안 굽히고, 스트레칭하고, 들어올리기를 많이 하고 있는 것이다. 그렇게 생각하면 당신은 매일 어린 아이들을 돌보는 모든 육체적 작업이 당신의 운동 할당량에 포함될 수 있다고 생각하며 미소 지을 수 있다.

아름다움의 섬광 경험하기

매일 잠시라도 당신 주위에 있는 사랑스러운 자연 세계에 관심을 가져라. 하루에 몇 초 동안이라도 아름다움에 관심을 갖는 것이 당신의 행복감을 높여 줄 수 있다. 당신의 이웃이 새로 정원에 심어 놓은 연한 녹색 잔디에서 냄새를 맡고 있는 다람쥐의 꼬리에 스치듯 보이는 은빛을 본 적이 있는가? 이번 여름에 버터와 같은 노란색의 깃털을 지닌 핀치(finch)라는 새가 날아와서 해바라기 씨들을 먹었는가? 당신은 하루가 끝나갈 무렵 창밖의 하늘에 펼쳐지는 색의 폭동을 보았는가? 경이로운 일몰에 완전히 빠져보아라.

책이나 박물관이나 온라인에서 경이로운 예술 작품을 찾아보아라. 웹사이트는 최신 예술작품 그 이상의 것을 보여준다. 우리는 25,000년 보다 훨씬 더 전에 살았던 예술가들이 동굴의 벽에 그려 놓은 고대 야생소, 말, 사슴의 경이로운 동굴 벽화들을 볼 수 있다. 고대 예술가들이 동굴에 벽화를 새기면서 들소의 몸을 덮고 있는 덥수룩한 털을 새기는 조각술을 향상시키기 위하여 곰의 발톱을 사용했던 방법은 경이로울 따름이다.

수족관에 가서 물고기와 돌고래와 말미잘을 보아라. 숨을 죽이고 서서 힘들이지 않고 우아하게 떠다니며 촉수들의 표류를 일으키는 작은 해파

리의 “발레 공연”에 몰입해 보아라.

당신이 아기의 손가락에 입을 맞추고 아기는 기분이 좋아 까르륵거리는 소리를 낸다. 아기는 당신이 다시 자신의 손가락을 사랑스럽게 잘근잘근 깨무는 시늉을 할 수 있도록 그의 손가락을 앞으로 곧게 뻗는다. 이때 아기의 포동포동한 작은 주먹 위에 귀엽게 오목 패인 부분을 보아라. 당신의 영혼을 즐겁게 해줄 수 있는 모든 계절의 아름다움을 찾아보아라. 장미 정원에 가서 장미의 향을 맡아보아라. 가을에 모나크 나비들이 남쪽을 향하여 대규모로 이동하는 것을 지켜보아라. 모나크 나비들은 가을의 이른 아침 햇살 속에서 꽃들을 즐기며 보석 빛깔의 날개를 천천히 펴고 접는다.

겨울동안 조약돌과 물로 채워진 유리 그릇에 하얀색 수선화와 히아신스 구근을 재배하라. 당신과 아이들은 방을 가득 채우는 아주 매력적인 향기를 음미하며 즐길 수 있다. 각 계절은 아름다운 경험을 제공한다. 지금 막 떨어진 선명한 빨간색의 낙엽은 이제 시들어 죽어가면서도 그 눈부시게 아름다운 색으로 우리를 다시 한 번 놀라게 한다. 나무의 껍질은 비에 흠뻑 젖은 후 벨벳 같은 초콜릿색으로 빛난다. 당신이 아이와 감탄하는 표현이나 다정한 말을 나눌 때 아이의 얼굴에 빛이 난다. 셀 수 없을 정도로 많은 눈송이가 있다. 경이롭게도, 서리로 인해 유리창에 장식된 눈송이들은 각기 다른 독특한 아름다움을 지니고 있다. 하늘에 무지개가 뜨면 당신은 수업을 중단하고 모든 아이들과 함께 창으로 가서 하늘을 가로지르는 장엄하고 멋진 포물선의 경이로움을 만끽한다.

당신이 돌보는 어린 아이들의 작고 큰 친절에 감사하기

자연과 우리 주변의 물리적 환경에 더해서 당신이 가르치고 있는 아이들이 보여주는 아름다운 몸짓을 즐길 수 있는 많은 기회가 있다. 아이가 친구에게 사랑스러운 행동을 할 때 그 너그러운 몸짓의 아름다움은 당신의 영혼을 충만하게 해준다.

> Willy는 교실에 있는 자신을 데리러 온 성인과 함께 특별 개인지도가 진행되는 곳으로 가고 싶어 하지 않았다. 그는 마룻바닥에 쓰러져 울고 있었다. 그가 힘들어하는 것을 보고 Ofira는 위로의 손을 내밀었다. Ofira는 누워서 자신의 뺨을 그의 뺨에다 대고 말했다, "Willy, 울지 마. 괜찮아. 내가 너와 함께 갈께. 우리가 함께 갈 수 있는 지 선생님께 여쭈어보자".
>
> Jonas는 방과 후 활동에서 Otis와 체스를 두는 친구가 되었다. 어느 날 Jonas는 그의 어머니에게 Otis가 학교버스에서 놀림을 당하고 부적절한 신체 접촉을 당했다는 것을 걱정하는 마음으로 말했다. 어머니는 Jonas에게 그 상황을 좀 더 좋게 만들기 위해서 그가 무엇을 해야 했는 지를 조용히 물어보았다. "엄마, 나는 버스에서 Otis가 창문 옆에 앉을 수 있게 해주고 내가 복도 쪽으로 앉기로 결심했어요. 그렇게 하면 아무도 그를 괴롭힐 수 없고 그는 안전할 거에요."

당신의 눈앞에서 행해지는 이런 친절한 행동들은 아이 영혼의 내적인 아름다움으로 빛을 발한다.

시 읽기; 시 쓰기

시는 그 풍부한 언어와 아름다운 이미지의 놀라운 힘으로 우리를 감동시킨다. 시는 사람의 마음에 반향을 불러일으키고 아픈 슬픔을 위로해주거나 경이롭고 고귀한 감정이 들게 할 수 있다. 스트레스가 심한 감정에 대해 시를 쓰는 것은 큰 위안을 준다. 한 교사는 거의 2년 동안 애정을 갖고 돌보아왔던 한 위탁 아동을 다른 돌봄을 받도록 돌려보내야만 했다. 슬프게도 그 걸음마기 아이는 학대가 지속되는 혼란스러운 가족 상황으로 다시 보내졌다. 그 교사는 방문을 시도했으나 절망에 빠진 그 걸음마기 아이는 그녀를 외면했다. 그 아이는 자신이 신뢰하기 시작했던 이 성인에 의해 자신이 버려졌던 것처럼 자신도 거부하는 행동으로 반응한 것이다. 그 교사는 자신의 슬픔에 대해 시를 쓰는 것이 자신이 느꼈던 깊은 분노를 완화시켜주는 데 도움이 된다는 것을 발견하였다.

일기 쓰기

교사들은 자신이 깊이 생각한 것들을 일기에 적으면서 교실에서 발생한 문제의 해결방안에 대한 통찰력을 얻기도 한다. 예를 들어, 두 아이가 서로 원하는 하나의 장난감을 두고 화를 내며 싸우고 있다고 가정하자. 이런 문제 상황에 대해 자세하게 기술하는 것은 그 사건을 거리를 두고 바라보게 해준다. 문제의 사건 전에 무슨 일이 일어났었는 지 그리고 사건이 발생하지 않게 하기 위하여 교사는 사건 전에 무엇을 할 수 있었는지에 대한 더 큰 그림을 볼 수 있게 된다.

일기는 우리의 불확실하거나, 화나거나, 씁쓸한 감정들을 잘 처리하게 해주고 우리 삶의 즐거운 사건들을 잘 기억할 수 있게 도와준다. 일기를 쓰는 것은 우리 자신의 감정에 -행복이든 불행이든 간에- 관심을 기울이는 습관이 발달되도록 도와준다. 수개월에 걸쳐 일기를 쓰는 것은 우리의 오래된 분노감정의 치유가 그리고 개인적인 문제를 극복하기 위한 새로운 방법의 시도가 어떻게 진행되고 있는 지를 우리에게 보여줄 수 있다. 일기는 우리의 미래를 위한 개인적인 목표뿐만 아니라 우리의 꿈과 소망도 적도록 도와준다. 특히 일기는 **우리가 감사하게 생각하는 것**을 계속해서 구체적으로 적을 수 있게 해준다. 한 가정 방문 상담자는 심하게 의심이 많은 한 어머니를 담당하게 되었다. 그 상담자는 어머니를 방문한 지 일 년이 지나서야 자신이 그녀의 집 앞에 도착했을 때 집 창문의 차양이 열려있었다고 말했다. 그 상담자의 일기는 그 어머니와 그녀 자신 사이에 성장하고 있는 이 신뢰의 사인에 대한 감사함을 반추하고 이

깨지기 쉬운 가정의 어려운 문제들을 함께 해결하기 위해 노력해온 그녀의 헌신을 다시한번 새롭게 다짐하게 해주었다.

친구와 대화하기

당신 가슴 속에 맺혀 있는 감정들을 털어놓는 것만으로도 큰 위안이 된다. 걱정과 골칫거리를 털어 놓을 수 있고 당신의 삶에서 몹시 화가 났던 시간들을 나눌 수 있는, **투덜거릴** 수 있는 친구를 찾아라. 당신의 비밀을 다른 사람들에게 말하지 않는 신뢰할 수 있는 친구를 선택하라. 당신의 행복에 진정으로 관심이 있는 누군가를 선택하라. 호의적이고 따뜻하게 공감해주며 배려해주는 친구와 함께 우리의 스트레스에 대해 불평하고 이야기 할 때 스트레스는 완화된다. 이렇게 속마음을 털어놓는 것은 특별한 치유의 묘약과 같다. 우리에게 익숙한 아주 오래된 우화에서 Androcles가 사자의 발톱에서 독가시를 빼낸 것처럼 친구와 걱정을 나누는 것은 사람의 영혼에서 곪아있던 독을 들어내는 것이다. 자기 연민은 우리가 친구와 이야기할 때 완화된다.

친밀한 사람들의 지원은 스트레스를 줄여준다. 배우자와 포옹하라. 술자리 같은 단기적이고 일시적인 완화제들의 결과로 술에 취해서 사람들을 두고 떠나가는 방법을 택하지 말고 기도와 음악과 친절한 사람들이 예배에 참석한 사람들의 긴장을 풀 수 있도록 도와주는 종교의식에 다른 사람들과 함께 참석하라.

유능하다고 느끼게 만들어주는 활동하기

파이를 구워라. 당신 집 앞의 갈라진 계단을 수리하라. 저소득층 가정의 신생아 지원 프로그램을 운영하고 있는 병원에 가져다 줄 모포를 짜라. 당신의 방에 페인트를 칠하고 새롭게 꾸며라. 아주 오랫동안 수선하려고 생각해왔던 깨진 도자기의 조각을 접착제로 붙여라. 부엌바닥을 문질러서 닦아라. 옷장에 있는 다른 옷들과 멋지게 어울리는 새로운 셔츠를 사라. 낚시를 하고 저녁식사로 당신이 잡은 생선을 구워라. 당신은 자신의 내면을 조명해서 누군가가 말했거나 행동했던 불쾌하거나 걱정되는 무언가에 대해 곰곰이 생각해볼 수도 있다. 당신이 당신 삶의 책임자라는 것을 보여주는 무언가를 할 때 당신 삶의 공간에 좋은 일들이 일어나게 되고 당신은 화를 덜 내게 될 것이다.

완벽주의자가 되는 것에서 자유로워지기

어떤 사람도 완벽할 수 없다. 어떤 날은 모든 일이 빗나가기만 한다. 센터의 변기가 넘친다. 몇몇 아이들이 설사를 한다. 부모가 선생님에게 전화해서 거칠게 불평한다. 걸음마기 아이들이 잠에 들지 못한다. 만일 우리가 우리의 삶에 힘든 날도 있고 멋진 날도 있으며 그냥 평범한 날도 있다는 것을 묵묵히 받아들인다면, 어떤 날들이 다른 날들보다 더 많은 스트레스로 가득 차있는 것처럼 보일 때 우리는 덜 불안해할 수 있을 것이다.

당신 자신의 삶을 즐길 수 있는 방법 찾기

놀이는 스트레스를 완화시켜준다. 당신은 당신 자신을 가장 잘 아는 사람이다. 어떤 유형의 놀이가 당신의 긴장 완화에 도움이 되는가? 저녁식사를 위해 함께 외출하거나, 볼링이나 탁구를 치거나, 농구를 하거나, 그냥 앉아서 함께 수다를 떨 친구들이 있는가? 이른 아침에 당신이 즐기는 달리기나 수영을 함께 할 이웃을 찾아라. 낮게 탄성을 지르게 만드는 말장난이 담긴 이메일 메시지를 친구들과 공유하라. 당신은 가을 숲속에서 함께 산책하고 쌓인 낙엽들을 발로 툭툭 차면서 이야기를 나눌 수 있는 친구가 있는가? 장난기를 즐기는 태도는 기력이 소진되지 않도록 지켜줄 것이다!

긴장을 완화시켜주는 치료 도구로서의 소중한 음악

음악은 천 년 동안 사람들의 상한 마음을 위로해왔다. 사울 왕은 사납고 난폭한 기분에 휩싸여있을 때 자신의 어두운 기분을 완화시키기 위해서 어린 다윗에게 하프를 연주해줄 것을 요청했을 것이다.

몸의 긴장을 풀어주기 위해 마음을 달래주는 음악을 연주하라. 당신이 좋아하는 노래를 들어라. 저녁에 집에 돌아왔을 때 합창하는 것처럼 노래를 따라 불러라. 샤워하면서 노래를 불러라. 당신이 출퇴근을 위해 운전할 때 차에서 큰 소리로 노래하라. 유명한 오페라 가수처럼 노래를 잘해야 한다는 걱정은 하지 말아라. 우리 중에 소수만이 절대 음감을 갖고 있지만 우리는 모두 자신이 좋아하는 어떤 장르의 음악을 즐길 수 있다. 음악은 우리를 위로해주고 마법처럼 우리의 걱정과 불만을 멀리 날려 보낸다(Honig, 1995).

오래된 코미디 영상물 보기

배꼽을 잡게 만드는 큰 웃음은 힘들고 긴장된 하루를 보낸 성인 몸 안의 모든 스트레스 화학물질을 낮추어 준다. 지역 도서관에 소장되어 있는 오래된 코미디 영상물들 중에서 몇 개를 빌려보아라. 수십 년이 지났지만 우리는 아직도 그 오래된 코미디를 보면서 폭소를 터뜨릴 수 있다. 우리는 바보 삼총사(Three Stooges), W. C. Fields, 혹은 Groucho Mark와 그의 형제들의 어이없는 행동을 보고 웃는다. 우리 중에 누가 Abbott와 Costello의 코믹한 야구를 소재로 한 코메디에서 반복적으로 나오는 "누가 먼저지(Who' s on first)?"를 잊을 수 있겠는가? 오래된 코미디를 보는 것은 일상생활에서 발생하는 긴장을 완화시켜주고 스트레스를 감소시켜주는 데 도움이 된다.

임의로 친절한 행동 베풀기

당신 자신이 좋은 사람이라는 느낌을 갖게 해주는 방법 중의 하나는 작은 **친절을 임의로 베푸는 것**, 즉 선행을 하는 것이다! 만일 당신이 다른 사람과 상호작용할 때 몸으로 표현하는 메시지에 대한 능동적 듣기(active listening; AL)를 연습한다면, 이런 작은 선행을 실천하기가 더 쉬워질 것이다. 어느 날 저녁, 아파트 건물 옆을 지나가다가 나는 두 소녀가 집 앞의 계단에서 뛰어놀고 있는 것을 보았다. 그들 곁에 조용하게 서있는 어머니는 지치고, 슬프고, 외로워보였다. 나는 잠시 걷기를 멈추고 그 어머니를 보고 웃으며 "아이들이 뛰어노는 것을 정말 좋아하네요. 그리고 아주 잘 하네요! 아이들이 얼마나 많은 생명력을 갖고 있는 지 놀랍지 않나요? 당신은 정말 아름다운 자녀들을 두셨네요!"라고 말했다. 그 어머니는 머리를 들고 어깨를 쭉 피면서 미소지었다.

스트레스 완화를 위한 반응 재구성하기

아이가 영아기에 스트레스가 심한 부모와의 상호작용을 경험하면 그 결과가 이후 교실에서 약자를 괴롭히거나 괴롭힘을 당하는 사회적 관계로 재현된다는 것을 인식할 때, 우리는 우리 자신의 분노 반응을 더 잘 처리할 수 있다. 우리는 분노의 용을 길들일 수 있는 좀 더 정확한 기법을 선택해서 사용할 수 있다(Eastman & Rozen, 1994). 분노는 우리 각 사람의 마음에 경종을 울린다. 분노의 경종은 우리가 어린 아이였을 때 성인들이 우리에게 심하게 화를 냈을 때인 아주 오래전 기억을 상기시킨다. 재구성은 우리를 힘든 상황에서 벗어날 수 있게 해준다. 만일 우리가 특정 문제행동이 어떻게 교실에서 발생하게 되었는 지를 깨닫게 되면, 우리는 더 명확하게 생각해서 그 스트레스 상황을 완화시킬 수 있는 더 정확한 기법을 선택할 수 있다. 화가 난 성인이 문제 상황을 다른 밝은 측면에서, 즉 말썽이 아닌 모험이나 관심으로 볼 수 있도록 도와주어라.

간식시간에 한 교사가 모든 유아들을 테이블로 불러 모았다. Dexter는 그녀를 무시했다. 그는 보조교사가 비누가 칠해진 스펀지를 물로 짜서 그들이 진흙을 가지고 놀았던 테이블을 닦고 있는 장면을 넋을 잃고 바라보고 있었다. 그는 얼마나 그 스펀지를 짜보고 싶고 그 스펀지로 테이블을 닦아보고 싶었겠는가! 그러나 그 교사는 마치 그 아이가 간식을 먹기 위해 바로 모이라는 그녀의 요청을 의도적으로 무시한 것처럼 반응하였다. 재구성은 교사의 스트레스를 줄여줄 수 있다.

당신은 성인들에게 그들보다 더 힘든 문제와 스트레스가 아이들에게 있을 수 있다는 것을 의식적으로 깨닫게 해 줄 수 있다. 길에서 황급하게 아이를 끌고 가는 아버지를 보았다고 가정하자. 그 아버지는 아이가 보조를 맞추기 위해 노력하지 않고 고집을 부리고 있는 것으로 생각하면서 눈살을 찌푸리고 있을 수 있다. 당신은 미소 지으며, "아빠의 강하고 긴 다리를 어린 아이의 짧은 다리로 보조를 맞추기는 정말 힘들어요!"라고 밝게 말한다.

놀이터에 있는 동안 당신은 놀이터의 이곳저곳을 돌아다니며 탐험에 열중하고 있는 걸음마기 자녀를 열심히 따라다니던 부모가 점점 화를 내기 시작하는 장면을 목격할 수 있다. 그 걸음마기 아이의 부모는 아이를 벤치에 앉히기 위해 끌고 갔고 아이는 매번 다시 일어나서 돌아다녔다. 공원에서 따뜻한 미소를 지으며 그 부모에게 말하라. "당신은 정말 잘 생긴 어린 자녀를 두셨군요. 당신의 자녀는 정말 멋진 **모험가**네요. 그는 온 세상을 다 탐색하고 싶어하는군요!"

능동적 듣기 기술 연마하기

당신은 능동적 듣기(AL) 기술을 사용하여 부드럽고 긍정적인 간단한 말로 사람들이 어린 아이들의 동기를 더 잘 이해할 수 있게 도와 줄 수 있다. 때로는 어린 아이들을 위해서 뿐만 아니라 어른들을 위해서도 능동적 듣기를 사용할 필요가 있다. 엄마가 지쳐보이는 걸음마기 아이를 쇼핑센터에서 출구쪽으로 끌고 가는 동안 그 아이는 울부짖고 있었다. 나는 어머니를 보고 웃으며 "그 아이는 엄마가 자신을 안고 가주길 원하는 것처럼 보이네요"라고 호의적으로 말했다. 그 어머니는 "나도 누군가가 나를 들어서 안고 가주길 바래요"라고 항변했다! 그녀의 말은 지친 어린 아이와 함께 쇼핑하는 어려움을 극복해야만 하는 성인의 스트레스에 대한 공감이 반영된 또 다른 능동적 듣기도 고려되어야 함을 일깨워주었다.

눈이 쌓인 Syracuse의 한 지역문화센터 밖에서 한 아버지가 "눈 위의 천사"를 만들며 놀고 있는 그의 어린 아들에게 잔소리를 하고 있었다. 어린 소년은 지역문화센터로 가는 통로의 눈을 치워서 양 길가에 쌓아놓은 눈더미 위로 계속해서 자기 몸을 던졌다. 그는 다져진 눈 더미 위에 자신의 몸 자국을 만들고 있었다. 그 아버지는 아이에게 그 행동을 멈추라고 경고하고 만일 아이의 방한복이 흠뻑 젖으면 엄마가 화가 나서 야단칠 거라고 겁을 주고 있었다. 나는 그 처음 본 사람에게 미소를 지으며 차분한 목소리로, "북쪽에 사는 우리는 모래성을 쌓거나 우리 몸의 모양을 만들 수 있는 멋진 Florida의 모래가 없군요. 대신 우리는 높이 쌓인 눈 더미 위에서 '눈 위의 천사'를 만들며 놀기를 좋아하는 아이들을 위한 눈이 많이 있네요. 그리고 우리에겐 믿고 맡길 수 있는 세탁기와 건조기가 있어서 정말 다행이에요!"라고 말했다. 그 아버지는 잠시 나를 바라보았다. 그 때 마치 전구가 켜진 것처럼 그는 미소지었다. 그는 자신의 아들을 향해 돌아서서 쾌활한 목소리로 "계속해서 놀아라. 원하는 만큼의 눈의 천사들을 만들거라. 만일 나중에 필요하다면, 건조기로 방한복을 쉽게 말릴 수 있단다."라고 말했다.

슬픔과 어려움에 처해있는 사람 보살펴주기

비록 현재 처해있는 상황으로 인해 우리 자신이 상당한 스트레스를 받고 있을 지라도 우리는 다른 사람들을 도와줄 때 우리 자신에 대한 더 큰 유능감과 만족감을 느끼게 된다. 만일 당신 주변에 이혼이나 실업 문제와 같은 삶의 난관에 처해있는 가족 구성원이 있다면 주말 저녁에 그들을 초대해서 팝콘을 먹으며 낱말 맞추기나 카드 게임을 하라. 다른 사람을 기분좋게 만들어줄 때 우리는 우리 자신의 정신은 고양시키고 스트레스는 감소시키는, 도덕적 능력과 정서적 능력이 급증하는 것을 느낀다.

힐튼 호텔에서는 자체적으로 강조하며 실시하고 있는 힐튼 호텔의 환대가 얼마나 중요한 가치를 지니고 있는 지를 입증해주는 자료를 **뉴스위크지**의 광고에 보도했다. 그 **뉴스위크지**의 광고에 실린 자료들이 입증해주는 것처럼 환대는 스트레스 감소에 도움을 준다(Hilton Hotels, 2006).

> Michigan 대학과 Bowling Green 주립대학 그리고 그 밖의 다른 곳에서 실시된 연구들은 자원봉사자들이 심장병과 당뇨와 다른 심혈관계 질병에 걸릴 위험성이 더 낮은 것으로 보인다고 조언한다[했다]. 연구자들이 밝혀낸 다른 이점으로는 기억력의 향상 및 속쓰림과 두통과 감기와 불면증의 감소와 같은 것들이 있다. 한 연구는 "도와주는 사람의 높은" 수준의 스트레스 감소와 신체의 천연 진통제인 엔돌핀의 방출이 운동을 한 것만큼이나 높았다는 결론을 내렸다(땀을 덜 흘리고!)(p. 67).

주말 오후에 연세가 높으시거나 편찮으신 삼촌이나 숙모를 초대해서 커피와 함께 집에서 구운 파이를 대접하라. 밤에 공연하는 콘서트에 갈 때 밤에 운전하기를 두려워하는 연세가 높으신 분을 모시고 가라. 한 친구가 아픈 자녀와 함께 며칠 동안 집에만 있을 때 당신이 전화를 걸어서 그 친구가 어떻게 지내고 있는 지 알아보고 당신의 배려하는 마음을 표현하라. 만일 당신의 친구들이 이메일로 안부를 주고받는 것을 좋아한다면, 이메일을 통해 어이없는 말장난과 우스꽝스러운 유머를 공유하라. 당신이 메시지를 입력할 시간이 없을 때 이메일로 유머를 공유하는 것만으로도 "나는 너를 생각하고 있어. 너는 내 삶에서 특별한 사람이야."라고 말하는 또 하나의 방법이 될 수 있다.

당신의 상호작용에서 평화로움 체현하기

스트레스를 받은 아이들에게는 힘, 안정감, 보호, 평화로움의 존재로 곁에 있어줄 그들만의 특별한 성인들이 필요하다. 그렇다. 우리가 고통스러운 문제상황에 직면했을 때 가장 먼저 취해야 할 행동은 아이가 어떤 느낌이었을 지에 대해 생각해보는 것이다. 아이의 분노 반응은 자신이 만들어 놓은 놀이 구성물을 무너뜨리려고 하는 친구로부터 그것을 방어하기 위한 방법인가? 아이는 집에서 귀찮게 조르고 놀리는 형제로 인해 발생한 분노 감정을 행동으로 표출한 것인가? 아이가 이야기 나누기 시간에 참여하는 것을 두려워하는 것은 수줍은 기질이 반영된 것인가? 아이가 새로운 활동에 편안하게 참여할 수 있도록 몸을 이완시켜주고 교사와 일대일 시간을 더 많이 갖으며, 활동에 대해 좀 더 설명해주고, 안심시켜주면서 더 천천히 소개해주는 것이 필요한가? 우리가 가장 먼저 해야 할 것은 지속적으로 사고하고 스스로에게 질문하는 것이다. 아이들이 드러내 보이는 문제에 대한 통찰력을 갖는 것이 중요하다. 우리의 통찰력은 아이의 고통을 완화시켜주고 교실의 스트레스를 감소시켜 줄 수 있는 상호작용의 도구들을 선택할 수 있게 해준다.

Paley(1990)는 교사로서 자신이 돌보아온 아이들에게서 배운 그녀의 통찰력을 공유했다. 그녀는 다음과 같이 기술했다.

각 아이는 본질적으로 외로움을 느낀다. 우리의 교실은 모든 수준에서 행복한 가족과 안정된 가정에 좀 더 가까운 공간이 되어야만 한다. 그런 유형의 공간에서는 모든 가족 구성원들이 애정과 존중으로 서로의 이야기를 들어줄 것이라는 것을 알고 자신의 사적인 이야기를 말 할 수 있다.

자원 구하기

교사는 많은 자원의 도움을 받아서 아이 스트레스의 원인을 규명해주고 문제를 진정시키거나 해결하는 데 도움이 되는 아이디어를 제공해 줄 수 있다. 그 자원으로는 글로 된 자원과 시청각 자원은 물론 다른 보육제공자들과 아이들 자신도 포함된다. exchangeeveryday@ccie.com 이라는 이메일 사이트에서 이용할 수 있는 기사들도 하나의 자원이 될 수 있다. About Stress Management라는 뉴스레터의 사이트는 stress.guide@about.com이다. 이 사이트는 Elizabeth Scott가 매일 성인들에게 이메일을 보내는 스트레스 해소 자원이다. 정신적 외상으로 불안 행동을 보이는 아이들을 돕는 방법에 관하여 배우기 위해서는 Child Trauma Academy와 Dr. Perry가 기사를 제공하는 ctanewsletter@aol.com이라는 이메일 사이트를 참고하라. 어떤 도서들은 아이들의 전반적인 정신건강 문제들을 다룬다(Greenspan & Wieder, 2006). 또 어떤 도서들은 분리불안(Balaban, 2006), 걸음마기 아이의 모순된 행동(Lieberman, 1993), 공격성(Tureski, 1985)과 같은 아이의 구체적인 스트레스를 다룬다. 교실의 정서적 분위기 개선을 위한 교사의 시도를 지원하는 도서들도 있다(Barker & Manfredi-Petit, 2004; Hyson, 2006). 어떤 도서들은 두려움과 슬픔을 구체적으로 다루어서 아이들과 그들을 돌보는 성인들이 그런 감정을 극복할 수 있도록 도와준다(Robinson, Rotter, Robinson, Fey, & Vogel, 2005; Walz & Kirkman, 2005). 치료자들이 반응성 애착장애(reactive attachment disorder)와 같은 특정한 정신 건강 문제가 있는 아이들을 돕기 위해 사용하고 있는 새로운 기법에 대한 최신 정보를 우리에게 알려주는 학문적 도서들도 중요하다(Berlin, Ziv, Amaya-Jackson, & Greenberg, 2007).

7장에서 언급했던 것처럼, 어린 아이들과 함께 읽을 수 있도록 진열해 놓은 풍부한 도서들은 어린 아이들이 입양(Blomquist & Blomquist, 1990)과 같은 **특정한** 스트레스를 극복하거나 다양한 감정관리(Conlin & Friedman, 1986)를 배울 수 있도록 도와준다. 아이가 자신의 스트레스를 이해하고 잘 극복하도록 이끌어주는 그룹 토론에 관한 아이디어들을 제공하는 도서들을 활용하라.

당신의 기쁨의 관 열어두기

아이들은 어떻게 울고, 격노하며, 화와 실망을 표현하는 지 알고 있다. 그러나 그들은 진정으로 기뻐하는 것이 어떤 것인 지도 우리에게 가르쳐 준다. 반짝이는 눈과 느긋하고 자유로운 몸으로 그들은 달리고, 깡충깡충 뛰고, 빙빙 돈다. 그들은 음악에 맞추어 춤을 추고, 키득거리며, 행복하게 서로를 뒤쫓는다. 그들은 인형극을 보면서 즐거운 비명을 지르며 반응한다. 그들은 자신이 발견한 보물을 -땅에서 갑자기 발견한 선명한 빨간색의 낙엽- 우리에게 보여주기 위해 소리를 지르며 달려온다. 집에 도착했을 때 엄마에게 선물로 주기 위해서 그들은 풀이 무성한 땅에서 의기양양하게 뽑은 축 늘어진 민들레를 꽉 움켜쥔다.

결론

아이들의 스트레스 징후를 해석하고 조화롭게 회복시켜 줄 수 있는 방법으로 반응해줄 수 있는 우리의 통찰력에 더해서, 성인인 우리도 우리 자신의 삶에서 우리에게 효과가 있는 스트레스 감소 방법들을 선택하고 사용할 필요가 있다. 우리 자신의 스트레스를 완화시키기 위해 요가를 하든지, 각성제를 줄이든지(예를 들어, 너무 많이 마시는 커피를 줄이기), 용서와 측은히 여김을 실천하든지, 음악을 이용하든지 하라. 우리가 우리 자신의 스트레스를 완화시키기 위한 노력을 한 다음에 우리는 아이들을 위한 평화로움의 모델과 빛으로서의 역할을 더 효율적으로 할 수 있다. 우리의 아이들이 압박감과 고민의 짐을 지고 보육기관이나 학교에 올 지라도 교사들은 각 아이와의 특별하고 통찰력이 있는 사랑의 관계로 그런 스트레스를 완화시켜줄 수 있다.

아이들이 배움에 열정을 갖도록 도와주는 긴 과정에 교사의 믿음, 지식, 지혜, 지원이 필요하다. 또한 교사들은 아이들이 성숙해지면서 친구들 그리고 어른들과 조화롭게 살아갈 수 있는 공감적이고 정서적으로 안정된 젊은이로 성장하도록 해줄 친밀한 상호작용에도 깊이 관여할 필요가 있다. 아이들은 그들의 삶에 고통이 존재함에도 불구하고 **기쁨의 관**(joy pipes)을 열어둔다. 어른들은 가끔 아이들의 기쁨의 관을 점검해줄 필요가 있다. 어른들은 자신들의 피로, 화, 성급함, 걱정으로 아이들의 기쁨의 관을 막히게 하는 경향이 있다.

과학자들이 인간의 부정적인 반응의 가능성을 주목해온 것만큼이나 긍정적인 반응도 -도덕적이고 감정이입적인- 우리 인간의 반응하는 방법에 강하게 내장되어있다고 보고해온 것을 기억하라(Pinker, 2008). 따라서 몇몇 아이들의 문제로 인해 좌절이 될지라도 당신 스스로 희망적인 느낌을 갖도록 하라.

매일 반복되는 집안 일과 직장 업무 속에서 당신 자신이 기쁨을 느낄 수 있는 기회들을 만들어라. 아이들은 공원을 산책하면서 개구리가 시끄럽게 우는 소리를 듣기도 하고 개구리가 뛰어서 연못에 풍덩 빠지는 것을 바라볼 수도 있다. 아이들이 마침내 나무위에서 지저귀고 있던 홍관조를 발견해냈을 때 그들은 기뻐서 소리를 지르며 손가락으로 가리켰을 수도 있다. 당신이 섬기는 아이들과의 순조롭게 잘 진행되는 삶에서의 기쁨뿐만 아니라 당신 자신의 삶에서도 기쁨을 찾아라.

연구문제

왜 자기-성찰을 위한 시간을 갖는 것이 중요한가?

어떻게 당신은 이미지 유도법을 이용하여 스트레스를 해소시켜줄 수 있는가?

당신이 스트레스를 감소시키기 위해 일상 생활에서 자연의 아름다움을 경험할 수 있는 방법으로는 어떤 것이 있는가?

어떻게 일기를 쓰거나 시를 읽고 쓰는 것이 스트레스를 줄여줄 수 있는가?

참고문헌

Ainsworth, M.D.S.(1973). The development of infant-mother attachment. In B.M. Caldwell & H.N. Ricciuti(Eds.), *Review of child development research*(Vol. 3). Chicago, IL: University of Chicago Press.

Ainsworth, M.D.S., Bell, M.B.V., & Stayton, D.J.(1971). Individual differences in the strange situational behavior of one-year-olds. In H.R. Schaffer(Ed.), *The origin of human social relations*. London: Academic Press.

Andersen, L.B., Harro, M., Sardinha, L.B.B., Froberg, K., Eklund, U., Brage, S., et al.(2006, July). Physical activity and clustered cardiovascular risk in children: Across-sectional study(The European Youth Heart Study). *The Lancet,* 368(9532), 299-304.

Ayoub, C., Grace, R., & Neuberger, C.M.(1990). Working with maltreated children and families in day care settings. In S.S. Cherazi(Ed.). *Psychosocial issues in day care*. Washington, DC: American Psychiatiric Press.

Baker, A.C., & Manfredi-Petit, L.A.(2004). *Relationships, the heart of quality care: Creating community among adults in early care settings*. Washington, DC: National Association for the Education of Young Children.

Balaban, N.(2006). *Everyday goodbyes. Starting school and early care: A guide to the separation process*. New York: Teachers College Press.

Baum, F.(2000) *The wonderful wizard of Oz*. New York: Harper Collins.(Original work published 1900).

Baumrind, D.(1971). Harmonious parents and their preschool children. *Developmental Psychology,* 41, 92-102.

Bergen, D.(2006). Play as a context for humor development. In D.P. Fromberg & D. Bergen(Eds.) *Play from birth to twelve: Contexts, perspectives, and meanings*(2nd ed.)(pp. 141-156). New York: Routledge.

Berlin, L.J., Ziv, Y., Amaya-Jackson, L., & Greenberg, M.T.(2007). *Enhancing early attachments,* New York: Guilford Press.

Bessell, H., & Palomares, U.(1970). *Methods in human development: Theory manual*. San Diego, CA: Human Development Training Institute.

Blomquist, G.M., & Blomquist, P.B.(1990). *Zachary' s new home. A story for fostered and adopted children*. New York: Imagination Press.

Bloom, G.E., Cheney, B.D., & Snoddy, J.E.(1986). *Stress in children: An intervention model for teachers and other professionals*. NY: Teachers College Press.

Bornstein, M., Hahn, C., Gist, N.F., & Haynes, O.M.(2006). Long-term cumulative effects of childcare on children' s mental development and cocioemotional adjustment in a non-risk sample: The moderating effects of gender. *Early Child*

Development and Care, 170(2), 129-156.

Bowlby J.(1969). *Attachment.* Vol. 1 *in Attachment and loss.* New York: Basic Books.

Bowlby J.(1989). *Attachment. Secure and insecure attachment.* New York: Basic Books.

Brett, D.(1986). *Annie stories: For parents of children troubled by divorce, nightmares, death, a new baby, starting school and other fears.* Victoria, Australia: Penguin Books.

Brophy, H.E., & Honig, A.S.(1999). Reflectivity: Key ingredient in positive adolescent parenting. *The Journal of Primary Prevention, 19*(3), 241-250.

Butterworth, N.(1996). *The hedgehog's balloon.* London: Harper Collins.

Carson, J.(1992). *You hold me and I'll hold you.* New York: Orchard Books.

Cauthen, N.K. & Fass, S.(2008). *Measuring income and poverty in the United States.* New York: National Center for Children in Poverty, Columbia University, Mailman School of Public Health.

Cheney, K.(2006, September/October). Living longer. *AARP Bulletin,* 66-69, 93.

Child Care Lounge site.(September, 2006).
http://www.childcarelounge.com/articles/stress.htm

Clifton, L.(1975). *My brother fine with me.* Austin, TX: Holt, Rhinehart & Winston.

Conlin, S., & Friedman, S.L.(1986). *Ellie's day. Let's talk about feelings.* Seattle, WA: Parenting Press.

Cosby, B.(1997). *Little Bill: The meanest things to say.* New York: Scholastic Press.

Crary, E.(2001). *Willy's noisy sister.* Seattle, WA: Parenting Press.

Daniels, H.(Ed.).(2005). *An introduction to Vygotsky*(2nd ed.). London: Psychology Press.

Deffenbacher, J.L.(1995). Ideal treatment package for adults with anger disorders. In H. Kassinnove(Ed.), *Anger disorders: Definition, diagnosis, and treatment*(pp. 151-172). Washington, DC: Taylor & Francis.

Denny, S., Clark, T.C., Fleming, T., & Wall, M.(2004). Emotional resilience: Risk and protective factors for depression among alternative education students in New Zealand. *American Journal of Orthopsychiatry, 74*(2), 137-149.

dePaola. T.(1981). *Now on foot, now the other.* New York: G.P.' s Putnam Sons.

Dickenson, E.(2006). Play in early childhood helps stunted children. E-mail abstract from the *British Medical Journal.* Contact: edickinson@bmj.com.

Dudley, M.(1947). *Bad mousie.* Chicago, IL: Children' s Press.

Eastman, M., & Rozen, S.C.(1994). *Taming the dragon of anger in your child: Solutions for breaking the cycle of family anger.* New York: John Wiley & Sons.

Eliker, J., Noppe, I.C., Noppe, L.D., & Fortner-Wood, C.(1997). The parent-caregiver relationship scale: Rounding out the relationship system in infant/child care. *Early Education and Development,* 8(1), 83-100.

Elkind, D.(1981). *The hurried child.* Reading, MA: Addison-Wesley.

Erikson, E.H.(1950). *Childhood and society.* New York: Norton.

Essa, E., Favre, K., Thweatt, G., & Waugh, S.(1999). Continuity of care for infants and toddlers. *Early Child Development and Care, 148*, 11-19.

Ewing, A.R., & Taylor, A.R.(2009). The role of child gender and ethnicity in teacher-child relationship quality and children' s behavioral adjustment in preschool. *Early Childhood Research Quarterly,* 24, 92-105.

Feindler, E.(1995). Ideal treatment package for children and adolescents with anger disorder. In H. Kassinove(Ed.), *Anger disorder: Definition, diagnosis, and treatment*(pp. 173-195). Washington, DC: Taylor & Francis.

Fiese, B.(2006). Who took my hot sauce? Regulating emotion in the context of family routines and rituals. In D.K. Snyder, J.A. Simpson, & J.N. Hughes(Eds.), *Emotional regulation in couples and families: Pathways to dysfunction and health*(pp. 269-290). Washington, DC: American Psychological Association.

Fink, R.(2006). *Why Jane and John couldn' t read and how they learned.* Newark, DE: International Reading Association.

Freud, S.(1935). *A general introduction to psychoanalysis.* New York: Liveright.

Furman, E.(1974). *A child' s parent dies.* New Haven, CT: Yale University Press.

Garbarino, J.(2008). *Children and the dark side of human experience: Confronting global realities and rethinking child development.* New York: Springer.

Garbarino, J., & DeLara, E.(Eds.)(2008). *And words can hurt forever: How to protect adolescents from bullying harassment, and emotional violence.* New York: Free Press.

Gillespie, L.G.(2006). *Cultivating good relationships with families can make hard times easier!, Young Children, 61*(5), 53-55.

Gilman, P.(1992). *Something from nothing,* New York: Scholastic Press.

Goldstein, A.P.(2000). *The Prepare Curriculum: Teaching presocial competence. Champaign,* IL: Research Press.

Goleman, D.(2006). *Social intelligence,* New York: Bantam Books.

Gordon, S.(1983). *Girls are girls and boys are boys: So what' s the difference? Fayetteville,* NY: Ed-U Press.

Gordon, S., & Gordon, J.(1974a). *A better safe than sorry book.* Fayetteville, NY: Ed-U Press.

Gordon, S., & Gordon, J.(1974b). *Did the sun shine when you were born?* Fayetteville, NY: Ed-U Press.

Gordon, T.(1970, 2000). *Parent effectiveness training: The proven program for raising responsible children.* New York: Three Rivers Press.

Graceffo, S.(2006 September 13-20). Life lesson: Research indicates that troubled childhoods could lead to gullible behavior. *Syracuse New Times,* p. 34

Grahame, K.(1983). *The reluctant dragon,* New York: Henry Holt.

Greenspan, S.I.(2006, March). Working with the child who is sensory reactive. *Scholastic Early Childhood Today,* 20(5), 22-23.

Greenspan, S.I., & Wieder, S.(2006, March). *Infant and early childhood mental health: A comprehensive developmental approach to assessment and intervention.* Washington, DC: American Psychiatric Publishing.

Haus, N.(2006, September). *Caring. In Good Health,* pp. 1, 32.

Havill, J.(1989). *Jamaica tag-along.* Boston: Houghton-Mifflin.

Hilton Hotels.(2006, July 2-10). The power of hospitality. *Newsweek,* p.67.

Hoban, R.(1994). *Best friends for Frances,* New York: Harper Collins.

Honig, A.S.(1979). *Parent involvement in early childhood education.* Washington, DC: National Association for the Education of Young Children.

Honig, A.S.(1982a). *Playtime learning games. Syracuse,* NY: Syracuse University Press.

Honig, A.S.(1982b). Research in review: Prosocial development in children. *Young Children, 37*(5), 51-62.

Honig, A.S.(1986a). Research in review: Stress and coping in children. *Young Children,* Part 1: *41*(4), 50-63: Part 2: *41*(5), 47-59. Reprinted in J.B. McCracken(Ed.), *Reducing stress in young children's lives.* Washington, DC: National Association for the Education of Young Children.

Honig, A.S.(1986b). *Risk factors in infancy.* London: Gordon & Breach Science Publishers.

Honig, A.S.(1988). Research in review: Humor development in children. *Young Children, 43*(4), 60-73.

Honig, A.S.(1993). Toilet learning. *Day Care and Early Education, 21*(1), 6-9.

Honig, A.S.(1995). Singing with infants and toddlers. *Young Children, 50(*5), 72-78.

Honig, A.S.(1996). *Behavior guidance for infants and toddlers, Little Rock,* AR: Southern Early Childhood Association.

Honig, A.S.(1997). Infant temperament and personality: What do we need to know? *Montessori Life, 9*(3), 18-21.

Honig, A.S.(1999). Creating a prosicial curriculum. *Montessori Life, 11*(2), 37-39.

Honig, A.S.(2000). Psychosexual developments in infants and young children. Implications for caregivers. *Young Children, 55*(5), 70-77.

Honig, A.S.(2001). Promoting creativity, giftedness, and talent in young children in preschool and school situations. In M. Bloom & T.P. Gullotta(Eds), *Promoting creativity across the life span*(pp. 83-126). Washington, DC: Child Welfare League of America.

Honig, A.S.(2002). *Secure relationship: Nurturing infant/toddler attachment in early care settings.* Washington, DC: National Association for the Education of Young

Children.

Honig, A.S.(2003a). Bringing up a book lover. *Scholastic Parent and Child, 10*(5), 32-33.

Honig, A.S.(2003b). How teachers and caregivers can help young children become more prosocial. In E. Chesebrough, P. King, T. Gullotta, & M. Bloom(Eds.), *A blueprint for the promotion of prosocial behavior in early childhood*(pp. 51-91). New York: Kluwer Publishers.

Honig, A.S.(2004a). Don' t let anyone rent space in your head. [Review of C.M. Dalpiaz. *Breaking free, starting over: Parenting in the aftermath of family violence*.]. *PsycCritiques, 49*, Supplement 7. (http://www/psychinfo.com/psycCritiques/display)

Honig, A.S.(2004b). Raising happy achieving children in the new millennium. In K.L. Freiberg(Ed.), *Annual editions: Human development*(Article 20, pp. 94-100)

Honig, A.S.(2005). The language of lullabies. *Young Children, 60*(5), 30-36.

Honig, A.S.(2006). Sociocultural influences on gender-role behaviors in children' s play. In D.P. Fromberg & D. Bergen(Eds.), *Play from birth to twelve: Contexts, perspectives, and meanings*(2nd ed.)(pp. 378-393). New York: Routledge.

Honig, A.S.(2008). Understanding and working with non-compliant and aggressive young children. *Early Child Development and Care,* 178(7 & 8), 665-687.

Honig, A.S.(2009). Stress and young children. In E. Essa & M. M. Burnham(Eds), *Informing our practice: Useful research on young children' s development*(pp. 71-88). Washington DC: National Association for the Education of Young Children.

Honig, A.S., Kim, Y., Ray, K., & Yang, H.J.(2006). *Teacher education and soothing strategies with infants and toddlers*. Poster session presented at the Early Head Start Research Conference, Washington, DC.

Honig, A.S., & Pollack, B.(1990). Effects of a brief intervention program to promote prosicial behaviors in young children. *Early Education and Development,* 1, 438-444.

Honig, A.S., & Wittmer, D.S.(1992). *Prosicial development in children: Caring, sharing, and cooperation: A bibliographic resource guide*. New York: Garland Press.

Howes, C.(1999). Attachment relationships in the context of multiple caregivers. In J. Cassidy, & P.R. Shaver(Eds.), *Handbook of attachment theory and research*(pp. 671-687). New York: Guilford Press.

Hughes, S.(1989). *Dogger*. London: Collins.

Hyson, M.(1979, July). Lobster on the sidewalk: Understanding and helping children with fears. *Young Children, 34*(5), 54-60.

Hyson, M.(2006). *The emotional development of young children. Building an emotion-*

centered curriculum(2nd ed.) New York: Teachers College Press.

Jalongo, M.R.(2003). *Early childhood language arts*(3rd ed.). New York: Pearson Education Group.

Kaiser, B., & Rasminsky, J.S.(2003). *Challenging behavior in young children. Understanding, preventing, and responding effectively*. Boston, MA: Allyn & Bacon.

Kline, S.(1985). *Don't touch!*. Niles, IL: Albert Whitman and Company.

Knutson, J., Enright, R., & Garbers, B.(2008). Validating the developmental pathway of forgiveness. *Journal of Counseling & Development, 86*(2), 193-199.

Kobak, D.(1979). Teaching children to care. *Children Today, 8*(6-7, 34-35).

Koplow, L.(1996). *Unsmiling faces: How preschools can heal*. New York: Teachers College Press.

Kucuker, S.(2006). The family-focused early intervention programme: Evaluation of parental stress and depression. *Early Childhood and Care,* 176(3&4), 329-241.

Ladd, G.W.(2006). Peer rejection, aggressive or withdrawn behavior, and psychological maladjustment from ages 5 to 12: An examination of four predictive models. *Child Development, 77*(4), 822-846.

Lally, R.J., Mangione, P., & Honig, A.S.(1988). The Syracuse University Family Development Research program: Long-range impact of an early intervention with low-income children and their families. In D. Powell(Eds.), *Parent education as early childhood intervention: Emerging directions in theory, research, and practice*(pp. 79-104). Norwood, NY: Ablex Publishers.

Langford, P.E.(2005). *Vygotsky's developmental and educational psychology*. London: Psychology Press.

Leboyer, F.(1976). *Loving hands*. New York: Alfred A. Knopf.

Levine, J.(2004). Responding to young children's fears.
http://www.childcareloung.com/articles/fear.htm

Lewis, C.S.(1994). *The Chronicles of Narnia*. New York: Harper Collins.(Original work published 1956)

Lewis, M.(2006, September 24). The ballad of big Mike. *New York Times Magazine,* 37-47, 112, 114-115.

Lewis, S.(1989). *One-minute Jewish stories*. New York: Dell Publishing.

Lieberman, A.F.(1993). *The emotional life of the toddler*. New York: Free Press.

Lines, D.(2008). *The bullies: Understanding bullies and bullying*. London: Jessica Kingsley Publishers.

Main, M., & Solomon, J.(1986). Discovery of an insecure, disorganized/disoriented attachment pattern: Procedures, findings, and implications for the classification of behavior. In M. Yogman & T.B. Brazelton(Eds.), *Affective development in infancy*. Norwood, NJ: Ablex.

Marquardt, E.(2005). Between two worlds: *The inner lives of children of divorce*. New York: Crown.

Martin, C.L.(1981). *The myth of masculinity*. Cambridge, MA: MIT Press.

McCain, B.R.(2001). *Nobody knew what to do: A story about bullying*. Morton Grove, IL: Albert Whitman & Company.

McEwen, B.(2002). *The end of stress as we know it*. Washington, DC: National Academies Press.

McGinnis, E., & Goldstein, A.P.(1990). *Skill-streaming in early childhood: Teaching prosocial skills to the preschool and kindergarten child*. Champaign, IL: Research Press.

Metzger, S.(1998). *Dinofours: It' s beach day*. New York: Scholastic Press.

Morales, J.R., & Guerra, N.A.(2006, July/August). Effects of multiple context and cumulative stress on urban children' s adjustment in elementary school. *Child Development, 77*(4), 907-923.

Myers, P., & Nance, D.(1986). *The upset book: A guide for dealing with upset people*. South Bend, IN: Academic Publications.

National Institute of Child Health and Human Development-ECCRN.(2001). Childcare and family predictors of preschool attachment and stability from infancy. *Developmental Psychology, 37*, 847-862.

National Institute of Child Health and Human Development-ECCRN.(2006). *Child care and child development: Results from the NICHD study of early child care and youth development*. New York: Guilford Press.

Orpinas, P., & Horne, A.M.(2006). *Bullying prevention: Creating a positive school climate and developing social competence*. Washington, DC: American Psychological Association.

Paley, V.(1990). *You can' t say you can' t play*. Cambridge, MA: Harvard University Press.

Papalia, D.E., & Olds, S.W.(1995). *Human development*(6th ed.). New York: McGraw-Hill.

Paulson, J.(1997). Active peacemaking in the Montessori classroom. *Montessori Life, 10*(1), 42-43.

Perry, B.D.(1993, Summer). Neurodevelopment and the neurophysiology of trauma 11: Clinical work along the alarm-fear-terror continuum. *The Advisor, 6*(2), pp. 14-19.

Perry, B.D.(1994). Neurobiological sequelae of childhood trauma: Post-traumatic stress disorder in children. In M. Murberg(Ed.), *Catecholamines in post-traumatic stress disorder: Emerging concepts*(pp. 253-276). Washington, DC: American Psychiatric Association Press.

Perry, B.D.(1999). Memories of fear: How the brain stores and retrieves physiologic states, feelings, behaviors, and thoughts from traumatic events. In J. Goodwin & R. Attias(Eds.), *Splintered reflections: Images of the body in trauma*(pp. 26-47). New York: Basic Books.

Perry, B.D.(2002). Childhood experience and the expression of genetic potential: What childhood neglect tells us about nature and nurture. *Brain and Mind*,(3), 79-100.

Pinker, S.(2008, January 11). The moral instinct. *New York Times Magazine Section,* pp. 32-38, 51, 55-57.

Piper, W.(1997). *The little engine that could*. Uhrichsville, OH: Barbour.(Original work published 1920)

Prelutsky, J.(1982). *The sheriff of Rottenshot*. New York: Mulberry Paperback.

Quan, V., & Wien, C.A.(2006). The visible empathy of infants and toddlers. *Young Children, 62,* 22-29.

Rheingold, H.L., & Hay, D.F.(1976). Sharing in the second year of life. *Child Development, 47,* 1148-1158.

Robertson, A.(1982). *Day care and children's responsiveness to adults*. In E. Ziegler & E. Gordon(Eds.), *Day care: Scientific and policy issues*. Boston: Auburn House.

Robinson, E.H., Rotter, J.C., Robinson, S.L., Fey, M.A., & Vogel, J.(2005). *Fear, stress, and trauma: Helping children cope*. Austin, TX: PRO-ED.

Rogers, F. & Sherapan, H.(n.d.). *What do you do with the mad that you feel?*(VHS tape #8011 for multimedia training kit plus activity book #7011). Washington, DC: National Association for the Education of Young Children.

Roizen, M.F., & Oz, M.C.(2006, November). Is stress making you fat? *Reader's Digest,* 128-34.

Ruppin, D.(2006, Fall). Searching for home. *Na'Amat Woman,* 4-7, 26

Rutter, M.(1996). Stress research: Accomplishments and tasks ahead. In R.J. Haggerty, & L.R. Sherrod(Eds.), *Stress, risk, and resilience in children and adolescents: Processes, mechanisms, and interventions*(pp. 384-385). New York: Cambridge University Press.

Sendak, M.(2003). *Where the wild things are. New York: Harper Collins*.(Original work published 1963)

Selye, H.(1982). History and present status of the stress concept. In L. Goldberger & Breznitz(Eds.), *Handbook of stress: Theoretical and clinical aspects*. New York: Free Press.

Seuss, D.(1954). *Horton hatches and egg*. New York: Random House.

Seuss, D.(1955). *The king's stilts*. New York: Random House.

Seuss, D.(1956). *Horton hears a who*. New York: Random House.

Shure, M.(1992). *I can problem solve: An interpersonal cognitive problem-solving program(preschoolers)*. Champaign, IL: Research Press.

Shure, M.(1994). *Raising a thinking child*. New York: Holt.

Shure, M., & Spivack, G.(1978). *Problem-solving techniques in childrearing*. San Francisco, CA: Jossey-Bass.

Sigel, I.E., & Saunders, R.(1979). An inquiry into inquiry: Question asking as an instructional model. In L. Katz(Ed.) *Current topics in early childhood education,*(Vol. 2), p. 169-193. Norwood, NJ: Ablex.

Simon, N.(1974). *I was so mad. Niles,* IL: Albert Whitman and Company.

Simon, N.(1981). *Nobody' s prefect, not even my mother*. Niles, IL: Albert Whitman and Company.

Snyder, D.K., Simpson, J.A., & Hughes, J.N.(2006). *Emotional regulation in couples and families: Pathways to dysfunction and health,* Washington, DC: American Psychological Association.

Sroufe, L.A., & Fleeson, D.(1988). Attachment and the construction of relationships. In W.W. Hartup & Z. Rubin, *Relationships and development*(pp. 51-71). Hillsdale, NJ: Erlbaum.

Stevenson, R.L.(1924). *A child' s garden of verses*. Akron, OH: Saalfield Publishing Company.

St. George, D.(2008, October 5). Study: Activities enrich children, don' t stress them. *The Syracuse Post Standard,* pp. A10-11.

Syracuse University.(2006, September 5). Mindfulness based stress reduction. *The Syracuse Record,* p. 7.

Thomas, A., Chess, S., & Birth, H.G.(1968). *Temperament and behavior disorders*. New York: New York University Press.

Tureski, S.(1985). *The difficult child*. New York: Bantam Books.

Viorst, J.(1976). *Alexander and the terrible horrible, no good, very bad day*. New York: Atheneum.

Vygotsky, L.(1978). *Mind in society: The development of higher psychological processes*. Cambridge, MA: Harvard University Press.

Wachter, O.(1983). *No more secrets for me*. Boston: Little, Brown.

Wallerstein, J.S.(1987). Children of divorce: Report of a ten-year follow-up of early latency-age children. *American Journal of Orthopsychiatry, 57*(2), 199-211.

Wallerstein, J., Lewis, J., & Blakeslee, S.(2000). *The unexpected legacy of divorce*. New York: Hyperion.

Walt Disney Production.(1986). *Hiawatha' s kind heart*. New York: Bantam.

Walz, G.R., & Kirkman, C.J.(2005). *Helping people cope with tragedy and grief*. Austin, TX: PRO-ED.

Welsh, R.(1976). Violence and the overpunished child. *Journal of Pediatric Psychology, 1,* 68-71.

Werner, E.E., & Smith, R.S.(1992). *Overcoming the odds: High risk children from birth to adulthood*. Ithaca, NY: Cornell University Press.

WestEd, Center for Child and Family Studies.(undated). *Flexible, fearful or feisty* [Motion picture]. Sacramento, CA: California Department of Education.

Wittmer, D.S., & Honig, A.S.(1988). Teacher re-creation of negative interactions with toddlers. In A.S. Honig(Ed.), Optimizing early childcare and education(Special Issue). *Early Child Development and Care, 33*, 77-88.

Wolfson-Steinberger, L.(2000). "Teacher! He hit me!" "She pushed me!" - Where does it start? How can it stop? *Young Children, 55*(3), 38-42.

Wong, M.M., Nigg, J.T., Zucker, K.A., Puttler, L.I., Fitzgerald, H.F., Jester, J.M., et al.(2006 July/August). Behavioral control and resiliency in the onset of alcohol and illicit drug use: A prospective study from preschool to adolescence. *Child Development, 77*(4), 1016-1033.

Xu, Y.(2006). Toddlers' emotional reactions to separation from their primary caregivers: Successful home-school transition. *Early Child Development and Care, 176*(6), 661-674.

Zins, J.E., Elias, M.J., & Maher, C.A.(Eds.).(2007). *Bullying, victimization, and peer harassment: A handbook of prevention and intervention*. New York: Haworth Press.

아동도서 목록

Baum, F.(2000), *The wonderful wizard of Oz,* New York: Harper Collins.(Original work published 1900)

Butterworth, N.(1996). *The hedgehog' s balloon*. London: Harper Collins.

Carson, J.(1992). *You hold me and I' ll hold you*. New York: Orchard Books.

Clifton, L.(1975). *My brother fine with me*. Austin, TX: Holt, Rinehart & Winston.

Cosby, B.(1997). *Little Bill: The meanest things to say*. New York: Scholastic Press.

Crary, E.(2001). *Willy' s noisy sister*. Seattle, WA: Parenting Press.

dePaola. T.(1981). *Now on foot, now the other*. New York: G.P.' s Putnam Sons.

Gilman, P.(1992). *Something from nothing,* New York: Scholastic Press.

Grahame, K.(1983). *The reluctant dragon,* New York: Henry Holt.

Havill, J.(1989). *Jamaica tag-along*. Boston: Houghton-Mifflin.

Hoban, R.(1994). *Best friends for Frances,* New York: Harper Collins.

Hughes, S.(1989). *Dogger*. London: Collins.

Kline, S.(1985). *Don' t touch!*. Niles, IL: Albert Whitman and Company.

Lasker, J.(1980). *Nick joins in*. Chicago, IL: Albert Whitman and Company.

Lewis, C.S.(1994). *The Chronicles of Narnia*. New York: Harper Collins.(Original work published 1956)

Lewis, S.(1989). *One-minute Jewish stories*. New York: Dell Publishing.

Metzger, S.(1998). *Dinofours: It' s beach day*. New York: Scholastic Press.

Piper, W.(1997). *The little engine that could*. Uhrichsville, OH: Barbour.(Original work published 1920)

Prelutsky, J.(1982). *The sheriff of Rottenshot*. New York: Mulberry Paperback.

Sendak, M.(2003). *Where the wild things are*. New York: Harper Collins.(Original work published 1963)

Seuss, D.(1954). *Horton hatches and egg*. New York: Random House.

Seuss, D.(1955). *The king' s stilts*. New York: Random House.

Seuss, D.(1956). *Horton hears a who*. New York: Random House.

Simon, N.(1974). *I was so mad*. Niles, IL: Albert Whitman and Company.

Simon, N.(1981). *Nobody' s prefect, not even my mother*. Niles, IL: Albert Whitman and Company.

Stevenson, R.L.(1924). *A child' s garden of verses*. Akron, OH: Saalfield Publishing Company.

Viorst, J.(1976). *Alexander and the terrible horrible, no good, very bad day*. New York: Atheneum.

Walt Disney Production.(1986). *Hiawatha' s kind heart*. New York: Bantam.

인터넷자료

Anti-Gossip and Anti-Bullying Board Games: http://www.jistlife.com
Child Care Lounge: http://www.childcarelounge.com/articles/stress.htm
Child Trauma Academy: http://www.childtrauma.org/
Daily Stress-Buster Guides: stress.guide@about.com
Get Out the Mad Cookies Recipe:
 http://pbskids.org/rogers/parentsteachers/theme/1691.html
Stress Management Board Games: http://portal.creativetherapystore.com/portal/page?_pageid=94,54628&_dad=portal&_schema=PORTAL
Stress Management Cognitive-Behavioral Program:
 www.creativetherapystore.com
Stress Management General Information: http://stress.about.com

찾아보기

Alice Sterling Honig, Ph.D. 저

박 숙 영 역
뉴욕주립대학교(Buffalo), Ed. M. & Ph.D.
워싱톤대학교(Seattle), 교환교수
저서: 본연의 어린이를 위한 교육 외 다수
번역: 밤비니(공역) 외 다수
현재 백석대학교 사범학부 유아교육과 교수

발행인 임 해 진
발행처 도서출판 구미서관

인쇄 2017년 5월 16일 초판
발행 2017년 5월 23일 초판

주소 서울시 마포구 신촌로2길 5-15 구미빌딩
등록 1979년 6월 29일 No.9-6호
ISBN 978-89-8225-969-2(93180)

TEL 02-333-1101 / FAX 02-335-2201
http://www.goomibook.com

파본이나 잘못된 책은 교환하여 드립니다.

정가 15,000원